KB121020

평범함도 합격시키는

면접
스토리텔링

면접의 99%는 스토리텔링이다

평범함도 합격시키는
면접
스토리텔링

임유정 지음

원앤원북스

AI 면접 시대에도
합격의 키는 바로 '스토리'다

바야흐로 인공지능(AI) 면접 시대다. 2018년 상반기 롯데그룹 일부 계열사는 채용 과정에 AI 채용 시스템을 적용한 결과, 일주일가량 걸리던 서류 검토 시간이 8시간으로 단축됐다고 말했다. SK하이닉스도 1만여 명 지원자의 서류 검토를 AI 시스템으로 단 8시간 만에 완료했는데, 이는 1인당 자기소개서를 필터링하는 데 3초도 걸리지 않은 셈이다. 서류전형에만 AI가 도입된 것은 아니다. KB국민은행은 은행권 최초로 온라인 AI 면접전형을 실시했는데, 온라인으로 60분 동안 25만 가지의 질문 샘플 중 몇 개의 질문을 던져 이에 대답하는 지원자의 표정과 음성, 지원자가 자주 쓰는 단어로 가치관을 파악하는 형식이었다.

이렇게 첨단기술인 AI가 면접에 도입되었지만 면접에서 바뀌지 않는 하나의 사실이 있다. 바로 답변을 할 때 단편적이고 추상적인 이야기보다는 '구체적'인 스토리를 넣어 말해야 한다는 것이다. 구체적으로 스토리를 넣어 말해야 이미지 연상 작용이 일어나고 그때 내가 무슨 경험을 했는지 상대방이 공감(설득)하기 때문이다.

면접은 '진심'이 중요하다. 진심이 담긴 내용, 목소리, 보디랭귀지가 합격의 지름길이다. 진심을 담아야 면접을 봤을 때 '플러스알파'가 있을 수 있다. 어떤 질문에 답변을 제대로 못하더라도 진심을 담은 모습 덕에 그 사람에게 호감이 느껴지고 합격으로 이어질 수 있다. 이에 더해 앞으로 AI 면접이 대세가 된다면 훨씬 더 구체적이고 전략적인 단어(wording) 선택이 필요하고 여기에 목소리와 보디랭귀지에서 진심이 묻어나올 수 있는 감동적인 스토리가 필요하다.

나는 그동안 중앙대와 동국대 등 전국의 대학에서 취업캠프를 진행하고, 행정안전부 행정인턴 프레젠테이션 심사위원을 맡기도 하고, '라온제나'라는 취업면접학원을 운영하며 수많은 구직자들을 만나왔다. 그 중에서 가장 기억나는 친구가 있다. 건설회사에 지원하는 학생이었는데 그 친구는 B형 간염 때문에 군대도 가지 못했다.

사실 이 친구가 건설회사에 들어간다는 것은 현실적으로 어려운 일이었다. 왜냐하면 B형 간염은 향후 간경화나 간암으로 발전될 가능성이 있기 때문에 체력이 절대적으로 필요한 건설회사와는 맞지 않았기 때문이다. 다행히도 이 친구는 활성인자와 비활성인자 가운데 비활성인자였고, 관리만 잘한다면 건강에 이상이 없는 경우였다. 하지만 매번 면접을 볼 때마다 악순환이 반복되었다. "왜 군대에 가지 않았죠" "B형 간염이 있습니다." 이 말만 하고 돌아올 수밖에 없었다.

그래서 이 친구에게 말했다. "비활성인자라는 것을 내세우기보다는 네가 건강하다는 말을 해야 해. 그런데 이 말을 그냥 '저는 건강합니다'라고만 하면 면접관들은 믿지 않을 거야. 내가 건강하다는 것을 다른 식으로 바꿔 말을 해야지!" 고민한 끝에 우리는 "면접관이 왜 아직 군대에 가지 않았냐"라고 물어보면 이렇게 답하기로 했다.

네, 저는 B형 간염을 가지고 있습니다. 하지만 비활성인자로 아주 튼튼한 청년입니다. 제가 만약 입사하게 된다면 1년 동안 야근이나 휴일 근무 등 선배님들이 하는 모든 근무를 도맡아 하도록 하겠습니다. 그래도 제 건강이 의심스러우시다면 지금 당장 팔굽혀펴기 100번으로 제 건강을 증명해 보이겠습니다.

이렇게 말하며 면접관들이 시키지 않아도 팔굽혀펴기를 시작하라고 말했다. 그 결과 반가운 전화가 걸려왔다. "선생님! 저 합격했어요."

이렇듯이 면접에서의 진심은 진짜를 말하는 것이 아니라 진짜를 '아 다르고 어 다르게' 표현하는 것이다. "저는 이 회사에 입사하고 싶습니다"라고 단편으로만 말하지 말고 이와 같이 구체적인 워딩과 감동적인 스토리로 면접을 보면 합격의 선 안에 들어갈 가능성이 높아진다.

진심은 '진짜 마음'이 아니라 면접관이 처음 듣는 스토리, 면접관이 공감하는 스토리, 면접관이 듣고 싶은 스토리를 말한다. 즉 내가 말하고 싶은 이야기를 그대로 하는 것이 진심이 아니라 면접관이 듣고 싶은 이야기, 공감대를 형성할 수 있는 이야기를 새롭게 리뉴얼해서 전달하면 면접관에게 내 진심을 표현할 수 있는 것이다.

사람들은 있는 그대로의 사실(fact)을 좋아하지 않는다. 그 안에서 뭔가를 느낄 수 있는 스토리를 좋아한다. 마치 우리가 학창시절에 선생님이 가르쳐 주셨던 내용은 도통 기억나질 않고 첫사랑, 첫키스 스토리는 아직도 기억나듯이 말이다. 면접관은 '구직자가 무슨 경험을 했다'를 궁금해하는 것이 아니다. 구직자가 그 경험을 통해 어떻게 행동(act)했고, 무엇을 배웠는지(study)에 대한 스토리를 궁금해한다.

면접을 앞두고 있다면 지금 당장 해야 할 일이 있다. 바로 면접관의 마음을 유혹하는 스토리를 만드는 것이다.

임유정

chapter 5

면접장에서 활용하는 실전 스토리텔링 노하우

chapter 1

스토리가
취업의 운명을
결정한다

스펙은 지는 해,
스토리는 뜨는 해다

남들과 똑같이 준비해서는 면접에서 차별화를 할 수 없다.
나만의 스토리를 넣어 면접관에게 나라는 사람을 각인시켜야 한다.

"오늘이 면접날인데 그냥 가지 말까요? 어차피 준비를 안 해서 떨어질 게 분명해요."

　"면접관 앞에만 서면 마치 백야 현상처럼 머릿속이 하얘져요."

　"도대체 면접관에게 무슨 말을 해야 할지 모르겠어요. 알긴 아는데 말이 안 나와요."

　1차 서류전형을 통과했다는 소식을 접했을 때 구직자들은 환호한다. 하지만 면접 날짜가 다가오면서 기쁨은 두려움으로 바뀌고, 마침내 면접날 아침이 되면 '면접 보러 가지 말까?'라는 극단적인 생각까지 든다. 몇천 대 1까지도 가는 경쟁률이 엄청난 서류전형을 간신히 통과하고 나서 소중하게 잡은 면접의 기회를 대부분의 구직자들은 제대로 준비하지 않아 놓치는 경우가 많다. 너무나도 합격하기 어려운 요즘 취업시장에서 '준비 부족'으로 기회를 잡지 못한다면 이것만큼 안타까운 일이 또 어디 있겠는가.

요즘 취업시장을 바라보고 있노라면 '어쩜 이렇게 합격이 어려울까?'라는 생각을 저절로 하게 된다. 취업에 합격하는 것이 낙타가 바늘구멍에 들어가는 것보다 어렵게 느껴질 정도다. 정말 1차 서류전형을 통과하기도 어렵고, 이어지는 면접시험에서 합격하는 것도 압박 면접이다, 구조화 면접이다, 인공지능(AI) 면접이다 해서 다양해지고 지능화되는 통에 따라가기가 너무나도 벅차다.

낙타가 바늘구멍에 들어가기 위해서는 낙타가 살을 빼거나, 대형 바늘을 만들어 낙타가 들어갈 수 있을 정도로 구멍을 크게 만드는 방법이 있다. 하지만 그것보다 더 좋은 방법이 있다. 왜 굳이 낙타는 그 조그만 바늘구멍에 들어가려고 하는 것일까? 옆에 큰 구멍이 있는데 그 구멍으로 들어가면 될 것을, 곧 죽어도 조그만 바늘구멍으로 들어가려는 낙타가 어리석게만 느껴진다. 취업도 마찬가지다. 남들이 하는 똑같은 방법으로 그 좁은 구멍을 통과하려고 하지 마라. 남들과 똑같이 해서는 풀리지 않는 것이 인생이다.

취업 합격이라는 구멍을 크게 만드는 방법은 바로 스토리다. 남들과 똑같이 준비해서는 차별화를 할 수 없다. 언제 어디서든 항상 사람의 기대치를 뛰어넘을 수 있는 나만의 총알을 장전해 면접관을 쓰러뜨리자. 이 비장의 무기는 토익일까, 학점일까, 영어회화 능력일까, 자격증일까? 물론 이런 것도 취업을 하기 위한 좋은 무기다. 하지만 경쟁이 엄청나게 치열한 만큼 더 크고 확실하고 새로운 핵무기급 장비가 필요하다. 그것은 바로 스토리다. 플러스알파 스펙인 스토리를 넣어 면접관에게 나라는 사람을 각인시켜야 한다.

스펙만 보고 그 사람을 평가하던 시대는 갔다

현재 취업시장은 '스펙 무용론'이 설득력을 얻고 있는 분위기다. 삼성은 스펙을 오직 기본적으로 지원할 수 있는 요건으로만 활용할 정도이고, SK텔레콤의 경우 스펙에 해당하는 부분을 블라인드로 처리하고 자기소개서에 있는 스토리를 중점적으로 평가한다고 밝힌 바 있다. 한마디로 스펙은 지는 해, 스토리는 뜨는 해가 되어 가고 있다.

스펙만 보고 그 사람을 평가하던 시대는 갔다. 스펙만으로는 그 사람이 그 스펙을 통해 어떤 경험을 했는지 '경험 스토리'가 전달되지 않기 때문이다. 예를 들어 해외 어학연수를 다녀왔다고 해서 모두 다 똑같은 경험을 한 것은 아니지 않은가. 어학연수를 가서 누구는 그냥 놀다가 왔을 수도 있고, 어떤 사람은 아르바이트를 열심히 했고, 외국친구들과 어울리기 위해 여러 행사를 했고, 또 코피가 날 정도로 도서관에서 밤을 새웠을 수도 있지 않은가.

면접관들은 기본 스펙이 아니라 그 스펙을 경험하면서 구직자가 겪은 사건 사고, 그 속에서 어떻게 생각하고 행동했는지, 그리고 그 경험을 통해 무엇을 배웠는지 듣고 싶어한다. 하지만 구직자들은 그런 스토리를 자세히 이야기해주지 않는다. 마치 여자친구가 "나 예뻐?"라고 물어보면 그냥 "응! 넌 예뻐."라고 단답형으로만 대답하는 것처럼 말이다. "너는 참 눈이 깊어. 눈에 미소가 가득해서 좋아. 그리고 웃으면 살짝 들어가는 보조개도 정말 예뻐."라고 구체적으로 말해주면 더욱 좋을 텐데 말이다.

면접관도 마찬가지다. "당신은 인생 가운데 가장 기억나는 일이 무엇입니까?"라는 면접관의 질문에 대부분의 구직자는 "어학연수 때가 기억납니다. 그때 어려운 사건들이 많았지만 열심히 해서 이겨냈습니다."라고 대답한다. 이래서는 면접에서 좋은 점수를 얻을 수 없다. 면접관들은 구체적인 스토리를 듣고 싶어한다. 그 어려운 사건은 무엇이었는지, 그리고 어떻게 열심히 했는지 말이다. 구체적인 스토리를 넣어 그때 그 상황을 실감나게 말해야 한다.

스펙의 위험요소를 스토리로 헤지하라

스펙은 specification의 줄임말이다. specification은 명세, 항목이라는 뜻을 가지고 있는 단어인데, 어느샌가 구직자들에게 스펙이라는 이름으로 불리며 합격을 하기 위한 총체적 조건을 뜻하는 말이 되었다. 대기업에 취업하기 위한 기본 스펙은 무엇일까? 통상적으로 기본 스펙은 대기업 합격 기준으로 학점 3.5 이상, 자격증 2개, 토익 800점, 토익 스피킹 레벨 6, 오픽은 IM레벨을 말한다. 여기에다 2명 중 한 명은 봉사활동을 했으며, 4명 중 한 명은 인턴을, 그리고 2명 중 한 명이 해외경험을 했다고 한다.

이런 기본 스펙을 갖추지 말라는 말이 아니다. 좋은 기업에 입사하기 위해서 기본 스펙은 당연히 중요하다. 기본 스펙은 그 사람의 성실성을 알 수 있는 하나의 증거물이기 때문이다. 아무리 인사담당자들이 스펙을 보지 않는다고 해도 1차 서류전형이라는 필터링을 통과하려면 스펙이 중요하다.

일단 기본 스펙은 해내자. 기업에 입사하고 싶다면 하루 14시간씩 영어공부를 하고, 학교 시험 기간에는 집중해서 공부하자. 그래서 스펙에서 기가 눌려 면접장에서 주눅 들어 있지 않도록 미리 준비하자. 그럼 이렇게 말하는 친구들이 있을 것이다. "기본 스펙 갖추는 게 얼마나 힘든지 아세요?" 물론 안다. 나 역시도 취업이라는 어려운 관문을 거쳐 온 사람으로서 너무나도 잘 안다. 예전 대학시절 토익을 높이기 위해 여름방학을 통째로 투자한 기억이 난다. 아침 8시부터 밤 10시까지 도서관에 남아 전투적으로 토익을 공부했다. 나중에 들은 이야기지만 친구들은 내가 행정고시를 준비하는 줄 알았다고 한다. 하루 종일 그렇게 공부하는 것은 고시 준비생들뿐이기 때문이다.

기본을 하는 것이 정말 어렵다. 하지만 기본마저 하지 않으면 어떻게 하겠는가? 뭘 하겠는가? 취업의 1단계는 먼저 기본을 쌓는 것이다. 스펙도 중요하다. 그러니 기본 토익이 700점도 되지 않는다면 일단 토익부터 공부해라. 그럼 어떤 친구들은 이렇게 물을 것이다. "전 이미 졸업을 했어요. 학점 스펙을 어떻게 할 수가 없다고요!" "전 영어가 정말 싫어요. 다시 토익공부를 하라는 건 저를 두 번 죽이는 거예요."

이런 친구들을 위해 준비한 것이 있다. 바로 '스토리 헤지'다. 헤지(hedge)는 위험을 감수하는 요소를 말한다. 즉 스펙에 대한 위험 요소를 스토리로 헤지하라는 것이다. 만약 내가 영어 토익점수가 높지 않다면 그 약점을 헤지할 수 있는 다른 스토리를 준비해야 한다. 예를 들어 영어공부는 하지 않았지만 중국어나 일본어를 할 수 있다든지, 토익점수는 높지 않지만 외국인 친구들이 많아 회화는 가능하다든지, 현재 부족한 영어점수를 올리기 위해 하루에 몇 시간씩 영어공부에 매진하고 있다든지, 영어실력을 키우기 위해 무작정 이태원에 가서 외국인들에게 말을 걸어보고 있다든지, 외국어공부 대신 동아리 활동이라든지 여타의 아르바이트 활동을 했다든지 하는 등의 스토리를 장착해야 한다.

"털어서 먼지 안 나는 사람 없다."라는 말이 있다. 이 세상에 완벽한 사람은 없듯이 완벽한 구직자도 없다. 영어 토익점수가 높지 않다는 약점에 주눅들 필요 없다. 자신의 장점을 잘 드러내고, 자신이 얼마나 약점을 보완해나가는지를 면접장에서 스토리를 통해 보여주면 된다. 단, 잊지 말자. 튼튼한 뼈대로 지은 집이 오래가듯이 기본 스펙이 탄탄할수록 스토리에 더욱 빛이 난다는 사실을!

면접관을 놀라게 하고 감동하게 하자

은행에 지원하는 한 여성 구직자가 있었다. 키도 작고 너무 말라서 항상 면접을 보러 가면 "그렇게 말라서 어떻게 일이나 제대로 할 수 있겠어요?"라는 질문을 받으면서 면접이 시작되었다. 아무리 먹어서 살을 찌우려고 해도 오히려 신경을 쓰면 쓸수록 살이 빠지는 통에 엄청난 스트레스를 받았다. 그런데 참 신기하게도 태어났을 때는 거의 우량아 수준으로 거대하게 세상에 나왔다고 한다.

우리는 이 스토리를 자기소개에 적극적으로 녹이기로 했다. 아예 면접관이 '살'에 관한 질문을 하지 못하도록 자기소개에서부터 스토리텔링 헤지를 하기로 한 것이다. 면접관이 자기소개를 시키면 이렇게 대답했다.

안녕하십니까? 저는 4.2kg의 우량아로 태어났습니다. 그래서 우량아 선발대회에 나갔고 당당히 1등을 해 1년치 분유를 상품으로 받았습니다. 저는 태어날 때부터 효녀였습니다. 이제 ○○은행의 효녀로 거듭나기 위해 이 자리에 왔습니다. 저를 꼭 기억해주십시오.

결과가 어떻게 되었을까? 이렇게 자기소개를 한 다음부터는 그 어떤 면접관도 "체력이 약할 것 같다."라는 말은 전혀 하지 않았다고 한다. 또한 이후로 보는 면접마다 결과는 아주 좋았다. 여러 회사를 놓고 구직자가 회사를 선택할 수 있는 기회를 가졌으니까 말이다.

면접관에게 끌려다니지 말자. '이 질문이 나오면 어떻게 하지?'라고 걱정하지 말자. 그 질문의 선택권을 면접관에게 주지 않으면 된다. 오히려 면접관을 리드하자. 면접관을 놀라게 하자. 감동하게 하자. 그럼 면접 합격의 길이 더욱 가까워질 것이다.

그리스에 가면 이상하게 생긴 조각상 하나가 있다. 사람들은 그 조각상을 보며 "참 신기하게 생겼네."라고 말한다. 앞에는 머리카락이 많고 뒤는 대머리다. 게다가 다리에는 날개가 달렸다. 이 조각상의 이름은 '기회'다. 앞에 머리가 많은 이유는 기회가 왔을 때 그 기회를 잘 잡게 하기 위해서란다. 뒷머리가 대머리인 이유는 이번에 잡지 못하면 다음에도 잡지 못하게끔 머리카락이 없단다. 다리에 날개가 달린 이유는 기회를 잡을까 말까 망설이는 사이에 재빨리 도망가기 위해서라고 한다.

똑같은 기회는 두 번 다시 오지 않는다. 기회가 왔을 때 망설이지 말고 빨리 잡아야 한다. 그런데 기회를 잡으려면 꼭 필요한 것이 있다. 바로 준비다. 내가 얼마나 나에 대해, 그리고 회사에 대해 준비했느냐에 따라 합격이라는 소중한 기회를 잡을 수도 놓칠 수도 있는 것이다.

단점이 많아 고민인가? 그럼 면접관을 홀릴 수 있는 나만의 스토리를 준비해서 면접관에게 당당히 말하라. 면접관은 완벽한 사람보다는 완벽하게 스토리를 준비한 사람을 원한다는 것을 잊지 말고, 지금 당장 스토리텔링으로 나의 부족한 점을 리스크 헤지하자.

여기서 잠깐, 그리스에 있는 기회 조각상 이야기를 들으며 '면접 볼 때 이 이야기를 넣어볼까?'라고 생각했다면 당신의 마음은 이미 면접 모드에 들어간 것이다. 조금만 더 달려보자. 당신은 진정한 승자가 될 수 있을 것이다.

면접에 합격하려면
스토리부터 미리 챙겨라

면접 준비를 해놓지 않으면 면접장에서 큰 낭패를 볼 수 있다.
이런 친구들은 자기도 모르게 망언을 답하고 나올 수 있다.

대학 취업캠프를 다닐 때마다 학생들에게 내가 꼭 하는 말이 있다. "취업은 과거의 히스토리를 통해 미래의 미스터리를 풀어가는 과정이다." 정말 그렇지 않은가? 자신의 미래를 알 수 있는 사람이 있을까? 내 미래는 나도 모르고 회사도 모르고 아무도 모른다. 하지만 회사는 불확실한 나의 미래에 지금의 나를 보고 과감히 1년에 2천만~3천만 원의 비용을 지불한다. 이 사람을 뽑으면 회사가 성장할 것이라는 막연한 기대감으로 말이다.

그런데 회사가 이렇게 불안한 기대감이라도 품으려면 믿을 만한 구석이 있어야 하지 않을까? 그 믿을 만한 구석이 바로 과거의 히스토리(history)다. 그 사람의 과거를 보면 미래를 유추해볼 수 있다. 즉 과거에 불성실했던 사람이라면 회사에 들어와서도 성실하게 일할 리가 없고, 과거에 대인관계가 좋았던 사람이라면 회사에 들어와서도 직원이든 간에, 고객이든 간에 소통을 잘할 것이다. 그렇기 때문에 취업 담당자들은 구직자들의 과거를 보고 미래를 유추하는 것이다.

하지만 과거를 보여주는 구직자들이 없다. 구체적으로 과거를 말하는 구직자들이 없다. 면접장에서 대부분의 구직자들은 이렇게 말한다. "저는 열정적 입니다." "저는 성실합니다." 이런 말들은 너무 추상적이어서 과거 히스토리를 정확히 떠올릴 수 없다. 과거를 알 수 없는 추상적이고 어려운 말만 되풀이하면서 면접관에게 나를 뽑아 달라고 애원만 하니 답답할 노릇이다.

면접장에서 즉흥적으로 말하겠다는 취업자들

얼마 전 사석에서 건설회사 상무님을 만난 적이 있었다. 전날 신입사원 면접을 봤는데 정말 하루 종일 머리가 아파 고생했다고 한다. "이건 말을 못하는 게 아니라 벙어리 수준이에요. 대학이라는 고등교육까지 받은 학생들이지만 다들 자신이 갖고 있는 의사표현도 제대로 하지 못하고 '열심히 하겠습니다. 뽑아만 주십시오' 하고 있으니 답답해 미칠 지경입니다."

이건 비단 건설회사 면접에서만의 일은 아니다. 승무원을 준비하는 한 친구가 수업 시작한 지 얼마 되지 않아 갑작스레 면접을 보게 되었다. 짧은 준비 기간 동안 스토리를 만드는 작업을 했는데, 도통 준비는 하지 않은 채 너무 즉흥적인 스토리만 나열하는 것이었다. 그런데도 자기는 뭔가 준비해서 하는 것이 더 어렵다며 즉흥적으로 면접장에 가서 말을 하겠다고 했다.

물론 이 방법도 나쁘지 않다. 하지만 즉흥적으로 면접관 앞에서 나의 생각을 말할 수 있는 사람은 준비된 사람뿐이다. 예전부터 쭉 승무원이 되고 싶어 미리미리 준비했던 사람은 그래도 된다. 하지만 평소에 말을 좀 잘한다고 '면접 보러 가서 어떻게 되겠지?'라고 생각하다간 정말 큰 코 다칠 수도 있다.

이 친구가 면접을 보고 난 후에 우울한 표정으로 나를 찾아왔다. "어떻게 됐니?" "음… 다시 처음부터 준비해야 할 것 같아요." "왜? 면접관이 무슨 질문을 했니?" "오늘 오면서 어떤 생각을 하고 왔냐는 면접관의 질문에 저도 모르게 버스에서 잘못 내린 이야기를 했어요. 내가 버스에서 잘못 내렸더니 버스에 함께 타고 있던 승무원 준비생들이 다 같이 우루루 내렸고, 다시 또 다른 버스를 우루루 탄 이야기를 했지 뭐예요. 제가 미쳤었나 봐요."

유명 MC인 강호동, 유재석도 작가와 PD가 함께 만들어놓은 스토리 안에서 행동하고 말한다. 이런 전체적인 구성 스토리가 있기 때문에 순발력 있는 멘트 또한 그 범위를 벗어나지 않아 오버스럽게 느껴지지 않는 것이다. 하지만 대부분의 구직자들은 '가서 어떻게 하면 되겠지. 오히려 준비하지 않는 것이 자연스러운 거야.'라는 생각으로 믿을 것 하나도 없이 면접을 보러 가는 경우가 많다.

폭탄 발언을 하고 나오는 구직자들

면접을 준비하지 않으면 정말 말 그대로 '막가파식 면접'을 보게 된다. 이런 친구들은 폭탄 발언도 서슴지 않는다. 폭탄 발언은 면접 도중 면접관의 마음을 철렁 내려앉게 만드는 답변, 또는 면접관이 의도한 함정에 빠져 자기도 모르게 망언을 하고 나오는 답변을 말한다.

어떤 초등학생이 수학영재 면접을 보러 갔다. 면접관이 물었다. "왜 수학영재가 되려고 하죠?" 아이는 대답했다. "엄마가 시켜서요." 면접관이 또 물었다. "나중에 되고 싶은 꿈은 무엇인가요?" "도서관 사서요." "도서관 사서와 수학영재가 무슨 관계가 있나요?" 아이는 한참을 고민하다 대답했다. "그건 제가 모르죠." 과연 이 아이는 수학영재에 합격했을까?

이 사례를 읽으면서 구직자들은 '아무리 초등학생이지만 진짜 개념 없다.'라고 생각했을 것이다. 그런데 이런 면접이 대학에서 공부한 친구들 사이에서도 벌어지고 있다. 면접관이 한 구직자에게 물었다. "퇴근 시간을 앞두고 부장님이 갑자기 회식을 하러 가자고 합니다. 그런데 밖에는 이성 친구가 기다리고 있어요. 어떤 결정을 내

리시겠습니까?" 그러면 대부분의 구직자들은 이렇게 답변한다. "회식을 가겠습니다." 또는 "여자 친구를 만나러 가겠습니다."

어떤 답변이 정답일까? 결론은 이 두 답변 모두 폭탄 발언이라는 것이다. "회식을 가겠다"라고 말하는 것은 회사 앞에서 기다리고 있는 이성 친구를 배려하지 않는 것처럼 느껴진다. 상대방을 배려하는 마음 또한 조직을 움직이는 중요한 성장 동력이다. 반대로 이성 친구를 만나러 가겠다는 것은 회사를 전혀 배려하지 않는 사람, 회사생활보다는 개인생활에 더 초점을 맞추는 사람이라는 인식을 준다. 그럼 과연 어떻게 답변을 해야 옳을까?

네! 저는 ○○전자에 들어온 이상 ○○전자 사원으로 충실히 임무를 다하는 것이 우선이라고 생각했습니다. 그래서 저는 회식에 참여하는 것이 우선이라고 생각합니다. 하지만 밖에서 기다리고 있는 여자 친구에게 "그냥 가라!" 이렇게 말하기는 어려울 것 같습니다. 그래서 저는 그 친구에게 3시간 정도 양해를 얻어 회식이 끝난 다음 여자 친구를 만나러 가겠습니다. 저와 사귀는 여자 친구라면 그 3시간을 밖에서 그냥 허비하지 않고, 그 시간 동안 책을 읽거나 영어공부를 하는 등 자기를 위한 값진 시간으로 활용할 것입니다.

어떤가? 그냥 단순히 "회식을 가겠다"거나 "여자 친구를 만나러 가겠다"는 답변보다 훨씬 더 배려심 있게 느껴지지 않는가? 또한 자신이 만나는 여자는 다른 여자와 다르다는 것을 통해 자신을 높이고, 또 회식에 참여하겠다는 뜻을 표현해 면접관의 마음을 흡족하게 했으리라. 이것이 바로 스토리의 힘이다.

면접관을 설득할 30여 가지의 스토리는 필수다

'아는 것'과 '말할 수 있는 것'은 엄연히 다르다. 오죽했으면 "100을 알아야 10을 표현할 수 있다."라는 말이 있지 않은가? 100을 공들여야 내가 아는 10을 표현할 수 있다. 100을 공들여야 하는 것이 바로 '스토리를 모으는 것'이다. 스토리를 모아 체계를 잡아야 겨우 10을 말할 수 있는 것이다.

그런데 스토리가 중요하다는 것은 취업캠프 강사에게 들어 익히 알고 있다. 하지만 그 중요하다는 "스토리가 없다"고 푸념하는 친구들이 많다. 남들에게는 다 있는 스토리가 왜 나에게만 없는지, 하는 심정을 나는 안다. 하지만 스토리가 없다고, 스토리가 부족하다고 앉아 있어봐야 누가 알아주진 않는다. 뭐든지 일단 모아야 한다. '정말 이런 것도 스토리로 묶을 수 있어?'라는 생각이 들어도 그냥 모아라. 생각보다 면접관들이 좋아하는 스토리를 우리는 그냥 휴지통에 내다버리는 경우가 많다.

면접에서 합격하려면 크게 2가지의 스토리를 찾아내면 된다. 첫 번째는 나의 스토리이고, 두 번째는 회사의 스토리다. 나의 경험담 스토리도 중요하지만 회사에 관한 스토리도 반드시 함께 준비해야 한다. 이 2가지가 합쳐져 총 30여 가지의 스토리가 있어야 면접을 준비했다고 할 수 있다.

지금 나에게 면접관의 마음을 설득할 30여 가지의 스토리가 있는가? 없다면 일단 숨겨져 있는 보석과도 같은 나의 경험담 스토리부터 찾아야 한다(내 스토리는 부록에 있는 '에피소드 포트폴리오'를 작성하면서 찾으면 된다). 어렵다고 생각하지 말자. 여러분이 생각하는 것보다 면접은 어렵지 않다. 준비하기 나름이다.

스토리텔링을 해야
면접관과 소통할 수 있다

자신에게만 관심을 갖지 말고, 면접관들에게 관심을 갖자.
면접관들을 지루하지 않게 하고, 감동시킬 방법을 고민하자.

어떤 할머니가 택시를 탔다. 기사에게 "메리어트 호텔로 가주세요."
라고 말해야 하는데 "기사 양반, 메리야스 호텔로 가주세요."라고
잘못 말했다. 이윽고 할머니가 도착해서 호텔 간판을 보니 '메리어
트'라고 쓰여 있었다. 할머니는 신기해서 택시기사에게 물었다. "기
사 양반, 내가 여기를 말한 건지 어떻게 알았어요?" 택시기사가 대
답했다. "제가 택시기사로 일한 지 20년이 넘었어요. 메리어트를 메
리야스로 말씀하시는 것은 아무것도 아니에요. 예술의 전당을 '전
설의 고향'이라고 말씀하시는 분도 계세요."

군이 정확히 말을 하지 않아도 마음이 통한다. 진정한 소통이란

이런 것이 아닐까? 면접관은 여러분이 개떡(?)처럼 말해도 찰떡처럼 알아들을 수 있는 면접 전문가다. 여러분이 조금만 마음의 문을 열어 자신을 표현한다면 면접관은 여러분의 정확하지 않은 말도 충분히 알아들을 수 있는 사람들이다. 하지만 구직자들은 그 조금의 문을 열지 않는다. 떨린다는 이유로, 준비가 부족하다는 이유로, 실수하면 안 된다는 마음으로 무엇을 시도하려고 하지 않는다. 그래서 '혼자' 한다.

면접시험에서 혼자 하는 것이 무엇이냐면, 혼자 말하고 혼자 생각하다가 면접장을 나온다는 것이다. 면접장에는 당연히 대화를 나눌 면접관이 있다. 하지만 구직자는 면접관한테 말하지 않는다. 혼자 말한다. 준비해놓은 말을 쏟아내기 바쁘다. 이래서는 안 된다. 한번 생각해봐라. 혼자 구시렁구시렁 알아들을 수 없는 말을 주저리주저리 쏟아내는 구직자가 매력 있을 리 없을 것이다.

면접관들은 면접장에서 구직자들과 소통하길 원한다. 사실 면접은 말로 보는 것이 아니라 마음으로 보는 것이다. 면접에 대해 깊고 넓게 준비하다 보면 백 마디 말보다는 진심이 담긴 한마디 말, 진심을 담은 눈빛과 미소가 훨씬 더 면접관의 마음을 사로잡는 것을 알게 된다. 하지만 이 단계까지 오르려면 일단 내 스토리를 모으고 배열하는 단계를 거쳐야 한다.

면접에서 소통하려면 일단 역지사지(易地思之)의 마음을 가져야 한다. 소통의 기본은 역지사지다. 역지사지란 상대방과 처지를 바꿔서 생각해보는 것을 말한다. 즉 구직자는 면접관이 되고, 면접관은 구직자가 되는 것이다.

여러분이 면접관이라고 생각해보자. 이 사람들이 하는 주 업무는 좋은 인재를 뽑는 것이다. 그런데 항상 신입사원을 뽑고 나면 윗선에서 질책이 떨어진다. "이번에 뽑은 신입사원들은 왜 이래? 도대체 뭘 보고 뽑은 거야? 당장 채용 시스템부터 바꿔!" 정말 골치다. 그래서 면접관들은 어떻게 하면 좋은 인재를 뽑을 수 있을지 항상 고민한다.

면접관들은 구직자가 어떤 강점을 갖고 있는지 관심을 갖고 바라본다. 이처럼 면접관은 통(通)하려고 하는데, 정작 통할 준비가 되어 있지 않은 사람이 바로 구직자다. 두렵다는 이유로, 떨린다는 이유로, 면접 경험이 별로 없다는 이유로, 면접관과 눈빛을 마주치지도 못 하고, 친근하게 말 한마디 건네지도 못한다.

구직자가 먼저 손을 내밀어라

면접관과 소통하기 위해서는 우선, 구직자가 먼저 손을 내밀어야 한다.

소통은 먼저 손을 내밀 때 이루어진다. 면접이라는 것은 구직자에게만 힘든 것이 아니다. 면접관도 신경 쓰이기는 마찬가지다. 하루 종일, 아니 며칠씩 똑같은 구직자들의 표정과 귀에 들어오지 않는 답변으로 면접관들은 지쳐 있다. 이때 면접관에게 먼저 손을 내밀면 면접관과 소통할 수 있다.

한 건설회사에 면접시험 1등으로 합격한 친구가 있었다. 그는 당시 면접장에 들어가자마자 면접관들에게 이렇게 말했다고 한다.

면접관님, 안녕하십니까? 이렇게 일요일인데도 불구하고 저희 면접을 위해 출근해주신 면접관님들께 진심으로 감사드립니다. 가족과 행복하게 보내야 하는 일요일을 저희들에게 투자해주신 만큼 제가 오늘 면접에서 제 안의 진심을 모두 담아 성심성의껏 답변드리도록 하겠습니다.

결과는 어땠을까? 그랬더니 면접관들이 "이 놈, 사람 됐네!"라는 말을 하며 웃었다고 한다. 이 멘트를 보며 '누구나 다 할 수 있는 흔한 멘트가 아닌가?'라고 생각할 수 있다. 아니다. 이것은 첫째, 구직자가 면접관을 먼저 배려하고 생각한 기본 태도에서 나온 멘트라 훌륭하며, 둘째, 이렇게 자신의 마음을 먼저 표현하면 마음채널이 열려 계속해서 진심으로 면접을 볼 수 있어 훌륭하다. 셋째, 흔한 멘트도 멋지게 하면 그것 자체가 스토리텔링이라는 것을 이 친구는 알고 있어 훌륭한 것이다. 면접에서 흔한 멘트를 하지 말아야 하는 것이 아니라 흔한 멘트도 진심을 넣어 말하면 그것 자체가 설득 도구가 된다는 점을 잊지 말자.

면접도 지피지기면 백전불태다

면접관과 소통하는 두 번째 방법은 면접관을 아는 것이다.

"지피지기(知彼知己)면 백전불태(百戰不殆)"라고 했다. 적을 알고 나를 알아야 위태로워지지 않는 법이다. 면접관이 생각하는 좋은 인재란 무엇일지에 대해 고민한다면 면접에서 절대 위태로워지지 않을 것이다.

면접관이 좋아하는 인재란 우선, 조직 적응력이 뛰어난 사람이다. 대기업의 경우 "기업은 사람이 일하는 것이 아니라 조직이 일하는 것이다."라고 말하곤 한다. 대인관계가 좋아 조직적응력이 뛰어난 사람은 그만큼 기본 조직이 갖고 있는 파워에 힘을 불어넣어줄 수 있기 때문이다. 둘째, 업무에 대한 열정이 있는 사람이다. 그래야 자기가 맡은 업무에서 새로운 아이디어도 내고, 그것을 추진할 수 있는 힘을 갖고 있기 때문이다. 마지막으로 회사에 대한 충성심이 있는 사람이다. 회사에 들어가 1년 정도 후에 '과연 이 길이 내 길인가?'라는 생각에 중간에 다른 회사로 이직을 하거나 유학을 결심하는 구직자들이 많다. 이렇게 되면 회사는 구직자에게 들어간 교육비용과 1년여간의 실습비용을 고스란히 날리는 셈이 된다.

그럼 한번 생각해보자. 내가 만약 면접관이라면 이 3가지 인재에 해당하는 스토리를 말하는 구직자와 더욱 소통하지 않을까? 예를 들어 대학생활을 하면서 조직 안에서 잘 어울렸던 경험이 있는 구직자, 아르바이트와 인턴 경험을 통해 앞으로 내가 할 업무를 미리

해봤던 구직자, 우리 회사에 대해 잘 알려지지 않은 정보까지 알아내서 말하는 구직자에게 면접관들은 더 큰 관심을 받을 것이다.

구직자들이여, 면접관에게 관심 좀 갖자. 시험을 봐야 하는 자기 자신에게만 관심을 갖지 말고, 하루 종일 똑같은 구직자들을 바라봐야 하는 면접관들에게 관심을 가지자. 그래서 어떻게 하면 이 면접관들을 지루하지 않게 해줄지, 어떻게 하면 이 면접관들을 감동시킬지 고민하자. 앞의 에피소드에서 택시기사가 할머니와 소통할 수 있었던 이유도 바로 할머니 손님들에게 관심이 있었기 때문이다. 관심을 갖고 바라보면 서로가 원하는 것이 무엇인지 알 수 있고 통할 수 있다.

면접관과의 교집합 스토리를 만들어라

면접관과 소통하는 마지막 방법은, 면접관과 구직자의 마음을 잇는 '교집합 스토리'를 만드는 것이다.

첫 번째 교집합 스토리는 바로 '회사'다. 면접관도 회사에 들어오기 위해 면접을 봤을 것이고, 지금 회사를 위해 일하고 있다. 구직자도 마찬가지다. 회사에 입사하기 위해 지금 면접을 보고 있고, 회사에 들어와 일을 하고 싶어하는 교집합이 있다. 이 둘이 갖고 있는 관심의 공통점, 교집합은 바로 회사인 것이다. 그러니 회사에 얽힌 스토리를 말하면 면접관의 귀를 쫑긋하게 만들 수 있다.

여기에 또 하나의 교집합이 있다. 바로 '나'라는 사람이다. 면접관들이 뽑는 것은 '나'다. 나에 관한 스토리를 말해줘야 면접관은 나에 대해 알게 되어 나에게 설득되는 것이다. 우리가 설득을 할 때는 신뢰감이라는 감정이 만들어져야 한다. 그런데 이 신뢰감이라는 감정은 사람을 만났을 때 처음부터 만들어지는 감정이 아니다. 신뢰감이 생기려면 일단 맨 먼저 호감이 생겨야 하는데, 처음부터 비호감으로 보이면 신뢰감까지 갈 수 없다. 호감 다음은 기대감이다. 호감으로 본 그 사람에게 기대를 품는다는 것이다. 그다음이 공감이다. 그 사람이 하는 말에 고개가 끄덕여지는 것이다. 그다음에 형성되는 것이 친밀감인데, '나, 이 사람이랑 예전부터 알았던 것 같아.'라고 느끼는 게 친밀감이다. 그다음에 형성되는 것이 바로 신뢰감이다(호감→기대감→공감→친밀감→신뢰감).

나는 과연 면접 스토리텔러인가

구직자가 면접장에 들어왔다. 머리끝부터 발끝까지 호감 그 자체다. 기대감이 생긴다. 그래서 면접관이 "살면서 어려웠던 일은 무엇이었습니까?"라는 질문을 했다. 그런데 구직자의 대답이 기대 이하다. "좋은 부모님 덕분에 살면서 크게 어려운 일은 없었습니다."

　그렇다면 어떻게 답변해야 면접관과 공감대가 형성될까? 면접관과 공감대를 형성하고 싶다면 다음과 같이 말해야 한다.

네, 저는 중국어는 '니하오'밖에 할 줄 모른 채 중국어학연수를 떠났습니다. 중국어를 공부하기 위해 새벽에 학교 운동장에 나가 큰 소리로 중국어를 외쳤고, 그 결과 1년 만에 중국어와 중국문화를 학습할 수 있었습니다.

이렇게 스토리를 만들어 말하면 훨씬 더 면접관과 공감대를 형성할 수 있을 것이다. 내가 겪은 경험담을 스토리에 담아 이야기하면, 면접관은 자연스럽게 머릿속에 그 사건을 떠올리게 되고, 구직자와 함께 스토리를 나누며 감정 교집합이 생기게 된다. 그래서 마지막 단계인 신뢰감이 형성되어 마침내 설득당하게 되는 것이다.

면접 스토리텔러가 되자. 말을 잘하는 사람들을 우리는 스토리텔러라고 말한다. 즉 일반적인 사실이 아닌 그 사실 안에 들어 있는 스토리를 말하는 사람들을 보고 굿 스피커라고 이야기하는 것이다. 스토리텔러는 이야기를 할 때 사람들의 머릿속에 하나의 이미지, 동영상을 떠올리게끔 한다. 예를 들어 "저는 열정적입니다."라는 말 대신 "새벽시장에서 팔딱거리는 고등어의 심장처럼, 강을 거슬러 오르는 연어의 심장처럼 제 심장도 펄떡펄떡 뛰고 있습니다."라고 말하는 것이다. 자, 어떤가? 나는 과연 면접 스토리텔러인가?

많은 스토리를 준비해야
자신감이 생긴다

면접에서의 총알인 스토리가 많아야 당당하게 말할 수 있다.
스토리라는 총알을 장전하면 얼굴빛부터 자신감이 있어진다.

취업·인사포털 인크루트가 2011년 상반기에 면접을 본 219명의 구직자를 대상으로 '실제로 저질렀던 면접 실수'는 어떤 것이 있는지 설문한 결과, 떨리거나 작은 목소리로 대답한 것(19.6%)을 가장 많이 꼽았다. 이어 질문을 이해하지 못하고 동문서답을 한 것(16.4%), 지원 분야나 기업에 대해 잘못 대답한 것(14.6%), 금방 들통날 거짓말을 한 것(11.9%), 지각한 것(10.0%), 기타 순으로 응답했다. 응답자 5명 중 4명꼴인 83.6%는 면접에서의 실수가 당락에 결정적인 영향을 줬다고 생각했다.

목소리가 작은 것, 동문서답하는 것, 불안하게 시선처리를 한 것,

이것들은 바로 면접 불안의 대표적인 증상이다. 전쟁터에 나가는 군인이 있다. 그런데 이 군인이 갖고 있는 총에는 딱 총알 3개밖에 없다. 그럼 이 군인은 전쟁터에 나가서 자신 있게 싸울 수 있을까? 아마 불안해서 앞으로 나가기조차 두려울 것이다. 면접도 마찬가지다. 자신의 총알을 많이 챙겨야만 면접장에 가서 자신감 있는 눈빛과 큰 목소리로 다양하고 재미있는 이야기를 할 수 있다. 하지만 대부분의 구직자들은 총알을 아예 준비하지 않거나, 불량 총알을 준비하거나, 총알을 적게 준비하는 경우가 많다. 제대로 된, 그것도 총알을 많이 갖고 있어야만 면접이라는 전쟁에서 승리할 수 있는데도 말이다.

면접에서의 총알은 스토리다. 스토리가 많아야만 당당하게 말할 수 있다. 스토리라는 총알을 장전하면 그 사람의 얼굴빛부터 완전히 달라진다. 면접관은 면접장에 들어서는 구직자들의 얼굴 표정만 봐도 안다고 한다. 이 사람이 면접을 많이 준비했는지, 준비가 부족한지를 말이다.

많은 스토리를 준비해야 자신감이 생긴다

자신감은 준비에서 나온다. 만약 김치찌개를 끓이는데 재료가 없다면 어떻게 자신감을 갖고 맛있게 김치찌개를 끓일 수 있겠는가? 또한 한꺼번에 20인분을 끓여야 하는데 2인분의 재료밖에 없다면 그것도 문제가 될 것이다. 면접이라는 것은 한꺼번에 100인분을 끓여야 하는 김치찌개와 같다. 그것도 사람들마다 취향이 다르다. 어떤 사람은 김치찌개에 참치를 넣는 것을 좋아하고, 어떤 사람은 햄을 넣는 것을 좋아하는, 그래서 각자의 취향에 맞춰야만 사람들의 마음을 얻을 수 있는 것처럼 말이다.

면접은 복불복이 아니다. 이기고 지는 확률이 명확한 게임이다. 이 게임에서 승리하기 위해서는 우리는 질 좋고 양 많은 스토리를 준비해야 한다. 준비를 많이 하면 할수록 자신감이 생긴다. 자신감은 스스로를 믿는 마음을 말한다.

난 쇼핑호스트 출신이다. GS홈쇼핑 쇼핑호스트 시절, 내가 맡은 상품을 세일즈하려면 방송이 있기 2주일 전에 PD와 MD가 만나 전략회의를 한다. 이때 업체에서 상품을 받아 사용해본다. 즉 한경희 스팀 청소기를 받으면 그것을 열심히 써보는 작업부터 들어가는 것이다. 본인 스스로가 '아~ 정말 좋다.'라는 생각이 들어야만 다른 사람들에게도 "아~ 정말 좋아요!"라고 말하며 팔 수 있기 때문이다. 그런데 문제는 "아~ 좋다."라고만 끝나면 총알이 애매모호하다는 것이다. 그래서 "재미없다."라거나 "좋다."라는 말 대신 그 느낌을 전달할 수 있는 새로운 공감 스토리를 만들어내는 작업에 들어간다.

집에서 강아지를 키우면 비오는 날에 아무리 청소를 해도 냄새가 올라온다. 이럴 때 잔뜩 엎드린 자세로 걸레질을 하려니까 무릎이 정말 아프다. '아! 누가 좀 팍팍 밀어주지.' 진동청소기를 돌리면서 고민한다. '걸레질을 해, 말아?' 추석이나 설에는 손님들이 진짜 많이 온다. '깔끔하게 쫙 돌리자.' 이런 식으로 사람들과 공감할 수 있는 스토리를 만들기 위해 사용해보고 메모한다. 그래야만 고객들에게 "아! 맞아, 맞아."라는 공감을 유도할 수 있기 때문이다. 이렇게 많은 스토리를 준비하고 나서 방송에 들어가면 자신감이 생긴다. 전투적이게 된다. 그러면서도 서두르지 않는 여유도 생긴다.

1순위 에피소드는 반드시 말하라

스토리를 형성하는 가장 작은 단위를 에피소드라고 하는데, 이 에피소드가 많아야 좋은 스토리를 낳을 수 있다. 일단 에피소드를 많이 모은 다음, 그것을 스토리로 잘 만들어야 훌륭한 면접 답변을 완성할 수 있다. 에피소드는 양도 많아야 하고, 질도 좋아야 한다. 마치 우리가 유명한 맛집에 갔을 때 양도 풍성하고 맛도 좋은 것처럼 말이다.

또한 에피소드에는 '우선순위'라는 것이 있다. 우리가 가고 싶은 회사에 1순위, 2순위가 있는 것처럼 에피소드에도 1순위, 2순위 하는 우선순위가 있다. 1순위 에피소드는 면접관이 질문하지 않아도 반드시 말하고 나와야 한다.

예를 들어보자. '내가 어떤 회사에서 인턴으로 외국인 손님을 접대하는 일에 대한 보조업무를 하게 되었다. 보조업무였지만 불시에 나에게도 질문을 할 수 있겠다 싶어 미리 프로젝트에 대해 공부했다. 그 결과 위기를 오히려 기회로 만들 수 있었다.' 이것이 나의 1순위 에피소드라면 이 에피소드에 대해 면접관이 구체적으로 물어보지 않아도 반드시 어떤 질문에라도 엮어서 말을 하고 나와야 하는 것이다.

지원동기를 묻거나 자신의 강점, 마지막 한마디 등 어떤 질문이라도 내가 예상한 에피소드 1순위는 반드시 말하고 나와야 하는 것이다. 면접은 A라는 질문에 꼭 A라는 대답을 해야 하는 것이 아니다. 내가 만약 에피소드 1순위인 A를 갖고 있으면 B와 C라는 질문에 A라는 답변을 연결해야 한다. 면접이 끝나서 나서 "아! 면접관은 왜 A를 물어보지 않은 거야!"라고 한탄해봐야 누구 손해인가? 면접관 손해가 아니라 바로 내 손해다.

나의 총알은 무엇인지 미리 고민하라

나는 쇼핑호스트 면접을 준비하면서 '나의 총알은 무엇일까?'에 대해 많이 고민했다. 내게는 첫째, 국회의원 선거 개표방송을 오후 6시부터 새벽 1시까지 총 7시간에 걸쳐 혼자 생방송으로 진행한 경험이 있었다. 둘째, 매일경제TV 증권부 증권시황캐스터를 할 때 새벽 4시에 출근해 오후 4시에 퇴근할 때까지 방송했던 경험과 퇴근 후 도서관에 가서 각종 증권과 보험과 관련된 자격증을 취득했던 에피소드가 있었다. 셋째, 동대문시장과 이태원 등에서 좋은 상품을 값싸게 구입하는 쇼핑 노하우에 관한 에피소드가 있었다. 이 3가지는 면접관이 물어보지 않아도 내가 내 입으로 '내 자랑'을 꼭 해야 하는 에피소드였다.

마침내 면접장에 갔을 때 면접관이 "쇼핑호스트가 갖춰야 하는 소양은 무엇이냐?"라고 질문했을 때 난 주저 없이 이 3가지 에피소드를 녹여 다음과 같이 말했다.

쇼핑호스트가 되기 위해서는 2가지의 눈이 있어야 한다고 생각합니다. 첫째 눈은 방송을 사랑하는 '열정의 눈'입니다. 저는 MBN 증권부 증권시황캐스터 시절, 새벽 4시에 출근해 새벽 마감하는 미 증시에 대한 방송을 시작으로 마감시황까지 매시간 긴장을 놓지 않았습니다. 별을 보고 출근해 별을 보고 퇴근을 했지만 방송에 대한 열정으로 한 번도 피곤하다는 생각을 해본 적이 없었습니다. 둘째, '상품을 보는 눈'입니다. 저는 쇼핑계의 브리태니커 백과사전이라 불립니다. 친구들이 상견례 때 입을 옷을 고를 때도, 첫 월급으로 명품 가방을 살 때도, 친구들이 항상 SOS를 청하는 친구는 바로 저였습니다. 이렇게 방송에 대한 열정의 눈, 상품에 대한 눈을 갖는 것이 쇼핑호스트가 갖춰야 할 소양이라고 생각합니다.

면접관이 물어보지 않았다고 해서, '괜히 말해서 긁어 부스럼 만들면 어떻게 하지?'라는 생각으로 내가 갖고 있는 보석과도 같은 에피소드를 주머니에만 넣고 오는 경우가 많다. 제발 그러지 말자. 에피소드 1순위는 보석 중에서도 가장 빛나는 다이아몬드다. 이 빛나는 다이아몬드를 집에만 놓고 나 혼자 보는 것은 너무 아깝지 않은가? 에피소드 1순위는 반드시 면접관에게 보여주고 오자. 반드시 표현하고 오자. 그래야 면접 합격이라는 기회를 잡을 수 있다.

총을 들고 전쟁터에 나가는 군인에게 총알은 많으면 많을수록 좋다. 하지만 더 중요한 것은 총알이 불량이면 안 된다는 것, 총알은 많은데 쏠 기회를 잡지 못해 그냥 돌아오면 더 낭패라는 것이다. 자, 에피소드를 장전했는가? 많이 장전했는가? 혹 불량은 아닌가? 그리고 쏠 기회를 잡을 용기가 있는가?

스토리텔링의
4가지 대원칙을 기억하라

스토리텔링은 면접 부담을 가중시키는 준비물이 아니다.
면접관과 진심으로 소통하기 위해 나온 하나의 처방전이다.

"면접관의 의도를 파악하라." 취업캠프 강사들은 구직자들에게 이런 말을 참 많이 한다. 맞는 말이긴 한데, 정작 구직자들은 면접장에서 면접관의 의도를 파악할 정신적인 여유가 없다. 면접관의 질문에 곧바로 답변하기도 급급한데, 면접관이 이 질문을 왜 하는지 그 의도까지 어떻게 파악할 수 있겠는가? 그래서 나는 면접관의 의도를 파악하라는 말 대신에 "네가 CEO라고 생각하고 면접을 봐라."라는 말로 대신한다.

면접관에게 "회사에 야근이 많습니다. 어떻게 하겠습니까?"라는 질문을 받는다고 해보자. 내가 만약 직원 마인드를 갖고 있으면 "그래도 열심히 하겠습니다."라는 대답을 할 것이고, CEO의 마인드를 갖고 있으면 대답의 차원이 달라진다.

　네! 야근이 많다는 것은 그만큼 회사가 잘 운영이 된다는 뜻일 것입니다. 그럼 얼마나 좋습니까? 더군다나 제 일이 많다는 것은 그만큼 제 능력을 인정받고 있다는 증거일 것입니다. 더욱 열심히 하겠습니다.

또한 CEO의 마인드라면 "당신의 단점은 무엇입니까?"라는 면접관의 질문에 "약속 시간에 자주 늦습니다." "한 번에 일처리를 시원하게 못합니다." "남들보다 행동이 좀 더딘 편입니다." 등의 폭탄 발언은 결코 하지 않을 것이다. CEO가 만약 이런 단점을 가지고 있다면 회사의 존폐를 어렵게 만들 수 있으니 이런 단점을 외부로 노출하기보다는 열정을 갖고 노력하는데, 그 노력이 지나치다 보니 생길 수 있는, 어찌 보면 장점이 너무 지나쳐 생길 수 있는 단점을 말할 것이다.

이렇듯이 사원의 마인드가 아닌 CEO의 마인드로 면접을 보자. "자리가 사람을 만든다."라는 말도 있지 않은가? 자리가 달라지면 말과 행동도 달라지는 법이다. 여러분은 CEO의 마인드를 갖는 것부터 시작하면 된다.

무조건 쉽게 말해야 한다

이 책을 쓰면서 라온제나 스피치의 면접 수강생들과 참 많은 이야기를 나눴다. "선생님! 시중에 면접 책은 많이 나와 있어요. 그런데 읽을 때는 대충 알 것 같은데 막상 해보려고 하면 잘 안 되는 거예요. 제가 지금 당장 답변을 할 수 있도록 구체적인 방법이 있는 책을 써주세요."

이런 구직자들의 니즈에 부응해 정말 이것만은 꼭 기억했으면 하는 내용을 소개하겠다. 면접 답변에 스토리를 넣으려면 다음의 스토리텔링 4가지 대원칙을 반드시 기억해야 한다.

첫째, 무조건 쉽게 말하자.

내가 말하기 어렵다는 것은 면접관도 이해하기 어렵다는 것이다. 괜히 어려운 단어, 복잡한 문장을 만들어 말하다가 중간에 "뭐였지?" 하지 말고, 내 입에 맞는 제일 쉬운 단어로 말하고 문장을 짧게 해 쉬운 길로 가자. 구직자들을 보면 '~해서, ~했는데, ~했는데도 불구하고' 등등 너무 길게 문장을 이어서 말하는 경우가 많다.

둘째, 무조건 재미있게 말하자.

내가 재미없으면 면접관도 재미없다. 답변을 재미있게 만드는 '플롯'을 넣어서 면접관의 마음을 내편으로 만들자. 재미를 넣으려면 그 에피소드를 내가 이미지화해 머릿속에 떠올린 다음, 그때 느꼈던 감정을 얼마나 그대로 표현할 수 있느냐가 관건이다. 말을 재미있게 하려면 재미있는 에피소드를 모으는 습관을 가져야 한다.

작은 기자수첩 같은 것을 구입해 재미있는 말들을 모아보자. 요즘에는 스마트폰에 노트 기능이 있어 굳이 수첩을 사지 않아도 손쉽게 기록할 수 있다.

무조건 열정적으로 말하자

셋째, 무조건 열정적으로 말하자.

내가 겪은 경험담에 내 열정이 들어가 있지 않으면 면접관도 열정을 느낄 수 없다. 내 소중한 에피소드에 가치를 넣어라. 대학생들이 갖고 있는 에피소드들은 사실 별다른 것이 없다. 그것을 면접관이 모르는 것이 아니다. 다시 말해 여러분이 세계 일주 에피소드를 이야기하는 걸 바라는 것이 아니라는 점이다.

편의점이나 주유소에서 아르바이트를 했던 에피소드라도 열정적으로 말하자. 열정적으로 말하는 사람의 눈과 입에서는 열정의 레이저가 나오는 느낌이 든다. 그런 구직자들은 바라보고 있는 것만으로도 얼굴에 미소를 짓게 한다. 면접관에게 열정의 레이저를 팍팍 보내자. 그럼 면접관도 마음에 걸어놨던 빗장을 풀 것이다.

마지막으로 넷째, 무조건 진심으로 말하자.

"저는 성실합니다."라는 말을 할 때 정말 스스로도 진심이라고 생각하는가? "정말 전 성실합니다…"라고 말끝을 흐리지 않고 자신감 있게 말할 자신이 있는가?

면접장에서 나를 공격하는 것은 절대 면접관이 아니다. 면접은 자기 자신과의 싸움이다. 옆에 있는 지원자와 자신을 비교하지 않고, 흔들리지 않고 면접을 볼 수 있는 평정심을 내가 갖고 있는가? 면접관이 아무리 압박 면접으로 내 마음을 흔들어놔도 끝까지 진심을 다해 말할 수 있는가? 나 혼자만의 싸움에서 내가 얼마나 견디느냐가 중요하다. 상대방을 설득하기 전에 나 자신을 먼저 설득하자. 그래야 진심으로 말할 수 있다.

스토리텔링, 결코 어렵지 않다

스토리텔링이 또 하나의 스펙으로 자리 잡은 지 오래다. 어떤 구직자들은 기존에 있는 스펙만으로도 준비할 게 많은데 여기에 스토리텔링까지 해야 하니 너무 힘들다는 말을 많이 한다. 하지만 스토리텔링은 여러분의 부담을 가중시키기 위해 하는 것이 절대 아니다. 좀더 여러분이 면접관과 진심으로 소통하기 위해 나온 하나의 '처방전'이다. 센스 있는 몇몇 구직자들이 스토리를 넣어 말해 면접에서 당당히 합격을 했다. 이 책을 읽는 당신도 그렇게 되어야 하지 않겠는가.

스토리텔링에 대해 너무 어렵게 생각하지 말자. 취업이라는 선을 넘기 위해서는 반드시 넘어야 할 산이다. 흔들리고 긴장되는 면접이라는 전쟁터에서 여러분의 지지대 역할을 해주는 것도 바로 이 스토리텔링일 것이다. 준비하는 과정은 고통스러울지 모르겠지만 면접장에 가서 답변 스토리텔링을 성공적으로 해낸다면 취업이라는 달콤한 열매를 수확할 수 있을 것이다.

chapter 2

취업을 성공으로 이끄는 스토리의 6가지 조건

구체성 : 면접관의 머릿속에
그림을 그려라

면접관이 나의 과거를 떠올릴 수 있도록 구체적으로 그려주자.
면접관을 타임머신에 태워 내가 경험했던 그 순간으로 데려가자.

고등학교 시절, 전날 밤에 봤던 드라마를 실감나게 재연해주는 친구가 있었다. 어찌나 그 친구의 이야기가 재미있던지 실제 재방송으로 본 드라마보다 훨씬 더 재미있게 느껴졌다. 그 친구처럼 말을 할 때 자연스럽게 그 상황이 떠오르게끔 하는 사람들이 있다. 예를 들어 예전 고현정과 이요원이 나왔던 드라마 〈선덕여왕〉의 한 부분을 말할 때 "그냥 둘이 다퉜어."라고 간단하게 말하는 사람도 있지만 다음처럼 재미있게 말하는 사람도 있는 것이다.

"어제 정말 대단했잖아. 고현정과 이요원이 서로 독대하는 장면이었는데, 이요원이 고현정의 정체를 파악하고 나서 손을 부르르

떠는 거야. 왜 우리 대단한 사람이 앞에 있으면 부들부들 몸이 떨리잖아. 그러자 고현정이 갑자기 이요원의 손을 딱 잡으면서 '두려우냐! 두려움을 이기는 방법에는 2가지가 있다. 하나는 도망치는 것이고, 또 하나는 분노하는 것이다' 이렇게 말하는데, 진짜 고현정 카리스마 대단하더라."

어떤가? 머릿속에 그림이 그려지는가? 이처럼 스토리를 구체적으로 말하면 사람들은 자연스럽게 연상 작용을 하게 된다. 그래서 자기가 보지 않았음에도 불구하고 마치 실제로 보고 경험한 것처럼 생각하게 되는 것이다.

스토리텔링을 하는 사람을 우리는 스토리텔러라고 부른다. 스토리텔러는 구체적인 시각화로 상대방의 머릿속에 그림을 그린다. 하지만 대부분의 구직자들은 추상적이고 애매모호한 언어들로만 말할 뿐, 구체적인 스토리를 통해 면접관의 머릿속에 그림을 그리지 못한다. "저는 성실합니다." "저는 건강합니다." "저는 열심히 노력합니다." 이런 내용들은 구체적인 묘사와는 거리가 멀기 때문이다.

예를 들어 면접관이 구직자에게 "당신의 강점은 무엇입니까?"라고 질문했을 때 "저는 사람들과 금방 친해지는 친근감을 갖고 있습니다."라고 스토리 없이 답하면 안 된다. 다음과 같이 구체적으로 말해야 한다.

저는 매력적인 DNA를 갖고 있습니다. 그 매력 DNA는 바로 친근감입니다. 저는 주위 사람들에게 "예전부터 알고 지냈던 사람 같아요."

라는 말을 많이 듣습니다. 특히 예전에 '독거노인 지킴이'로 ○○요양원에서 봉사활동을 했습니다. 그때 할머니들께서도 처음에는 저를 낯설어 하셨지만 함께 레크리에이션을 하며 친해질 수 있었습니다. 처음에는 레크리에이션하는 것이 부끄럽다며 하지 않겠다던 할머니들께서 나중에는 "또 하자"고 말하시는 모습을 보며 가슴 뿌듯했습니다. 다음에 할머니들을 만났을 때 "우리 손녀딸, 또 왔네. 유정이한테는 괜히 정이 가." 이렇게 말씀하시곤 했습니다. 항상 밝은 미소로 만나는 사람을 대하기 때문에 친근감 있게 저를 대하시는 것 같습니다.

어떤가? 머릿속에 할머니들이 행복한 미소를 지으며 함께 대화를 나누는 것이 머릿속에 떠오르지 않는가? 이것이 바로 스토리텔링의 힘이다.

배경까지도 자세히 묘사하라

스토리텔링은 이야기를 말하면서 상대방의 머릿속에 그림이나 동영상을 떠오르게끔 만들어주는 것을 말한다. 앞 사례의 경우처럼, 면접관을 타임머신에 태우고 그 요양원으로 초대하는 것이다. 반면에 "저는 사람들과 금방 친해집니다." 식의 내용은 너무 단순해 면접관을 요양원으로 결코 초대할 수 없다. 그렇다면 구체적으로 시각화하려면 어떻게 해야 할까?

첫째, 배경까지도 자세히 묘사하라.

묘사라는 것은 한마디로 이미지화를 하라는 것이다. 내가 만약 요양원에서 봉사활동을 했다면 내가 먼저 그 요양원의 모습을 이미지화하는 것이 중요하다. 서울에서 얼마나 걸리는 곳이었는지, 사계절 중 어느 때가 가장 기억이 나는지, 할머니들께서 요양원 앞 허름한 의자에 앉아계시는 모습들을 먼저 내 머릿속에 떠올려야 한다.

그런 다음 그 안에서 있었던 일들에 대해 곰곰이 이미지화를 해본다. 정말 재미있었던 일에 대해 떠올려보자. 할머니들께서 레크리에이션을 할 때 얼굴이 빨개지시면서 부끄러워하시던 모습, 레크리에이션이 끝나고 나서 환하게 웃어주시는 모습을 머릿속으로 떠올려보자. 이렇게 이미지화를 해야 자세히 묘사할 수 있다. 이미지화한 다음 머릿속의 앨범에 그 이미지를 차곡차곡 쌓아놓자. 면접관이 물어볼 때 언제 어디서든 꺼낼 수 있도록 말이다.

둘째, 단체 이름과 등장인물의 이름까지 정확히 표현하라.

노인분들을 대상으로 봉사했다고 말하기보다는 '독거노인 지킴이' 'ㅇㅇ요양원' 등 구체적인 단체 이름까지도 정확히 쓰면 구체성을 높일 수 있다. ㅇㅇ요양원에서 자원봉사했을 때 가장 기억에 남는 할머니의 성함을 함께 말하면 훨씬 더 그 에피소드가 구체적으로 느껴질 수 있다. 내가 만약 연극 동아리에 가입해 공연을 했다면 그 연극 제목까지 구체적으로 말해야 신뢰감이 생긴다.

셋째, 그 안에서 느꼈던 감정도 구체적으로 넣어라.

구직자들과 함께 말하다 보면 일반적인 대화를 나눌 때는 자신의 감정을 잘 넣어 말한다. 하지만 면접에서는 자신의 감정은 배제한 채 있는 사실만 말하거나, 감정을 말하더라도 "좋았다." "슬펐다." "가슴 뿌듯했다." 등의 몇 가지 단어로 한정지어서 말하는 경우가 많다. 예를 들어 "요양원에서 레크리에이션을 했을 때 할머니들이 참 좋아하셨습니다. 저도 기분이 좋았습니다."라고 말했을 때 "저도 기분이 좋았습니다."라는 표현은 상대방의 머릿속에 구체적인 그림을 그려주지 못한다. "저도 기분이 좋았습니다."를 다음과 같이 구체적 표현으로 바꿔서 말해야 한다.

할머니들의 환하게 웃으시는 모습 속에 열여덟 꽃다운 나이의 할머니 모습이 스쳤습니다. 추운 겨울날이었지만 제 마음에 따뜻한 손난로가 들어가 있는 기분이었습니다.

평소에 감정을 표현하는 연습을 해야 한다

넷째, 평소에 감정을 표현하는 연습을 해야 한다.

"할머니들의 미소가 나의 얼굴에도 그대로 전염되는 것 같았습니다. 그때 저는 미소와 행복은 전염된다는 사실을 배울 수 있었습니다."라는 식으로 감정을 구체적으로 넣기 위해서는 평소에 감정을 표현하는 연습을 해야 한다.

부모님께 말씀드릴 때도 다음과 같이 말하는 습관을 들이자. "엄마, 제가 열심히 노력해 취업하게 되면 엄마가 좋아하시는 ○○표 립스틱 꼭 사드릴게요." "아빠, 오늘 회사에서 근무하시느라 많이 힘드셨죠! 제가 빨리 취업해서 아빠 어깨에 있는 짐을 덜어 드릴게요." 평소 쑥스러워서 하지 못한 감정을 표현하는 연습을 하면 한층 더 새로운 표현이 떠오를 것이다.

면접은 그 사람이 어떤 생각을 갖고 있는지 알 수 있는 하나의 지표다. 내 마음의 깊이가 얕으면 면접의 내용도 얕아진다. 반대로 내 마음의 깊이가 깊으면 면접의 내용도 깊어진다. 면접관은 아마추어를 뽑는 것이 아니라 프로 직장인을 뽑는 것임을 잊지 말자. 그래서 우리 학생들에게 내가 자주 하는 말이 있다.

"면접관들은 여러분을 대학생으로 보고 뽑는 것이 아냐. 마치 자기계발 강사처럼 인생에 대해, 조직에 대해 깊고 성숙한 생각을 갖고 있는 사람으로 보는 거지. 그래서 면접관에게 '이 친구는 어쩌면 이렇게 나이에 맞지 않는 생각을 할 수 있을까?'라는 생각이 들게 해야 너를 뽑아."

다섯째, 따옴표를 넣어라.

이 부분은 정말 중요하다. 따옴표를 넣어서 말하면 굳이 설명하지 않아도 되기 때문에 훨씬 더 말이 쉬워진다. 또한 면접관 앞에서 그때 있었던 상황을 바로 '연기'를 통해 눈으로 보여주기 때문에 더욱 전달력이 좋아진다. 이렇게 따옴표를 넣어서 말하면 굳이 세세히 설명하지 않아도 되므로 훨씬 말하기가 편하다. 어려워하지 말고 도전해보자. '풀지 말고 따옴표 넣기!'

따옴표에는 큰 따옴표가 있고 작은 따옴표가 있다. 큰 따옴표는 누군가에게 직접 말할 때 쓴다. 예를 들어 다음과 같이 말해야 한다.

○○요양원 봉사활동에서 할머니들께서 먼저 휴식시간에 저에게 다가와 인생 이야기를 들려주셨고, 저도 할머니들 이야기에 울고 웃으며 말벗이 되어드렸습니다. 그 후 매주 "우리 손녀딸, 또 왔네." 하시며 저를 반겨주셨고, 할머니들과 마치 친가족처럼 스스럼없는 시간을 보낼 수 있었습니다.

"우리 손녀딸, 또 왔네." 이렇게 큰따옴표를 넣어서 말한다는 건 사실 정말 대단한 것이다. 따옴표를 넣어서 말한다는 건 그만큼 여유 있게 말한다는 것이기 때문이다. 스토리텔링에서 따옴표를 넣어서 말한다는 건 연기를 한다는 것이다. 내가 직접 내 연기를 하는 것이 아니라 상대방의 느낌을 넣어 연기하는 것이기 때문에 사실 많은 여유와 용기가 필요하다. 그냥 풀어서 "할머니들이 우리 손녀딸이라고 말씀해주시면서 반가워해주셨습니다."라고 설명하기보다는 큰 따옴표를 넣어서 "우리 유정이한테는 괜히 정이 가."라고 말할 때 더욱 생동감을 느낄 수 있으니 내가 쓴 답변을 이런 식으로 큰 따옴표를 넣어 표현해보자.

내가 마음속으로 생각한 이야기나 명언 등을 활용해 이야기할 때는 작은 따옴표를 사용한다. 예를 들어 "할머니들과 만남을 가지며 '봉사를 하면 내가 드리는 것보다 받는 것이 더 많구나'라는 것을 깨달았습니다.”라고 표현할 때, 이때는 대사를 말한다는 느낌보다는 혼자 되뇌이는 느낌이기 때문에 작은 따옴표를 넣어 독백하는 것처럼 표현해주면 좋다.

여섯째, 비유랑 친해지자.

비유법은 '빗대어 표현한다'라는 말이다. 비유를 어렵게 생각하는 구직자들이 많다. 하지만 비유하는 연습을 몇 가지 하면 굉장히 쉽게 비유할 수 있다. 비유는 크게 은유와 직유로 나뉜다. 우리가 학창시절에 “내 마음은 호수요”라는 예문으로 배웠던 것이 바로 은유다. 은유는 'A는 B다'라고 표현한다. 즉 A와 B의 쌍둥이 속성을 찾아 비슷한 점을 연결고리로 잇는 것이다. 반면에 직유는 '~처럼, ~같이'로 표현하는 것이다. 예를 들어 “내 얼굴은 사과처럼 예쁘다.”는 표현은 사과의 동글동글한, 매끈하고 반짝거리는 피부라는 쌍둥이 속성을 연결한 것이다. 직유법을 활용해 “요양원 할머니들께서 마치 열여덟 새색시처럼 부끄럽게 웃었다.”라고 표현한다면 발그스레한 열여덟 새색시들의 미소와 할머니의 미소를 보고 '부끄러운 미소'라는 쌍둥이 속성을 연결했기 때문에 더욱 면접관과의 공감대가 형성될 것이다.

다음은 은행에 합격한 한 구직자의 자기소개다.

저는 한 번 물면 놓지 않는 악어 근성을 갖고 있습니다. 어린 시절, 아버지께서는 그 어떤 것도 제게 쉽게 주지 않으셨습니다. “원하는 것을 얻으려면 노력하고 그 성과를 보여라.”라고 말씀하셨기에 저는 항상 집요하게 목표에 임했습니다. 그 결과 'AFPK 전국 6등, CFP 전국 8등'이라는 결과를 얻을 수 있었습니다. 먹이를 보고 힘껏 달려드는 악어 근성을 ○○은행에 입사해 맘껏 발휘하고 싶습니다.

어떤가? 열심히 악어처럼 뛰어들어 공부하는 이 구직자의 모습이 눈에 생생하게 그려지지 않는가? 열심히 했다는 것을 악어에 비유했기 때문에 훨씬 더 구체적으로 머릿속에 그림이 잔상으로 남는 것이다.

면접관의 머릿속에 그 상황이 떠오르게 하라

면접관이 우리들의 과거를 떠올릴 수 있도록 구체적으로 그려주자. 만화를 원작으로 하는 드라마나 영화를 보면 아쉬움이 많이 남는다. 상상의 영역에서 시각의 영역으로 옮겨지면서 우리가 생각했던 그 이미지를 최대한 보여주지 못하는 경우가 많기 때문이다.

면접관을 타임머신에 태워 내가 경험했던 그 순간으로 데려가자. 공감이라는 것은 같은 생각, 같은 체험을 했을 때 느끼는 감정이다. 면접관을 실제 과거로 데려갈 수는 없지만 면접관의 머릿속에 그때의 상황을 떠올리게 해 내가 경험했던 것과 내가 생각했던 것을 공유한다면 훨씬 더 내 스토리를 효과적으로 전달할 수 있을 것이다.

4학년 1학기에 과동아리 'Deline'에서 후배들에게 캐드 수업 신청을 받아 일주일에 한 번 2시간씩 40명에게 캐드를 가르쳐줬습니다. 어떻게 하면 후배들이 캐드와 사랑에 빠질 수 있을까 고민한 끝에, 인터넷 카페를 만들어 제가 직접 만든 캐드 명령어와 툴바 용어, 연습예제를 올렸습니다. 실습과 과제, 졸업 작품 준비로 바빴지만 후배들에게 따로 캐드 학원을 다니지 않을 정도의 실력을 쌓아주고 싶어 '평면도면 캐드'까지 가르쳐줬습니다. 이 캐드 수업으로 "가르치면서 배운다" 남을 가르치기 위해서는 '습자지' 같은 얕은 지식이 아닌, 전체를 조망할 수 있는 '인공위성'이 되어야 한다는 사실을 알게 되었습니다.

과 동아리의 이름을 구체적으로 넣어주면서 신뢰감을 높였고, 일주일에 1번 2시간씩 총 40명에게 캐드를 가르쳐줬다고 구체적으로 설명함으로써 면접관의 머릿속에 그림을 그려줬다. 게다가 직접 만든 캐드 명령어와 툴바, 연습예제, 평면도면 캐드라는 용어를 직접적으로 들려주면서 전문성을 높였다. 또한 습자지와 인공위성이라는 비유를 통해 좀더 스토리를 쉽고 재미있게 풀었다.

자, 여러분도 해보겠는가? 마치 화가가 되어서 면접관의 머릿속에 그림을 그려준다고 생각하자. 좀더 구체적으로 쉽고 재미있게 말이다.

포장성 : 드라마틱하게
스토리를 포장하라

특별하고 인상적인 에피소드가 내게 없다고 투덜대지 말자.
지금이라도 내가 갖고 있는 에피소드를 멋지게 포장하자.

차를 타고 길을 지나가는데 한 무리의 오토바이 동호회 회원들이 지나갔다. 가죽점퍼에 두건 차림을 하고 멋진 오토바이를 탄 그들을 보면 '인생은 저렇게 즐기면서 살아야 하는데…'라는 생각이 절로 든다. 이처럼 할리데이비슨이나 BMW, 듀가티 등 멋진 오토바이를 타고 가는 사람들을 보면 '젊음' '열정' '부' 이런 것들을 느낄 수 있다.

결혼을 앞둔 처자들이 가전 매장에 가서 양문형 냉장고를 열어보면 좋아하는 이유는 뭘까? 냉장고에서 음식을 꺼내 요리할 생각에 행복해하는 것일까? 글쎄, 그것보다는 '여자라서 행복해요'라는 디오스 냉장고의 카피가 생각나서가 아닐까?

일본의 아오모리 현은 사과로 유명한 지역이다. 그런데 태풍이 오는 바람에 사과가 다 떨어져 농민들이 울상이었다. 하지만 한 농민은 몇 개 남아 있는 사과를 '절대 떨어지지 않는 합격 사과'라는 스토리를 넣어서 판매했고, 그 결과 10배가 남는 이문을 남길 수 있었다고 한다.

이처럼 사람들은 상품을 사는 것이 아니라 그 상품 안에 들어 있는 스토리를 구입한다. 면접관도 마찬가지다. 임유정이라는 사람을 사는 것이 아닌, 임유정 안에 들어 있는 스토리를 사는 것이다. 그런데 이 스토리란 게 참으로 희한한 것이 내가 내 스토리를 어떻게 생각하느냐, 그리고 그 생각에 따라 어떻게 포장하느냐에 따라 그 가치가 달라진다.

몇 개 남아 있는 사과를 보며 울상을 지을 것인지, 조금이라도 남아 있는 사과를 포장해 팔 것인지, 그저 그런 냉장고와 오토바이를 팔 것인지, 아니면 '여자로서의 행복' '젊음과 열정'이라는 스토리를 팔 것인지 선택하라. 내가 갖고 있는 스토리를 어떻게 가치 있게 생각하느냐, 그리고 어떤 포장지로 포장하느냐에 따라 스토리가 갖는 가치는 완전히 달라진다.

하지만 구직자들은 자신이 갖고 있는 스토리를 가치 있게 생각하지 않는다. 남들의 스토리만 부러워만 한다. 면접관은 히말라야에 오른 사람을 무조건적으로 좋아하진 않는다. 이 사람이 길가에 떨어져 있는 휴지를 보고 그냥 지나치는 사람인지, 휴지를 줍는 사람인지, 혹은 휴지를 다시는 떨어뜨리지 못하게 휴지통을 갖다 놓는 사람인지 이것을 궁금해한다. 다시 말해 거창한 에피소드를 말하는 사람보다, 평소 살아가면서 얼마나 매 순간 성실하게 상대방을 배려하면서 살아왔는지를 보는 것이다.

'나는 에피소드가 없어.'라고 생각하지 말자. 에피소드가 없는 사람이 어디 있는가? 대학시절 내내 집에만 틀어박혀 있었던 것은 아니지 않은가? 에피소드가 없다고 투덜대기에는 취업이 갖는 의미가 내 인생에서 너무나도 크다. '나는 에피소드가 없어.' 이러고 있지 말고, 무조건 에피소드를 찾아내라. 그 에피소드를 예쁘게 포장해 면접관에게 선물하자.

1차 포장 : 사건 사고를 포장하자

에피소드를 포장하라는 것은 거짓말을 하라는 것이 아니다. 없었던 것을 있는 것처럼 표현하는 것이 아니라, 내가 갖고 있는 좋은 스토리를 그냥 일반 비닐봉지에 넣지는 말자는 것이다. 우리가 선물을 할 때 어떻게 포장하느냐에 따라 그 선물의 가치가 달라지듯이 내가 갖고 있는 에피소드의 옥석을 떠나 그 에피소드를 성심성의껏 고급 포장지로 포장하자는 것이다. 그런데 내 에피소드를 고급스럽게 포장하려면 어떻게 해야 할까?

첫째, 내 에피소드에 무한한 열정을 불어넣자.

나를 찾아온 구직자에게 "대학교 때 가장 기억나는 일이 무엇이냐?"고 물었다. 그랬더니 학교 축제 기간 중 교내 주점을 했던 기억이 난다고 한다. 그럼 여러분은 어떤 생각이 드는가? '교내주점을 했던 이야기를 면접장에서 말해서 뭐해? 이런 건 쓸데없는 에피소드니까 버려야 돼.'라고 생각하는가? 이렇게 에피소드를 버리기 시작하면 도대체 에피소드가 몇 개나 남아 있게 될까? 물론 학교 다닐 때 교내 주점에서 일한 것은 그리 좋은 에피소드는 아니다. 하지만 내가 갖고 있는 에피소드가 정 없다면 이거라도 말해야 하지 않을까?

둘째, 구체적인 사건 사고(accident)에 대해 말하자.

그냥 학교 축제 때 교내 주점에서 일했다고 하면 재미가 없다. 면접관은 교내 주점에서 일했다는 사실(fact)보다는 그 안에 있었던 스토리를 듣고 싶어한다. 스토리를 빛나게 하려면 일단 구체적으로 말해야 한다. 구체적으로 그 안에서 일어났던 사건 사고에 대해 말해야 하는 것이다. '내가 사고 친 이야기'가 아니라 그 안에서 일어났던 재미있었던 이야기, 또는 내가 뭔가 액션을 취하지 않으면 안 되었던 그 문제에 대해 말하라는 것이다.

구직자가 축제에서 교내 주점을 했던 에피소드를 풀어놓았다. 말을 들어보니 처음 주점을 열었을 때 손님이 없어 안주를 접시에 담아 시식행사를 했다고 한다. 이 스토리의 경우 주점에 손님이 없었다는 주요 사건 사고는 있지만, 그 사건 사고를 풀었던 방법이 너무 흔해서 면접관의 관심을 끌기 어려웠다. 그래서 주점에 얽힌 또 다른 스토리를 풀어놓으라고 했다. 그랬더니 "손님이 없을까봐 미리 시장조사를 했어요. 그래서 주점을 오픈하기 전에 한 바퀴 돌아보니 '돼지 껍데기'를 파는 곳은 없더라고요. 그래서 그걸로 아이템을 잡았죠."라고 말하는 것이 아닌가! 앞에 말했던 사건 사고보다는 훨씬 더 임팩트가 있어 일단 '손님이 없을까봐 미리 시장조사를 했고, 그래서 아이템으로 돼지 껍데기를 결정했다.'를 주요 사건 사고로 보고 에피소드를 포장했다.

사건 사고를 포장할 때는 몇 가지 원칙이 있다. 우선 내가 자초한 사고는 말하지 말라는 것이다. 어떤 문제의 원인이 나였다는 것은 스스로 자폭하는 것과 같다. 예를 들어 '군대에서 행군을 하는데 나 때문에 다른 동료들이 힘들었다.'거나, '축제를 준비했는데 내가 늦게 도착하는 바람에 축제가 엉망이 됐다.'라는 내용이 이에 속한다.

또한 너무 사소한 사건은 선정하지 말아야 한다. 예를 들어 '친구들과 여행을 갔는데 한 친구가 아파 중간에 여행을 포기하고 올라왔다.' '어학연수를 갔는데 친구끼리 싸움이 났다.' '인턴을 했는데 쉬운 일만 맡겨서 재미없었다.'는 식의 사건 사고는 너무 얕은 사건 사고에 속한다.

업무의 적성과 연관될 수 있는 사건 사고면 굿이다. 내가 영업직에 지원했다면 혼자 책상에 앉아 연구했던 경험보다는 영업을 해봤던 아르바이트 경험, 또는 사람들과 어울리기 좋아한다는 것을 알 수 있게 해주는 사건 사고가 더 적당하다. 그래야 '아, 이 사람이 우리 회사에 들어와 일을 잘하겠구나.'라는 느낌을 면접관에게 줄 수 있기 때문이다.

사건 사고가 잘 포장되지 않는다면 벤치마킹하라. 주변을 둘러보면 사건 사고를 잘 선택하고 스토리를 풀어가는 친구들이 있다. 이 친구들의 스토리를 벤치마킹하라. 모방은 창조의 어머니다. 그런데 내가 "모방하라"고 했더니 거짓말을 하라는 것으로 오해하는 친구들이 있다. 거짓말은 안 된다. 내 스토리가 아니면 내 마음속에서 울림을 넣어 말할 수 없다. 금방 면접관에게 탄로 난다. 거짓말로 남의 것을 내 것으로 만들라는 것이 아니라 스토리를 잘 말하는 친구들의 방법을 벤치마킹하라는 것이다.

이렇게 구체적인 사건 사고를 말하는 것만으로 1차 스토리텔링은 완성된다. 사건 사고를 말할 때는 구체적으로 어떤 축제였는지, 어떤 모임이었는지, 어떤 아르바이트였는지 구체적인 이름이 나오는 것이 훨씬 더 머릿속으로 떠오르게 한다. 구체적으로 묘사하는 것이 스토리텔링의 시작이라는 것을 잊지 말자.

2차 포장 : 실제 행동한 것을 포장하자

셋째, 액션(action)이 중요하다.

답변 스토리텔링 1단계가 사건 사고를 포장하는 것이라면, 이제 2단계는 바로 액션을 스토리텔링하는 것이다. 즉 어떤 사건 사고가 일어났고, 그것을 내가 어떻게 해결했는지 실제 행동한 것을 포장하는 것이다.

주점에서 '돼지 껍데기'를 팔았습니다. 그런데 남자들은 좋아했지만 여자들은 싫어했습니다. 그래서 남녀 학우가 함께 술자리를 하는 경우 우리 주점에 잘 오지 않았습니다. 그래서 여성 학우들에게 "돼지 껍데기는 피부에 아주 좋아요. 콜라겐이 많이 들어 있어서 아침에 일어나면 피부가 아기 피부처럼 보들보들해질 거예요."라고 홍보했습니다.

당시 돼지 껍데기를 팔기 위해 취했던 나의 적극적인 행동을 이런 식으로 담아내면 된다. 그냥 여성 학우들에게 "오세요. 서비스 안주 해드릴게요."라고 말했던 것보다 훨씬 더 판매 효율을 높일 수 있었던 말 아닌가! 이런 말들을 큰따옴표(실제 대화체)로 넣어 말하면 훨씬 더 이미지화가 잘 되어 더 큰 포장 효과를 거둘 수 있다.

내가 만약 영업직군에 지원하는 사람이라면 이렇게 적극적으로 영업을 했던 것이 면접관의 마음을 끌 것이다. 여기에 만약 한 가지 액션을 추가한다면, 앞에 있었던 에피소드를 끌어 당겨 "그래도 돼지 껍데기를 처음 먹는 것을 낯설어하는 여 학우들에게 시식 안주를 미리 준비해줬더니 너무 맛있다며 좋아했습니다."라고 말함으로써 더욱 확실하게 액션을 포장할 수 있다.

우선 액션을 포장할 때는 액션 방법이 너무 추상적이어서는 안 된다. 예를 들어 "○○요양원에서 할머니들을 재미있게 해드렸습니다."라는 내용은 너무 추상적이어서 어떻게 행동했는지가 구체적으로 떠오르지 않는다. "할머니들의 가녀린 어깨를 주물러드리고, 하얀 머리를 검게 염색도 해드리고, 예전에 배웠던 레크리에이션으로 함께 박수치고 웃고, 즐거운 시간을 함께했습니다."라고 말하는 것이 훨씬 더 이미지화에 도움이 된다. 구체적으로 어떻게 했는지 내용이 나와야 한다.

또한 너무 흔한 액션은 재미없다. "축제 때 손님이 오지 않아 시식행사를 했습니다."라고 말하는 것은 뭔가 2% 부족하다. "시식행사를 했는데 그냥 나눠주는 것이 아니라 가위바위보 판을 만들어 지나가는 시민들과 가위바위보 내기를 해서 저를 이긴 사람들에게 시식할 기회와 함께 10% 할인쿠폰까지 챙겨줬습니다." 등 면접관의 기대치를 뛰어넘을 수 있는 새로운 액션을 하는 것이 좋다.

마지막으로 액션을 말할 때는 그때의 마음 상태를 이미지화해 그대로 표현하는 것이 좋다. 다시 말해 그때 내가 어떻게 행동했는지를 열정적인 목소리와 진심이 담긴 눈빛으로 그대로 표현하는 것이 좋다는 것이다. 아무런 느낌 없이, 아무런 열정 없이 액션을 말하면 면접관은 '과연 이 사람이 그런 행동을 했을까?'라며 의심하게 되고, 아무런 감정도 느끼지 못하기 때문이다.

면접은 '내가 어떻게 행동했는가?'가 정말 중요하다. 그냥 포기하지 않고, 그 문제를 해결하기 위해 구체적인 행동을 한 구직자에겐 뭔가 기대가 된다. 즉 그 사람이 나중에 회사에 들어와 문제가 발생했을 때 피하지 않고 그 문제와 당당히 부딪혀 해결할 거라는 생각이 든다는 것이다. 내가 어떻게 해서 그 문제를 해결했는지 자신감과 열정을 갖고 면접관에게 말해보자.

3차 포장 : 마지막은 스터디 포장이다

넷째, 스터디(study)가 중요하다.

에피소드의 마지막 3차 포장은 바로 스터디에서 일어난다. 사건 사고에서 1차 포장, 행동(act)에서 2차 포장을 했다면, 마지막은 스터디 포장이다. 면접은 '행동(act)+스터디(study)'를 얼마나 잘 표현하느냐에 따라 그 성패가 좌우된다 할 수 있다. '어떻게 행동했느냐'도 중요하지만 '무엇을 배웠는지' 또한 중요하다.

스터디를 말하는 것은 쉽지 않다. '무엇을 배웠다'라고 본인이 그렇게 느껴야 진심으로 우러나오기 때문이다. '축제 주점을 통해 나는 그렇게 배운 것이 없다.'라고 생각하면 정말 '뭘 배웠다'라는 스토리가 나오지 않기 때문이다. 하지만 찾아내야 한다. 반드시 뭘 배웠는지에 대해 말을 해야 마지막 포장이 완성되기 때문이다. 마지막 3차 포장까지 빈틈없이 해서 다음과 같이 말해보자.

교내 주점을 하기에 앞서 시장조사를 했고, 그 결과 '돼지 껍데기'를 판매하는 곳은 한 곳도 없다는 결론을 얻어냈습니다. 그래서 연탄불에 돼지 껍데기를 구워 판매했더니 남성 학우들의 폭발적인 반응을 이끌어낼 수 있었습니다. 하지만 여성 학우들은 "징그러워!" 하면서 먹지 않았고, 저는 이에 "돼지 껍데기에는 콜라겐 성분이 들어가 있어 여자분들 피부에 참 좋습니다."라고 했더니 다들 맛있게 먹었습니다. 저는 이때 깨달았습니다. 매출을 올리기 위해서는 얼마나 시장조사를 열심히 하느냐가 중요하다는 것, 그리고 사람들은 물건을 사는 것이 아닌 그 안에 들어가 있는 스토리를 산다는 것을 말입니다.

우선 스터디를 말할 때는 명언을 넣어서 말하는 것이 좋다. 명언을 넣으면 내가 무엇을 배웠는지 훨씬 더 면접관들과 공감할 수 있고 훨씬 더 스토리가 깊어지고 깔끔해진다. 예를 들어 다음과 같이 말하는 것이다.

예전에 제가 ○○마트에서 아르바이트를 했는데 '미소전략'을 제 경쟁력으로 삼았습니다. 그래서 한 분에게 최소 3번 이상의 눈빛 맞춤과 미소 맞춤을 해야겠다고 생각했고, 그 덕에 고객분들이 "나는 이 아가씨만 보면 기분이 좋아!"라는 말을 하며 다른 분들까지 소개해주셨습니다. 그때 저는 "미소는 입을 구부릴 뿐이지만 많은 것을 펴준다."라는 것을 배웠습니다. 저의 이 초승달 모양처럼 구부러진 입으로 저를 만나는 고객의 마음을 쫙 펴드리겠습니다.

이렇게 "미소는 입을 구부릴 뿐이지만 많은 것을 펴준다."라는 명언을 넣어 말하면 훨씬 더 스토리가 풍성해진다. 그런데 명언을 넣어 말하려면 어떻게 해야 할까? 방법은 간단하다. 자기계발서 속에 명언이 가득하다. 오늘 당장 서점에 가서 자기계발 스테디셀러 코너에 가서 책을 뒤져보자.

명언이 너무 지루하게 느껴진다면 솔직한 감정을 넣자. "요양원

할머니들을 보면서 '나의 이 작은 정성이 할머니들께는 큰 힘이 되는구나'라는 것을 느꼈습니다."라고 말해도 된다. 그런데 중요한 것은 이 말을 할 때 '정말 진심으로 내가 그렇게 생각한다.'라는 것을 느낌 충만하게 표현해야 한다는 것이다. 아무런 표정 변화 없이, 목소리 변화 없이 무미건조하게 이 말을 한다면 정말 재미없는 스토리가 된다.

반드시 사건 사고, 액션과 맞는 맥락의 스터디를 내놓아야 한다. "편의점에서 아르바이트를 했습니다. 학교 안에 있는 편의점이었는데 학생들이 많다 보니 사무용품을 찾는 경우가 많았습니다. 그런데 사무용품은 항상 안쪽에 깊숙이 있어 학생들의 동선이 꼬여 불편함을 느꼈습니다. 그래서 제가 문 앞쪽에 사무용품을 배치했더니 더 편하게 물건을 사 갈 수 있었습니다. 그때 '어떤 일을 하든 열심히 해야겠다'라는 것을 배웠습니다."라는 스터디보다는, "고객을 향한 관심 레이더를 항상 켜놓아야 된다는 것을, 고객의 배려는 아주 사소한 것부터 시작된다는 것을 배웠습니다." "작은 변화가 큰 배려를 낳는다는 것을 알게 되었습니다." 이렇게 말하는 것이 훨씬 더 맥락에 맞는 이야기일 것이다.

배운 것이 있긴 한데 도대체 머릿속에만 맴돌고 입으로 나오지 않는다면 방법이 있다. 자기계발 서적 또는 경제경영 서적의 도움을 받아라. 경영학 서적을 보면 "사람들은 물건을 사는 것이 아닌 그 안에 들어 있는 스토리를 산다."라는 내용이 많이 나와 있다. 이것을 응용해 스터디를 완성해보자.

"교내 주점 행사를 통해 많이 배웠습니다."라고 말하기보다는 "교내 주점을 통해 일단 시장분석의 중요성과 사람들은 물건을 사는 것이 아닌 그 안에 들어 있는 스토리를 산다는 사실을 배웠습니다."가 훨씬 더 면접관의 마음에 들 것이다. 이렇듯이 '무엇을 배웠는지' 하는 스터디를 추상적으로 어렵게 풀기보다는 무엇을 배웠는지 구체적으로 말해주는 것이 중요하다.

내 에피소드가 가치 없다는 생각은 하지 마라

에피소드가 아예 없다고, 특별한 에피소드가 내게 없다고 투덜대지 말자. 교내 주점을 했던 에피소드도 포장을 통해 멋진 스토리로 거듭날 수 있다는 것을 보지 않았던가. 지금이라도 내가 갖고 있는 에피소드를 포장하자. 앞서도 말했듯이 이때 '포장하라'는 것이 거짓말을 넣으라는 것은 아니다. 내 에피소드가 가치가 없다는 생각을 버리라는 것이다. 내가 좋아하지도 않는, 나도 인정하지 않는 에피소드를 면접관들이 좋아할 리는 만무하지 않은가!

강의료로 시간당 200만~300만 원이나 받는 명강사들은 1시간 동안의 강의에서 최소 30가지 이상의 에피소드를 풀어놓는다. 대부분 즉흥적으로 만들어지는 에피소드가 아니라 강의하기 전에 말할 에피소드를 미리 선정하고, 어디에 배치하면 좋을까를 구상한다. 이때 강사가 내놓은 이야기가 만약 '우주 비행선의 원리' '한국의 FTA 전망' 등 너무 생소하고 어려운 이야기로 가득 차 있다면 공감을 얻어내기 힘들 것이다. 사람들이 관심을 보이고 좋아하는 이야기는 '나도 알고 있음직한 이야기' 또는 '내가 겪음직한 체험담'임을 잊지 말자. 그래서 명강사들은 생활 속에서 좋은 에피소드를 얻기 위해 항상 관찰하고 메모한다.

얼마 전 연세대 김주환 교수의 『회복탄력성』이라는 책을 읽었다. 모든 사람은 살아가면서 역경과 고난을 겪는다. 성공하는 사람들은 어려운 일이 닥쳤을 때 빨리 회복할 수 있는 '회복 탄력성'을 갖고 있지만, 실패하는 사람들은 조그만 역경에도 쉽게 쓰러져 일어나지 못하는 '회복 비탄력성'을 갖고 있다는 것이 저자의 말이다. 이 말이 가슴속을 파고들었다. 나는 과연 회복 탄력성이 있는 사람인지 스스로에게 물어봤고, 이 말을 강의 때 사람들과 나누고 있다.

에피소드는 멀리 있는 것이 아니다. 여러분이 손만 내밀면 바로 닿을 수 있는 그곳에 에피소드가 널려 있다. 내가 예전에 겪었던 체험담, 책에서 봤던 좋은 내용, 내가 하고자 하는 업무를 미리 하고 있는 선배님들의 주옥같은 말과 인터뷰 기사 등이 나에게는 좋은 총알이 된다. 작은 차이가 명품을 만든다. 사실 명품과 짝퉁은 그리 큰 차이가 나지 않는다. 내 에피소드를 명품이라고 생각해 열정적으로 표현하는 마음, 이것이 바로 진정한 명품 에피소드를 만든다.

진정성 : 진심이 담겨 있는 스토리가 최고다

면접에서 진심을 말하라고 하면 진짜를 말하는 경우가 많다.
진심이란 진짜를 '아 다르고 어 다르게' 표현하는 것이다.

나는 GS홈쇼핑 쇼핑호스트 선발대회 출신이다. LG홈쇼핑에서 GS
홈쇼핑으로 기업이 전면 개편되면서 쇼핑호스트를 선발대회 형식
으로 뽑게 되었고, 난 그 시험에 응시했다. 10명을 뽑는 시험에 총
3천 명이 응시했는데, 서류심사와 카메라 테스트, 그리고 면접까지
거쳐 대회에 나갈 20명을 선출했다. 그러고 나서 한 달 동안 연습을
하며 대회를 준비했다. 대회는 크게 2가지 미션으로 평가를 했다.
한 가지는 '자신이 좋아하는 상품을 가지고 나와 프레젠테이션을 하
는 것'이었고, 또 하나는 '돌발 질문'이었다. 프레젠테이션은 미리
준비할 수 있었지만 돌발질문은 뭐가 나올지 몰랐기에 대회 당일까

지 긴장을 놓을 수 없었다.

자, 이 책을 읽고 있는 구직자들 가운데 나와 같은 상황이었다면 어떤 상품을 프레젠테이션했을지 한번 생각을 해봐라. 자신이 좋아하는 상품이 뭔지, 그리고 그것을 어떻게 발표했을지를 말이다. 자, 생각했는가? 화장품을 할까, 면도기를 할까, 카메라를 할까, 이렇게 생각했는가? 만약 이렇게 생각했다면 여러분은 면접의 기본 룰을 어긴 것이다.

면접의 가장 큰 룰 중 하나는 면접관이 듣고 싶어하는 스토리를 말하는 것이다. 즉 면접장은 여러분이 하고 싶은 이야기를 하는 곳이 절대 아니라는 것이다. 반드시 면접관이 듣고 싶어하는 이야기를 해야 한다. 만약 쇼핑호스트 대회를 하고 있다면 본인이 하고 싶은 상품이 아닌, 그 선발대회를 심사할 심사위원이 듣고 싶어하는 이야기를 해야 한다. 조금 전의 질문을 받고 여러분의 머릿속에 '이 선발대회를 심사하는 심사위원이 누구지?'라는 생각이 먼저 떠올랐다면 여러분은 면접에서 승자가 될 가능성이 매우 크다.

그날 대회의 심사위원은 회사 관계자나 방송 선배가 아닌 홈쇼핑 VVIP 고객들이었다. 난 미션을 앞두고 생각했다. '과연 돈 많은 아주머니들이 좋아하는 상품은 무엇일까?' 이 생각이 먼저 떠올랐다. 그리고 나서 그 상품들 가운데 내가 제일 잘할 수 있는 것을 선택했다. 내 생각은 딱 맞아 떨어졌다. 대회가 끝나고 보니 말을 잘하는 친구들이 최종적으로 선택된 것이 아니었다. 부자 아주머니들이 좋아하는 상품을 프레젠테이션한 친구들, 즉 명품, 여행, 부동산 펀드

등을 택한 친구들이 대거 합격했다.

근데 참 신기한 일은 돌발 질문에서 일어났다. 어떤 친구에게 "노래를 부르라"는 돌발 질문이 나왔다. 우리가 평소 생각했던 돌발 질문 중 하나였다. 하지만 그 친구는 얼굴이 노랗게 변하더니 갑자기 무대 앞으로 나가 무릎을 꿇는 것이 아닌가. 그러더니 "저는 소문난 음치입니다. 그래서 고객님께 노래를 불러드리는 것이 오히려 크나큰 결례가 될 것이라 생각합니다. 하지만 이렇게 항상 무릎 꿇는 마음으로 고객님을 섬기겠습니다."라고 말하는 것이었다.

물론 돌발 질문에 대한 명확한 답은 아니었지만 이 친구가 당당히 3등을 차지한 것을 보면 사람들이 원하는 것은 노래가 아닌 진심이었던 것이라는 생각이 든다. 난 그날 머리를 한 대 맞은 느낌을 받았다. '아! 사람들이 진정으로 원하는 것은 진심이었구나!'

진심이면 반드시 면접관과 통한다

1년 6개월 동안이나 실업자로 지낸 친구가 라온제나 스피치를 찾아왔다. 얼굴에는 잔뜩 먹구름이 끼었고, 목소리에는 힘이 하나도 없었다. 모의 면접을 시작하자마자 그 친구에게 질문을 던졌다. "졸업을 한 지 1년 6개월이나 됐네요. 그동안 뭘 하고 지냈습니까?" 그 친구가 대답했다. "네… 제가요… 음… 영어공부도 했고요… 책도 많이 읽었고요…."

모의 면접을 끝낸 후 피드백을 했다. "재훈아, 그렇게 대답하면 어떻게 해? 네가 그렇게 자신감 없게 말하면 사람들은 네가 1년 6개월 동안 놀기만 했다고 생각할 거야." "선생님, 어떻게 말해야 할지 모르겠어요. 도대체 말이 생각나질 않아요." 과연 그럴까? 생각이 나지 않는 것이 아니라 생각을 해본 적이 없어서 말을 못하는 것이다. "그럼 그냥 솔직하게 말해봐. 솔직한 이야기 있잖아." "사실은 저… 죽을 것 같아요. 엄마가 얼마나 눈치를 주는지 하루하루 가시방석이에요."

빙고! 바로 느낌이 왔다. 면접관이 "1년 6개월 동안 뭐했냐?"라고 물어보면 다음과 같이 솔직하게 대답하기로 했다.

네! 많이 먹었습니다. 엄마 눈칫밥을요! 1년 6개월이라는 시간은 부족한 저를 채워주는 소중한 터닝 포인트가 되었습니다. 전 그 시간을 영어공부에 몰두하면서 토익성적과 영어 회화를 하는 데 투자했습니다. 그뿐만이 아닙니다. 자기계발에도 매진했습니다. 저는 제게 먼저 손 내밀어준 기업의 그 고마운 손을 절대 놓지 않겠습니다. 저 ○○○을 기억해주십시오.

그 친구는 어떻게 되었을까? 면접을 본 그 해에 한 명 뽑는 인사담당 신입사원으로 당당히 입사하는 쾌거를 이루어냈다. 면접에 합격하고 싶다면 솔직하게 말하라. 솔직하고 진심을 담은 이야기가 제일이다.

하지만 어떤 친구들은 솔직하게 말하라고 하니까, 솔직을 무례하게 표현하는 경우도 있다. 예전 명문 Y대를 다니는 친구가 라온제나 스피치를 찾아왔다. 아무리 모의 면접이라고 해도 한여름에 발가락이 그대로 드러나는 샌들을 신고 오는 것이 거슬렸지만 아무 말도 하지 않았다. 그 친구에게 물었다. "좋아하는 책이 무엇인가요?" "네, 『노동과 인권』이라는 책을 좋아합니다."

모의 면접이 끝나고 피드백을 했다. "아무리 네가 그 책을 좋아하더라도 그 책을 좋아한다고 말하면 면접관이 뭐라고 생각을 할지 생각해본 적 있니? '혹시 이 사람 들어와서 노조 활동하는 것 아냐?'라고 생각하지 않을까? 다른 책을 좋아한다고 말하는 게 어떠니?" 그랬더니 이 친구가 대답했다. "솔직하게 말하라면서요! 저는 면접관과 제 자신을 속이고 싶지 않습니다." 그 친구의 뚝심에 지금도 경의를 표하는 바다. 하지만 이런 말은 오히려 면접관의 마음을 상하게 할 수 있다. 즉 면접관에게 결례가 될 수도 있다는 것이다.

진짜와 진심은 완전히 다르다

도대체 진심이라는 것이 뭘까? 면접에서 진심을 말하라고 하면 '진짜'를 말하는 경우가 많다. 예를 들어 "왜 금융권에 지원했느냐?"라는 질문에 "아버지께서 은행에서 일하고 계십니다. 아버지의 추천으로 이렇게 지원하게 됐습니다."라고 답한다. 이건 진짜다. 하지만 진심은 아니다. 면접에서의 진심은 진짜를 아 다르고 어 다르게 표현하는 것이다.

은행원이셨던 아버지는 항상 제게 이렇게 말씀하셨습니다. "혈관이 막히면 동맥 경화가 생기듯이 돈의 흐름이 막히면 경제에도 동맥 경화가 생긴다. 은행원은 단지 돈을 받고 내주는 사람이 아닌 사람들의 경제 흐름을 원활하게 해주는 사람이다." 저는 이런 아버지의 가르침을 받고 자랐습니다. 저 또한 사람들이 소중하게 번 돈을 소중하게 지키고 관리해주는 사람이 되고 싶어 이 자리에 섰습니다.

진짜를 말한다고 해서 진심이 나오는 것은 아니다. 바닷가에 있는 거친 돌이 파도와 바람에 하나하나 부딪치고 깎여 둥글둥글한 돌이 되는 것처럼 면접에 대한 준비를 얼마나 많이 했는지에 따라 진심의 유무가 결정된다.

면접을 준비하면서 구직자들은 총 3단계의 진화 과정을 보인다. 첫 번째 1단계는 '그냥 막 하는 단계'다. 자기 맘대로 하고 싶은 말을 면접장에서 다 하고 나오는 단계다. 또는 제대로 입도 뻥긋 못하고 나오는 단계를 말한다. 이렇게 면접 초보인 상태로 시험을 보다가는 합격은 물 건너갈 수밖에 없다.

면접의 2단계는 '아니까 무서운 단계'다. 어렸을 적 병원에 가서 처음 주사를 맞을 때는 멋모르고 주사를 맞는다. 하지만 다음에 주사를 맞으러 가야 하면 두려움 때문에 가기 전부터 울음을 터트린다. 이와 마찬가지로 면접도 예전에 말문이 막혔던 질문이 나오면 또다시 말문이 막힌다. '면접 준비, 하나도 안 했는데…'라고 생각한다면 여지없이 나의 눈빛은 흔들릴 것이다. 게다가 자신감은 온데 간데없이 사라질 것이다. 면접의 2단계는 조금씩 면접을 경험하면서 '면접이 참 만만치 않구나! 준비를 많이 해야겠구나!'라고 생각하는 단계다. 이 단계에서 열심히 면접을 위해 하드 트레이닝을 하면 드디어 마지막 3단계에 안착한다.

마지막 3단계는 플러스알파가 있는 단계다. 그 플러스알파는 바로 진심이다. 사실 면접관들은 진심의 향기를 맡는 데 선수들이다. 구직자들이 면접장으로 걸어 들어오는 자세만 봐도, 의자에 앉는 자세만 봐도, "안녕하십니까?"를 외치는 목소리만 들어도 '이 친구가 진심이구나' 혹은 '이 친구가 진심이 아니구나'를 느낄 수 있다.

진심을 말하기 위한 5가지 방법

그럼 진심을 말하기 위해서는 어떻게 할까? 첫 번째, 스토리를 모아라.

내가 쌓은 성이 모래성인지 철근으로 만들어진 튼튼한 성인지 나 자신은 속일 수 없다. 내 자신이 인정할 때까지 스토리를 모으는 작업을 철저히 해라. 여기서 스토리는 크게 2가지로 나뉜다. 우선 '내가 경험한 스토리'다. 지금까지 살아오면서 내 인생에 작든 크든 기억의 흔적을 남겼던 사건들을 모으는 것이다. 또 하나는 '회사에 대한 스토리'를 모으는 것이다. 회사에 대해 정보를 찾아 스토리로 만들고, 여기에 충성심(royalty)을 넣어 말하면 된다. 준비만이 살 길이다. 철저한 준비를 통해 마음속에 있는 진짜 이야기를 표현해보자.

진심을 말할 수 있는 두 번째 방법은 나를 진심으로 사랑하고 아끼는 것이다.

자기애가 너무 많아도 탈이지만 지나치게 자기 자신을 위축시킬 필요는 없다. '나는 내가 생각하는 것보다 훨씬 더 많은 에너지를 갖고 있다'고 항상 생각하라. 지금 내가 팔아야 하는 것은 과일도 휴대전화도 아니다. 지금 내가 팔아야 하는 것은 바로 나다. 내가 팔 과일에 대해 자신감이 없으면 매출이 좋을 수 없는 것처럼, 나에 대한 자신감과 애정이 없으면 면접 결과도 좋을 수 없다.

진심을 말할 수 있는 세 번째 방법은 회사에 대한 애정을 키우는 것이다.

모태신앙처럼 아예 뼛속부터 그 회사 사람이라는 것을 보여줘라. "왜 우리 회사를 지원했나요?" "우리 회사에 대해 아는 것 있으면 말해보세요." 이런 질문이 들어왔을 때 정말 말 그대로 지원한 이유와 아는 것에 대해 설명만 하면 당신은 면접의 하수다. 면접은 설명이 아니라 설득이다. 설명을 설득으로 만드는 것은 '얼마나 내 감정이 실려 있는가?'에 따라 달라진다.

예를 들어 다음의 두 대답을 비교해보자. 한 사람은 "이 사과는 색깔이 빨갛고 윤이나 맛있게 보입니다."라고 대답했다. 다른 사람은 "제가 어제 운동하고 나와서 냉장고를 열었더니 색이 빨갛고 반질반질 윤이 나 있는 사과가 있는 겁니다. 한 입 베어 무니까 입 안에 사과향이 가득 퍼지면서 씹을 때마다 과즙이 가득 나오는데 정말 달콤하고 시원했습니다."라고 대답했다. 당신은 어떤 사람의 사과를 선택하고 싶은가?

내가 온힘을 다해 일할, 내 열정을 다할, 그리고 내가 배우고 성장할, 내 남편과 부인과 태어날 자식이 함께 웃을 수 있는 공간에 내가 지금 들어가는 것이다. 그런데 어찌 회사에 대한 충성심과 열정 없이 면접을 볼 수 있겠는가? 회사를 사랑하라. 그럼 회사도 나를 사랑할 것이다.

진심을 말할 수 있는 네 번째 방법은 성숙하고 인격적인 감정선을 유지하는 것이다.

나는 한 달에도 30여 곳이 넘는 기업체와 학교에서 강의하는 강사다. 내가 항상 하는 말이 "강사가 강사의 입에서 나온 말만 지키고 살아도 다 부자가 될 수 있다."이다. 언행일치는 정말 어렵다. 그래서 나는 내가 지키지 못할 말은 아예 입 밖으로 내뱉지 않으려 애쓰고, 내뱉은 말은 항상 지키려고 노력한다. 감정의 선이 롤러코스터처럼 요동치지 않도록 항상 평정심을 갖기 위해 노력하고 있다.

구직자들도 마찬가지다. 면접관들 앞에서 다른 지원자들보다 철들어 보이고, 자신의 삶을 위해 노력하는 열정가처럼 보여야 취업에 성공할 것이다. 면접을 보기 전에 내 마음의 상태를 편안하고 성숙되고 인격적인 모드로 만들어놓아야 한다. 그래야 면접을 보러 가서도 깊이 있는 발언을 할 수 있다. 면접을 앞두고 자기계발 서적이나 경제경영 서적 등을 통해 내 마음이 평정심을 가질 수 있도록 준비하자.

진심을 말할 수 있는 마지막 다섯 번째 방법은 성공체험을 많이 하는 것이다.

진심을 말한다는 것은 그만큼 자신감이 있다는 말이기도 하다. 자기 자신의 부족한 점을 감추는 사람들은 진심을 말하기 힘들다. 허심탄회하게 무언가를 털어놓는 사람들은 기저에 자신에 대한 자신감이 깔려 있기 때문에 그렇게 할 수 있는 것이다. 만약 중요한 면접을 앞두고 있다면 그 전에 소소한 몇 개의 기업에서 면접시험을 보고 그 기회를 통해 성공 체험을 많이 해라.

꼭 취업 면접을 통해 성공 체험을 하지 않아도 된다. 작은 성공 체험을 많이 하는 것도 좋다. 아주 작은, 그러니까 '내일 아침부터는 무조건 5시에 일어날 거야.'라고 결심했다면 정말 그 시간에 일어나 일과를 시작하는 것도 성공 체험이다. 이렇게 하면 자신감이 생겨 진심으로 말할 수 있다.

나는 내 자신에, 그리고 내 회사에 진심인가?

우리는 '가짜 마음'이 너무 많은 시대에 살고 있다. 백화점에 가면 거짓 웃음이 많고, 울고 싶어서 눈물이 가득한데도 억지로 웃는 사람들도 많다. 면접장에서도 마찬가지다. 스스로 자신이 없는데 자신 있다고 말하는 사람들, 자신을 성실하지 않다고 생각하는데 성실하다고 말하는 사람들의 말 속에서는 진심이란 것을 찾아볼 수가 없다.

면접관은 진심을 듣고 싶어한다. 진심을 들으며 당신에 대해 알고 싶어한다. 자신에게 물어보자. '나는 과연 내 자신에, 내 회사에, 내 인생에 진심인가?'

영양사에 도전하는 한 친구가 있었다. 영양사라는 직업이 너무 좋아 예전에 한 기업에서 인턴생활을 했을 때 퇴근을 하는 것이 오히려 아쉬울 정도였다고 하니 정말 얼마나 열정을 다했는지 알 수 있었다. 이 친구는 정말 진심이었다. 그런데 문제는 면접을 진행해 보면 그 진심이 묻어나오지 않는 것이었다.

모의 면접을 끝내고 나서 이 친구와 이런저런 대화를 나누었다. 그런데 이 친구가 한숨을 푹 쉬며 이렇게 말하는 것이 아닌가? "선생님, 저는 정말 영양사가 되고 싶어요. 저는 사람들이 제 음식을 먹으면서 '아~ 맛있게 먹었다! 그리고 속도 참 편해!'라고 말하는 걸 듣고 싶어요. 그만큼 맛있으면서 건강한 음식을 대접하고 싶어요."

나는 그 말을 듣고 격려했다. "면접장에서 그렇게 말하면 돼. 지금 네가 말하는 대로 그렇게 진심을 표현하면 된다고!" 더불어 내 머릿속에 이런 말이 떠올랐다. "타고난 입맛은 부모님의 몫이지만 자라난 입맛은 영양사의 몫이다." 그래서 그 친구에게 "어려운 경제 상황에서 조금 더 경제적인, 조금 더 맛있는 식단을 제공해 건강한 입맛을 갖게 해드리겠습니다!"로 마무리하는 방법을 제시했다.

진심을 말하는 친구들과 함께 모의 면접을 하다보면 나도 모르게 더 좋은 멘트가 떠오르는 경우가 많다. 그 친구의 감정선과 내 마음의 감정선이 딱 맞아 떨어졌기 때문일 것이다. 하지만 진심을 만들어내지 못하는 친구들은 아무리 좋은 멘트를 알려줘도 본인이 소화하지 못해 가식으로 그 멘트를 하고 나오는 경우를 많이 봤다.

진심을 표현한다는 것은 정말 쉽지 않은 일이다. 진심은 하루아침에 뚝딱 만들어내는 일회용 상품이 아니다. 수많은 담금질을 통해 갈고 닦아야만 만들 수 있는 마음이다. 내가 만약 면접에 한 시간을 투자한다면 한 시간의 진심이 나올 것이다. 또한 하루를 투자한다면 하루의 진심이 나올 것이다. 면접을 앞두고 한 달이라는 시간을 투자한다면 한 달의 진심이 표현될 것이다. 진심은 여러분이 투자한 시간만큼 나온다. 면접장에서 진심을 토해내고 싶다면 지금부터라도 면접 준비에 시간을 투자해라.

차별성 : 남들과
똑같은 스토리는 버려라

내가 면접장에서 내뱉고 있는 말은 새로운 스토리여야 한다.
10분 전 다른 구직자가 내뱉은 말은 아닐지 항상 고민하자.

우리나라에서 최고의 대학이라고 불리는 S대를 다닌 친구가 취업을 하기 위해 나를 찾아왔다. 몇 학기냐고 물으니 9학기란다. 아직 취업을 못해 두 번씩이나 졸업을 연기했다고 하는데 사실 좀 이해가 되지 않았다. 전공한 과도 좋았고, 키도 훤칠하고, 외모도 잘생겼다. 더군다나 우리나라 최고의 대학인 S대 아닌가?

무슨 문제가 있기에 면접에서 계속 떨어졌는지 궁금했는데, 모의면접 5분 만에 불합격의 원인을 알 수 있었다. "대학생활 중 기억나는 일이 있으면 이야기해보겠나?" 그 친구가 대답했다. "네, 저는 대학시절 친구들과 재미있게 놀았던 기억이 납니다." 정말 S대 맞나? 우리나라 최고의 대학을 다니고 있는 수재가 이렇게 단순한 답변을 하다니 정말 놀랐다.

또 다른 면접자가 있다. 이 친구는 지방 소재의 한 대학에 재학 중이며, 토익이나 학점도 보통이었다. "자네 대학생활 중 기억나는 일이 있으면 이야기해보겠나?" 그 친구는 다음과 같이 대답했다.

네, 저는 '슛~골인!'이라는 대학 내 축구 동아리에서 회장직을 맡은 경험이 있습니다. 다른 지역 학교와 축구 대회를 기획했는데 대회에서 이기기 위해 하루에 4시간씩 축구 연습을 했습니다. 그런데 대회 당일, 저희 팀내 친구 두 명이 말다툼을 해 팀의 조직력이 떨어지는 위기를 겪었습니다. 그래서 저는 "손흥민만 국가대표냐, 우리도 우리 학교를 대표하는 국가대표다!"라고 독려했고, 그 결과 게임에서 승리할 수 있었습니다. "흩어지면 죽고 뭉치면 산다." 어떠한 조직이든 흩어지면 그 힘은 풀잎 하나 제대로 뽑을 수 없는 미약한 힘이 되지만, 모이면 바위도 뚫을 수 있는 강력한 힘을 갖게 된다는 것을 배웠습니다.

이 답변에 대해 이런 주장을 펼치는 친구도 있을 수 있다. "앞사람의 말은 짧고 간결한데, 뒷사람의 말은 너무 길고 주저리 주저리 하지 않나요?" 그런데 과연 그럴까? 생각해보자. 재미있는 드라마는 한 시간이라는 시간이 정말 짧게 느껴진다. 하지만 학창시절 교장선생님의 설교는 시작할 때부터 지루하다. 구체적인 스토리가 없는 말은 재미없다. 짧아도 듣기 싫다. 즉 구체적인 스토리가 있는 말은 오래 들어도 재미있는 것이다.

이 둘 중에 면접관은 누구를 선택하게 될까? 물론 섣불리 단정 지을 수는 없다. 하지만 어떤 사람이 면접관의 머릿속에 남게 될지는 알 수 있다. 확실한 것은 첫 번째 구직자는 절대 아니라는 것이다.

남들이 말하지 않은 스토리여야 한다

우리 구직자들이 잊고 있는 사실이 있다. 면접관은 이 분야의 전문가라는 사실을 간과한다. 면접관은 매년 일 년에 적게는 두 번, 많게는 수십 번씩 인재를 채용하는 전문가다. 만약 구직자들이 똑같은 이야기, 예를 들어 "잘할 수 있습니다." "열심히 하겠습니다." 이렇게만 되풀이한다면 너무 지루하지 않을까?

좋은 소리도 너무 많이 하면 안 된다. 3번 이상 넘어가면 오히려 그 말은 영혼을 잃게 된다. 세스 고딘의 책 『보랏빛 소가 온다』를 보면 황소가 많은 들판에 보랏빛 소가 있다. 처음에는 그 보랏빛 소가 신기해 보이지만 갈수록 보랏빛 소가 많아지면 금세 보랏빛 소에 대한 관심은 시들시들해질 수밖에 없다. 마찬가지로 면접관은 매번 구직자가 했던 스토리가 아닌 색다른 스토리를 원한다. 그럼, 색다른 스토리를 말하려면 어떻게 해야 할까?

첫째, 똑같은 소재여도 남들이 하지 않는 스토리를 말하라.

면접관들이 제일 싫어하는 답변이 무엇인지 아는가? 어학연수

가서 친구들과 함께 김치부침개 부쳐 먹은 이야기다. 10명 중 9명은 "살아가면서 힘들었지만 극복했던 일에 대해 말해봐라."는 질문을 했을 때 "어학연수를 갔을 때 다양한 나라의 친구들이 함께 있다 보니 싸움이 일어나고, 그래서 제가 불고기와 김치부침개를 부쳐줬습니다."라고 대답한다. 물론 이 에피소드도 좋은 에피소드다. 하지만 너무나 많은 학생들이 이 멘트를 한다는 것이 문제다.

남들과 똑같은 스토리는 휴지통에 넣어라. 만약 어학연수 시절의 스토리를 말하고 싶다면 학생들이 많이 하는 스토리 대신 그 안에서 있었던 다양한 경험을 말하면 좋다. 예를 들어 어학연수 시절에 했던 자원봉사 활동이라든지, 미국인 친구들과 친해지기 위해 노력했던 점을 말하면 된다.

어학연수 시절, 미국 생활에 잘 스며들기 위해 샌디에이고 소재 대학인 UCSD의 학생들을 대상으로 기타강습 자원봉사활동을 했습니다. 한국 음악이라는 매체는 그들의 관심을 사기에 충분했고 그들과 친구가 되었습니다. 이 활동을 하면서 영어실력과 미국문화를 이해할 수 있었습니다. 또한 미국 친구와 함께 가라지 세일(garage sale)을 했습니다. 친구에게 미국인들이 종이접기를 의외로 좋아하지만, 우리나라 사람만큼 종이접기를 할 줄 모른다는 것을 알게 되었습니다. 판매 당일, 기타연주와 노래로 사람들의 이목을 끄는 것을 시작으로, 물품 구매시 종이접기 학을 선물로 주었습니다. 그 결과 하루 만에 대부분의 물품들을 팔아약 200달러를 마련했고, 마지막 미국 여행을 할 수 있었습니다. 미국인들에게 한국의 천 마리 학을 알렸듯이 고객들의 가슴속에 AK PLAZA를 깊게 새기겠습니다.

한 유통회사에 지원했던 한 친구의 어학연수 스토리다. 어떤가? 김치부침개 스토리가 아니어도 충분히 어학연수 이야기를 풀 수 있지 않은가! 그런데 어떤 구직자는 이걸 보면서 이렇게 말할 것이다. "선생님! 저는요, 어학연수 기간 동안 그냥 놀기만 해서 이런 경험이 없어요."

제발 에피소드가 없다고 말하지 마라. 그럼 정말 신나게 놀았던 일을 넣으면 된다. 어느 곳을 가봤고, 그곳에서 어떤 일이 있었고, 그 속에서 뭘 느꼈는지 말하면 된다. 경험 없는 사람은 없다. 단지 경험을 못 찾을 뿐이다. 자그만 일상 속에서도 가치를 부여할 줄 아는 사람이 면접에서 승리한다. 대어를 잡으려고 하지 말고 일단 작은 고기부터 잡아라.

둘째, 경험은 똑같더라도 색다른 스터디를 넣어라.

나만의 스터디를 넣어 말하면 훨씬 더 차별화된 스토리를 전할 수 있다. 물론 다른 구직자가 어떻게 말을 하는지 다 일일이 알아볼 수는 없지만, 그 속에서 무엇을 느꼈느냐는 개인마다 다르기 때문에 똑같은 이야기를 하는 위험을 낮출 수 있다.

미국 친구와 함께 가라지 세일(garage sale)을 했습니다. 친구에게 미국인들이 종이접기를 의외로 좋아하지만, 우리나라 사람만큼 종이접기를 할 줄 모른다는 것을 알게 되었습니다. 판매 당일, 기타연주와 노래로 사람들의 이목을 끄는 것을 시작으로, 물품 구매시 종이접기 학을 선물로 주었습니다. 그 결과 하루 만에 대부분의 물품들을 팔아 약 200달러를 마련했고, 미국에서의 마지막 여행을 할 수 있었습니다. "해내겠다. 해낼 수 있다"라는 정신으로 자신감을 갖고 도전하면 못해낼 일이 없다는 것을 그때 배웠습니다.

똑같은 스토리를 하지 않을 수 있는 가장 좋은 방법은 인터넷에 있는 스토리는 절대 하지 않는 것이다. 물론 이 책에 있는 스토리도 절대 그대로 베껴서 말해서는 안 된다. 이 책은 그대로 베껴서 여러분이 면접장에 가서 말하라고 쓴 책이 아니다. 어떻게 스토리를 만드는지 그 방법을 알려주는 책이지, 책의 내용을 보고 그대로 가서 하라는 것이 아니다.

면접관에게 항상 새로운 스토리를 들려주자. 마치 아침에 배달되는 신선한 우유처럼 시즌별로 새로운 패션 트렌드가 나오는 것처럼 말이다.

남들과 똑같은 말은 휴지통에 넣어라

셋째, 남들이 하는 똑같은 말은 휴지통에 넣어라.

"당신의 강점은 무엇입니까?"라는 면접관의 질문에 "저는 성실합니다. 그리고 부지런합니다. 또 긍정적인 성격을 갖고 있습니다."라고 대답하는 것은 정말 폭탄을 입에 물고 불구덩이로 돌진하는 것과 같다. 남들이 하는 똑같은 말은 절대 하지 마라. 만약 "부지런하다"라는 말을 하고 싶으면 다음과 같이 구체적으로 말하라.

저는 어떤 일을 맡게 되면 '사당오락'이라는 마음으로 일을 하려 노력합니다. '4시간 자면 붙고 5시간 자면 떨어진다'는 마음으로 인턴생활을 했습니다. 저희 집은 인천입니다. 인턴을 하고 있는 이곳까지는 2시간 정도 걸렸습니다. 그래서 새벽 5시에 출근을 했고, 저녁 12시가 되어서야 집에 도착할 수 있었습니다. 하지만 행복했습니다. 제가 진정으로 하고 싶은 일을 할 수 있었기 때문이었습니다.

넷째, 목소리에 열정을 넣어라.

목소리에 열정을 넣으면 자칫 지루할 수 있는 스토리여도 목소리라는 생명력이 들어가면서 달리 들릴 수 있다. "잘할 수 있습니다. 열심히 하겠습니다"라는 구태의연한 말도 주눅이 들어 아무런 기운 없이 말하는 것과, 박카스 TV광고에 나올 만한 자신감 있고 열정 가득한 사람이 크게 외치는 것은 정말 다른 결과를 낳는다. 만약 내가 다른 사람들과 다를 바 없는 평범한 에피소드를 갖고 있다면 목소리에 열정을 넣는 것만으로도 색다르게 표현할 수 있다.

우리가 말을 할 때 목소리가 주는 영향은 생각보다 크다. 미국의 커뮤니케이션 학자 앨버트 메라비언은 말할 때 상대방에게 주는 요소 중 가장 큰 요소가 바로 '목소리'라고 했다. 목소리(38%), 표정 (35%), 태도(20%), 논리(7%) 순이었다. 똑같은 스토리지만 어떤 목소 리를 말하느냐에 따라 전달되는 메시지의 효과는 달라진다. 자, 지 금부터라도 내 목소리를 가다듬자. 자신감 있고 열정적인 목소리로 말이다(목소리에 대해서는 3장의 '리듬 스피치 플롯'에 자세히 정리했다).

평범한 에피소드를 예쁘게 포장하라

면접관이 한 구직자에게 "살아가면서 가장 기억나는 일이 무엇이 냐?"고 묻자 "2년 전 산티아고의 성지순례를 다녀온 적이 있습니 다. 특별한 종교가 있어 다녀온 것이 아니라 제 자신과의 싸움을 하 기 위해 그 길을 선택했습니다. 산티아고의 성지순례는 더위와 목 마름, 그리고 외로움과 싸워야 합니다. 저는 그 길을 통해 제 자신 과 말하는 법을 배웠고, 어떤 어려움이 있어도 극복할 수 있는 자신 감을 얻었습니다."라고 자신만만하게 대답했다.

그럼 묻겠다. 여러분 중에 산티아고에 성지순례를 다녀온 사람은 손을 들어봐라. 100명 중에 한 명이라도 있을까? 산티아고 성지순 례를 다녀온 경험이 있는 구직자는 거의 없을 것이다. 대부분 편의 점이나 패밀리 레스토랑에서 아르바이트를 해봤거나, 공부방에서 가정형편이 어려운 아이들에게 교육봉사를 해봤거나, 학교 다닐 때 과대표를 했다거나… 아니, 사실 이런 에피소드도 없는 친구들이

허다할 것이다.

그럼 어떻게 해야 할까? 구태의연하고 재미없는 에피소드를 버려야 할 것인가? 아니면 거짓말로 산티아고 성지순례를 다녀왔다고 해야 할까? 정답은 "평범한 에피소드를 예쁘게 포장하라"다. 너무 예쁜 사람이 화려하게 갖춰 입으면 오히려 너무 튀는 법이다. 평범한 얼굴이지만 깔끔하게 옷을 차려입은 사람이 더 공감되고 빛이 나 보일 수 있다. 물론 남들이 갖지 못한 좋은 에피소드를 갖고 있는 것 또한 중요하다. 하지만 그런 에피소드를 갖고 있으려면 많은 경험을 해야 하는데, 내일이 면접인데 갑자기 그런 경험이 어디서 생기겠는가.

지금이라도 휴지통에 버려진 내 보석과도 같은 스토리를 찾아내자. 그리고 과연 내가 지금 면접장에서 내뱉고 있는 말이 과연 새로운 스토리인지, 아니면 10분 전에 다른 구직자가 내뱉은 말은 아닐지 항상 고민하자.

개성 : 나만의 특별한 색깔을
스토리에 담자

단점이 많다고 해서 내 장점의 색깔을 드러내지 못해서는 안 된다.
그런 식으로 면접을 끝내면 면접 합격은 언제나 먼 길일 것이다.

"잠이 오냐?" 내가 면접을 앞두고 있는 구직자에게 항상 하는 말이다. 벌써 다음 달이면 졸업이고, 또 다음 주면 면접시험을 보는데, 도대체 잠이 오고 밥이 입으로 들어가는지 정말로 궁금하다. 지금껏 열심히 달려왔으면 뭐하나, 인생의 첫 터닝 포인트를 어떻게 잘 마무리하고 새롭게 시작하느냐에 따라 두 번째 인생이 달라지는데, 구직자들은 이 사실을 많이 잊고 있다.

이 책을 읽고 있는 당신에게 묻겠다. 에이플러스 학점을 맞을 정도로 열심히 면접을 공부했는가? 다시 말해 학점 에이플러스 받는 노력만큼 면접 에이플러스를 위해 뛰었냐 말이다. 한 과목 에이플러스를 받기 위해서는 학기 내내 열심히 출석도 하고, 시험도 잘 봐야 한다. 중간고사와 기말고사도 잘 봐야 하고, 시험 중간중간 퀴즈를 본다면 이것 또한 열심히 해야 한다. 학기가 진행되는 4개월 동안 열심히 공부해야 좋은 성적을 얻을 수 있는 것이다.

그럼 다시 묻겠다. 여러분은 면접을 4개월 동안 준비했는가? 한 과목 에이플러스 맞는 것이 뭐가 그리 중요한가? 총 인생 통틀어 한 과목 에이플러스 받는 것이 중요한가, 아니면 내가 가고 싶은 회사 면접에서 에이플러스를 받는 것이 중요한가? 이것은 비교할 가치도 없다. 당연히 면접에서 에이플러스를 맞아 합격하는 것이 훨씬 더 중요할 것이다.

면접에 합격한 한 친구가 이런 말을 했다. "면접을 준비하는 친구들에게 꼭 말해주고 싶어요. 토익 100점을 올리는 것보다, 학점 1점을 올리는 것보다 더 중요한 것이 바로 자기 자신에 대해 아는 것이라고요."

그렇다. 면접을 앞두고 있는 구직자라면 자신의 매력적인 색깔은 어떤 색이고, 그것을 표현하기 위해 어떤 스토리를 장착해야 하는지 당연히 고민해야 한다. 이 세상에 장점이 없는 사람은 없다. 또한 단점이 없는 사람도 없다. 단점이 많다고 해서 내 장점의 색깔을 드러내지 못하고 그냥 돌아와버리면 면접 합격은 언제나 먼 길일 것이다.

구직자들을 보자마자 캐릭터화에 들어간다

나는 KBS 리포터, MBN 증권시황캐스터를 거쳐 GS홈쇼핑 쇼핑호스트가 되었다. 난 그때 내가 갖고 있는 나의 색깔에 집중했다. 키가 큰 것도 아니고, 눈에 띌 만한 외모를 갖춘 것도 아니었지만 경제학을 전공하고, 증권·보험관련 자격증을 많이 따두었다는 것을 집중적으로 어필했다. 그 결과 내가 원하는 보험 전문 쇼핑호스트가 될 수 있었다. 그때 나의 캐릭터는 '똘똘이 스머프'였다. 똘똘하게 보이는 것만이 내가 다른 지원자들과 다르게 어필할 수 있는 나의 색깔이었고, 아나운서와 시황캐스터를 했던 경험이 나의 색깔을 만들어내는 데 큰 힘을 실어줬다.

사실 면접관들은 구직자들을 보자마자 바로 캐릭터화라는 작업에 들어간다. 이 구직자가 어떤 사람인지 바로 캐릭터화해버리면 쓸데없는 고민 없이 합격과 불합격을 나눌 수 있기 때문이다. 면접장으로 들어오는 모습을 보며 '이 친구는 서두르는 발걸음을 보니 성격이 조용하지는 않겠군.' 하며 판단한다. 무표정하고 핏기 하나 없는 얼굴을 하고 있으면 '뭐야, 이 친구는 왜 이렇게 기운이 없어. 아주 죽도 못 얻어먹은 얼굴이군.' 이렇게 그 사람의 보디랭귀지와 말을 통해 빠르게 캐릭터화를 하는 것이다.

이 캐릭터화는 면접관들만 하는 것이 아니다. 예전에 〈1박 2일〉이라는 프로그램에서 '은초딩'이라 불리는 아이돌 출신 은지원이 있었다. 사람들은 은지원이라는 이름보다도 '은초딩'이라는 캐릭터를 더 잘 기억한다. 〈무한도전〉의 박명수는 '버럭명수'로, 노홍철은 '돌아이'로 기억한다. 왜 사람들은 있는 그대로의 사람들을 기억하기보다는 캐릭터라는 틀을 만들어 그들을 기억하려 하는 것일까?

캐릭터는 소설이나 연극, 영화 등에 등장해 이야기를 끌어가는 인물을 말한다. 이때 너무 모호한 캐릭터의 인물은 사람들의 오해를 불러일으켜 스토리에 방해를 준다. 한마디로 캐릭터화는 사람들의 머릿속에 기억될 수 있는, 그 사람을 나타내는 하나의 상징(symbol)이며, 다른 사람이 여러 노이즈 없이 '아, 이 사람은 착한 사람이야!' 혹은 '아! 이 사람은 나쁜 사람이야'라고 쉽게 정의 내릴 수 있도록 만들어진 것을 이야기한다.

면접관은 하루에도 몇 십 명, 몇 백 명의 구직자들을 테스트해야 한다. 한마디로 처음에 봤을 때 '호감 캐릭터냐, 비호감 캐릭터냐'로 나눠버리면 훨씬 더 사람을 뽑기 쉽기 때문에 구직자를 캐릭터화하는 것이다. 당연히 이때 면접관은 당연히 호감 가는 캐릭터를 뽑는다.

그럼 '호감'이라는 캐릭터의 조건이 누구에게나 다 똑같이 적용될까? 어떤 사람들은 면접장에 가서 많이 웃으라고 이야기한다. 이 미소가 호감의 첫 번째 조건이긴 하지만 모든 면접자에게 통용되는 것은 아니다. 왜냐하면 사람에겐 자신만이 가지고 있는 컨셉이 있고, 이것이 바로 캐릭터화로 진행되어 면접관의 마음속에 들어가기 때문이다.

한 면접자는 눈빛과 입가에 카리스마가 가득하다. 전공공부도 열심히 했으며, 면접시험을 보기 전에 인턴생활도 열심히 해 면접관들의 신뢰를 깔고 있다. 이때 인턴생활을 하면서도 보여주지 않았던 미소를 제대로 보일 수 있을까? 이 경우엔 미소보다는 카리스마 있으면서도 따듯한 카리스마, 배려, 긍정이 자신의 컨셉이 될 수 있다.

나만의 특별한 캐릭터를 잡는 법

그렇다면 캐릭터를 잡기 위해서는 어떻게 해야 할까? 일단, 자신이 어떤 캐릭터인지 스스로 관찰해본다. 밝고 긍정적인 사람인지, 냉정하고 이성적인 사람인지, 조용하고 사려 깊은 사람인지 자신을 평가해보는 것이다. 그런 다음 부모나 친구에게 자신의 캐릭터에 대해 물어본다. 나보다 훨씬 다른 사람들이 냉정하게 나를 평가할 수 있고, 나의 강점에 대해서도 정확히 알 수 있다.

이제 그 캐릭터에 맞는 나의 에피소드를 집중 분석한다. 만약 내가 '똘똘이 스머프'라는 캐릭터라면, 똘똘이 스머프가 되어서 일을 잘 처리했던 에피소드를 찾는다. 찾아낸 에피소드와 내가 할 업무가 서로 궁합이 맞는지 살펴본다. 만약 내가 해외영업직에 지원한다면 똘똘이 스머프로서 어학공부를 열심히 했다거나, 해외 연수 때 갈등을 잘 해결했던 경험담에 대해 답변을 만들면 된다.

자신이 어떤 색에 어울리는 사람인지 본인 스스로가 깨달아야 한다. 한번 생각해봐라. 나는 과연 어떤 사람인지 말이다. "선생님, 전

아무것도 가진 게 없어요. 전 특별히 어떤 경험을 한 것도 없고, 매사에 자신도 별로 없어요." 제발 이렇게 말하지 말자. 자신이 어떤 색인지 모르는 사람은 캐릭터가 있을 리 만무하다. 나의 색깔이 어떤지를 꼭 관찰하자.

나는 사람에게도 무지개처럼 일곱 색깔이 있다고 생각한다. 먼저 빨강은 열정이다. 무슨 일을 해도 불도저처럼 열정적으로 일을 몰고 가는 사람들이다. 항상 기운이 넘쳐 "너만 만나면 나도 기운이 생겨!"라는 말을 자주 듣는 사람들이다. 다음은 오렌지색이다. 오렌지색은 얼굴이 흰 사람이나 어두운 사람이나 잘 어울리는 색상이다. 사람들과 어울리기 좋아하고, 쉽게 친해지는 스타일의 사람을 말한다.

노랑은 순수한 사람을 말한다. 웃는 얼굴이 귀엽고 조금은 부끄러운 듯하지만 자신의 노란 색깔이 다른 색에 물들지 않도록 자신을 지키는 강한 능력도 갖고 있다. 함께하는 일보다는 혼자서 하는 일에 더 많은 효율을 올려 연구직 또는 작가 등의 직업이 잘 맞는다.

초록은 자유주의자다. 항상 싱그럽고 열정적이다. 갑자기 딱 나타나면 여름의 느낌이 느껴지는 열정가다. 빨강이 한 곳에만 집중하는 저돌적인 열정가라면, 초록은 자유로운 열정가다. 한 곳에 머물기보다는 이것저것에 많은 열정을 배분해 한꺼번에 여러 일을 처리하려고 하는 사람을 말한다.

파랑은 냉철하고 지식이 많은 전문가다. 자신이 어떤 능력을 갖고 있고, 어떤 일을 해야 하는지 명확한 사고가 정해져 있는 사람이다. 남색은 냉철하고 지식이 많은 전문가로, 지나치게 자신이 하고 있는 일에 몰두해 다른 사람을 쳐다보지 않는 사람을 말한다. 함께 하는 일보다는 혼자 연구하는 업무가 더 잘 어울린다. 보라는 도통 알 수 없는 사람이다. 얼굴은 웃고 있는데 답변은 부정적인 사람이다. 전문가의 느낌이 강한데, 말을 들어보니 아는 게 없는 사람, 도통 캐릭터가 난해한 사람을 말한다.

여기에 2가지 색깔을 추가하자면 검은색과 흰색의 캐릭터를 갖고 있는 사람들이다. 가장 나쁜 캐릭터가 검은색과 흰색이다. 검은색은 어둡고 에너지가 없는 사람을 말한다. 말끝마다 부정적인 단어를 내뱉고, 표정도 어둡다. 이런 사람은 면접에서 좋은 캐릭터를 얻기 힘들다. 흰색도 면접관의 선택을 받지 못하기는 마찬가지다. 아무 색깔이 없는 사람은 색깔이 어두운 사람만큼이나 면접관의 마음을 얻지 못한다. 면접관은 그냥 순하기만 한 사람은 좋아하지 않는다.

한 구직자와 만나 에피소드를 모으는 작업을 하고 있었다. 그런데 이 친구가 이런 말을 했다. "선생님! 저는 아르바이트도 별로 해보지 않았고 사회경험도 별로 없어요. 어떻게 하죠?" "그래? 별로 해보지 않은 아르바이트라면 그럼 한 번은 해봤니?" "네, 동사무소에서 아르바이트를 했는데 워낙에 하는 일 없이 그냥 앉아 있었어요."

정말 그 친구는 에피소드를 찾아보려야 찾아볼 수가 없었다. 그런데 그때 문득 생각이 떠올랐다. "너 공대 아니니?" "네, 맞아요. 기계과요." "야, 공대는 아르바이트 경험, 사회 경험, 이런 걸 말하지 않아도 돼. 네가 갖고 있는 전문성을 집중적으로 어필해야지!" 다행히 그 친구는 전공에 대해 관심이 많았고, 무지개 색깔로 치면 파란색에 해당하는 사람이었다. 자신의 색깔을 찾자. 그리고 그 색깔이 내가 할 업무와 궁합이 맞는지 살펴보자.

나 자신을 컨셉이 분명한 브랜드로 만들어라

컨셉이 기억되는 자는 살아남고, 잊히는 자는 도태될 수밖에 없는 무한경쟁시대다. "무능한 사람보다 나쁜 사람은 잊히는 사람이다."라는 말이 있다. 5초 안에 상대를 사로잡고, 10년 후에도 기억하게 만드는 강력한 각인의 기술은 반드시 필요하다. 세계적인 톱 모델이자 유명 토크쇼 진행자인 타이라 뱅크스는 모델을 꿈꾸는 수많은 응시자들에게 이렇게 충고한다. "모델이 런웨이를 걷는 시간은 10초 안팎, 그 순간에 자신을 알려야 한다."

면접이라는 현실은 런웨이보다 더 냉정하다. 첫인상이 결정된다는 단 5초 안에 상대방에게 각인시키지 못하면 취업의 기회는 점점 멀어질 수밖에 없다. 어떻게 하면 몇 초라는 짧은 순간에 면접관에게 나를 각인시킬 수 있을까?

강렬한 첫인상을 남기기 위해서는 나 자신을 브랜드로 만들 필요가 있다. 나만의 경쟁력, 즉 세일즈 포인트를 찾아서 그것을 발전시켜나갈 때 나라는 브랜드가 완성된다. 모두 비슷비슷한 외모와 실력으로 경쟁하는 시대에 성공하는 사람은 자기 브랜드를 가진 사람, 즉 뚜렷하게 기억되는 사람임을 잊지 말자.

캐릭터를 잡을 때 모델링 또한 중요하다. 지금까지 내가 갖고 있었던 캐릭터 그대로 면접을 볼 필요는 전혀 없다. 면접은 '내가 그동안 어떻게 살았나' 하는 것보다는 '지금 내가 어떻게 살고 있느냐'가 더 많은 영향을 미친다는 사실을 잊지 말자. '내가 생각해도 난 참 비호감이야'라는 생각을 한다면 지금부터라도 모델링을 찾아라.

옆 친구도 좋고, 탤런트나 아나운서 또는 명사 중에 한 사람도 좋다. 그 사람을 보고 그 사람의 좋은 능력을 훔쳐라. 성공한 사람들은 훔치기 능력이 뛰어난 사람들이다. 다른 사람의 장점을 보고 '그래 너 잘났다!'라고 시샘하기보다는 '나도 저렇게 해봐야겠다!'라고 생각하라. 지금이라도 내 캐릭터를 찾고, 여기에 모델링이 되는 캐릭터를 믹스매치해보자.

흥미성 : 스토리에
플롯을 입혀야 한다

스토리가 재미있으려면 플롯이라는 요소가 들어가야 한다.
플롯은 재미를 추구하는 하나의 양념, 조미료에 해당한다.

한 구직자가 자기소개서에 이런 내용을 써놓았다. "저는 외모가 미스코리아 뺨칩니다." 면접관은 일단 실제로 만나서 그 친구의 외모가 정말 미스코리아를 능가하는지 확인하고 싶었다. 그래서 서류심사를 통과시키고 면접을 보았다. 그런데 실제 만나보니 외모가 미스코리아는커녕 미스터코리아에 나와도 될 정도였다고 한다. 요즘 말로 '낚인 것'이다. 물고기만 낚아서 올려야 하는 것이 아니다. 물론 이 방법은 좋은 방법이 아니었지만 일단 어떤 식으로든 구직자는 면접관을 낚아올려야 한다.

　면접관을 낚아올리는 방법 중에 하나가 바로 흥미다. 사람들은 재미있는 이야기를 좋아한다. 정말 재미있는 드라마는 한 시간 만에 끝나는 것이 오히려 아쉽지 않은가? 재미만 있다면 내 스토리가 길어도 언제든지 면접관은 들어줄 마음이 있다. 하지만 구직자들의 말은 재미없고, 추상적이고, 주저리주저리 이야기한다. 이래 가지고는 면접관의 마음을 흔들 수 없다.

면접에서 스토리를 넣어서 구체적으로 재미있게 말하라고 하면 흔히 구직자들은 이렇게 대답한다. "구체적으로 말하면 너무 내용이 길어지지 않나요?" 제발 그렇게 생각하지 마라. 지루한 이야기는 짧아도 지루하다. 하지만 재미있는 이야기는 길어도 재미있다.

스토리를 재미있게 만들려면 스토리에 플롯(plot)이라는 요소가 들어가야 한다. 플롯은 시간의 순서에 구애받지 않고 그때마다 개인의 상상력을 동원해 재미를 추구하는 하나의 양념, 조미료에 해당된다. 플롯이라는 조미료가 들어가게 되면 그만큼 스토리도 맛깔나게 된다. 똑같은 스토리를 말해도 이 사람이 말하면 굉장히 논리 정연하고 설득력 있게 느껴지는데, 저 사람이 말하면 너무 재미없고 무미건조하게 느껴지는 것은 스토리 안에 플롯이 있느냐 없느냐의 차이에서 비롯된다.

플롯이라는 것은 여러 모습이 있다. 스토리를 형성하는 에피소드도 플롯이 될 수 있고, 그 스토리를 전달하는 열정적인 목소리도 하나의 플롯이 될 수 있다.

그럼 면접에 합격하기 위한 4가지 플롯에는 어떤 것들이 있는지 살펴보자.

짜임새가 있는 O-B-C 플롯

스토리에 생명력을 불어넣는 첫 번째 플롯은 'O-B-C 플롯'이다.

오프닝(opening)은 서론, 바디(body)는 본론, 클로징(closing)은 결론을 말한다. 우리가 프레젠테이션을 할 때든, 면접을 볼 때든 우리의 말은 기본적으로 서론, 본론, 결론이라는 구조가 있다. 하지만 대부분 사람들은 서론을 준비하지 않고 바로 본론만 준비하는 통에, 사람들 앞에 섰을 때 서론을 갑자기 하려고 하니 당황스러워 전체적인 프레젠테이션을 망치는 경우가 많다. 본론 앞에는 반드시 서론이 있다. 서론의 역할은 관심 끌기다. 면접을 볼 때 자기소개는 서론에 해당한다. 그래서 반드시 관심 끌기용 총알이 장착되어 있어야 하는 것이 바로 자기소개다.

본론은 내용이 참신해야 한다. 본론은 대학생활, 봉사활동, 사회 경험 등등 다양한 경험담에 대해 물어보는 것을 말한다. 이때 구체적인 내용을 말하는 것이 중요하다. 즉 어떤 사건 사고가 있었고, 그 안에서 내가 어떻게 행동을 했고, 그리고 무엇을 배웠는가에 대해 말해야 한다는 것이다. 본론의 역할은 내용을 전달하는 것이다.

마지막 클로징은 결론이다. 결론이 해야 하는 역할은 감동이다. 면접관을 감동시킬 수 있는 마지막 총알을 장전해 합격의 도장을 확실하게 찍어주자. 앞으로의 계획, 마지막 한마디가 이에 해당한다. 감동을 줄 수 있는 말은 진심이 담긴 말이나 명언 등이 있다.

흥미를 배가하는 에피소드 플롯

스토리에 생명력을 불어넣어주는 두 번째 플롯은 바로 '에피소드 플롯'이다.

전체 스토리 안에 어떤 에피소드를 배치하느냐가 중요하다. '자기소개'라는 스토리 안에 "안녕하십니까? 저는 ○○과를 전공했으며 열심히 일할 준비가 되어 있습니다. 저를 꼭 뽑아주십시오."라는 에피소드는 너무 추상적이다. 그렇게 말해서는 면접관에게 확실하게 나를 표현할 수 없다. 다음의 에피소드처럼 말해야 한다.

"공장은 휴일에 쉬지만 인생이라는 공장에는 휴일이 없습니다!" 안녕하십니까! 머리끝부터 발끝까지 열정의 에너지로 가득 찬 47번 지원자 ○○○ 인사드립니다. 세상에는 두 종류의 사람이 있다고 합니다. 길을 물어보기 편한 사람과 그렇지 않은 사람입니다. 저 ○○○에게는 사람들이 길을 지나갈 때 자주 길을 물어보곤 합니다. 그만큼 제가 편안한 인상을 갖고 있기 때문이라고 생각합니다. 면접관님! 제 얼굴을 한번 봐주십시오. (미소 한번 날리고) 이런 밝은 미소로 고객님의 마음에 사랑이라는 에너지를 듬뿍 충전해드리겠습니다.

이 스토리에는 "공장은 휴일에 쉬지만 인생이라는 공장에는 휴일이 없습니다."라는 에피소드, "세상에는 두 종류의 사람이 있습니다. 길을 물어보기 편한 사람과 그렇지 않은 사람입니다."라는 에피소드, "제 얼굴을 한번 봐주십시오."라는 에피소드, 이렇게 총 3가지나 되는 에피소드가 들어갔다. 그냥 추상적으로 "열심히 하겠습니다."라는 말보다는 훨씬 더 면접관에게 재미있게 들릴 것이다. 이처럼 에피소드 플롯에 어떤 질 좋은 에피소드가 들어가느냐, 또 얼마나 많이 들어가느냐에 따라 전체적인 스토리가 달라진다.

에피소드 플롯에는 예시 에피소드 플롯, 명언 에피소드 플롯, 비유 에피소드 플롯, 이렇게 3가지가 있다. 우선, 예시 에피소드 플롯이다. 여기서 예시는 구체적인 나의 경험담을 예를 들어 설명하는 것이다. 대학시절 연극 동아리의 회장을 했던 경험, 어학연수 시절 아르바이트를 했던 경험, 인턴생활을 할 때 했던 경험 등등 내가 경험한 것들을 실제 예를 들어 설명하는 것이 바로 예시 에피소드 플롯이다.

다음으로 명언 에피소드 플롯이다. 명언을 이용해서 말하는 것도 스토리를 탄탄하게 만드는 요소다. 앞서의 "공장은 휴일에 쉬지만 인생이라는 공장에는 휴일이 없습니다!"가 바로 '명언 에피소드 플롯'이다.

마지막으로 비유 에피소드 플롯이다. 비유는 빗대어 표현하는 것으로, 예를 들어 "저는 에너자이저입니다."라며 나의 열정을 에너자이저의 열정에 빗대어 표현하는 것을 말한다. 비유를 넣어서 이야기하면 추상적으로 느껴지던 것이 사물의 이미지와 오버랩 되며 훨씬 더 구체적으로 느껴지게 된다.

열정을 불어넣는 리듬 스피치 플롯

스토리에 흥미를 배가하는 플롯은 에피소드 플롯만 있는 것이 아니다. 세 번째, '리듬스피치 플롯'이라는 것도 있다.

리듬 스피치 플롯은 말에 리듬감을 넣는 것으로 면접관 앞에서 말할 때 주눅이 들어 그냥 일자로 무미건조하게 말하지 말라는 것이다. 면접에서 목소리가 주는 힘은 굉장히 크다. 크고 좋은 목소리로 열정을 넣어 말하면 스토리에 힘을 불어넣어줄 수 있다.

우리는 긴장을 하게 되면 목소리가 작아지고, 단어와 문장의 느낌을 살리지 못하며 말하는 경향이 있다. 예를 들어 "잘해낼 자신이 있습니다."라는 말을 할 때는 정말 잘해낼 수 있다는 강한 열정의 목소리를 넣어 말해야 한다. 그런데 기어들어가는 목소리로 말끝을 흐리며 말하는 경우가 많아 '도대체 이 사람이 잘해낼 수 있다는 거야, 없다는 거야?' 반신반의하게 만든다. 말에 열정이라는 리듬감을 넣어 말하면 훨씬 더 잘 표현할 수 있다.

생명력을 불어넣는 보디랭귀지 플롯

스토리에 생명력을 불어넣는 네 번째 플롯은 '보디랭귀지 플롯'이다.

"말을 목소리로만 하면 하수요, 표정으로도 말하면 고수다."라는 말이 있다. 말의 내용에 따라 다양한 표정을 지어 얼굴로도 말해야 하는데, 구직자들의 긴장하는 얼굴을 보고 있노라면 아무 생각도, 아무 열정도 없는 마치 좀비 영화의 한 장면을 보는 것과 같은 느낌이 들 때가 있다.

본인들은 긴장해서 그렇다고 하지만 정말 심하다. 마치 갑자기 길을 지나가다 방송 기자가 와서 "이따가 TV 연결할 테니 한 말씀만 해주세요!"라고 부탁했을 때 긴장해서 딱딱하게 굳은 그 얼굴과 비슷하다고 할까? 구직자의 답변에 다양한 단어와 문장이 있는 것처럼 한 표정으로 처음부터 끝까지 말하지 말자. 다양한 표정으로 면접관을 끌어당기자.

열정이 있어야 플롯이 살아난다

면접도 스피치다. 스피치를 잘한다는 것은 크게 다음의 3가지를 잘한다는 것이다. 첫째는 논리다. 4가지 플롯 중 논리에 해당하는 것이 바로 O-B-C 플롯, 에피소드 플롯이다. 즉 서론, 본론, 결론에 입각해 에피소드를 배열하고, 그 에피소드를 맛깔나게 표현하는 것이 논리에 해당한다. 스피치를 잘한다는 것의 둘째는 바로 목소리다. 논리를 아무리 잘 준비했다고 해도 목소리에 힘이 들어가 있지 않으면 아무 소용이 없다. 목소리에 해당하는 플롯이 바로 리듬 스피치 플롯이다. 마지막으로 스피치를 잘한다는 것은 보디랭귀지가 살아 있다는 것이다. 보디랭귀지 플롯이 이에 해당된다.

이 4가지 플롯을 살아 있게 만드는 요소는 바로 열정이다. 얼마나 열정을 넣어 표현하느냐에 따라 스토리가 살기도 하고, 죽기도 한다. 죽어 있는, 잠들어 있는 내 스토리에 플롯이라는 인공호흡기를 끼워 살아 숨 쉬게 하자. 무표정한 얼굴로 아무 의미도 느낄 수 없는 목소리가 아니라 마치 살아 숨 쉬는 것이 느껴지도록 말이다.

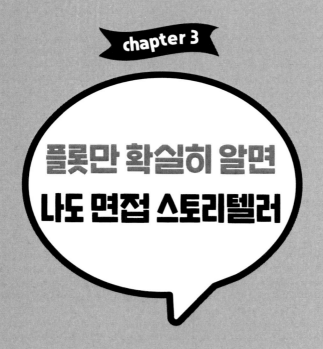

chapter 3

플롯만 확실히 알면
나도 면접 스토리텔러

O-B-C 플롯으로
논리 뼈대를 잡아라

면접에서의 서론, 본론, 결론은 저마다 맡은 역할이 있다.
각각의 역할을 못하면 전체적인 논리에 큰 타격을 입는다.

앞서 말했듯이 플롯은 맛깔나게 해주는 양념, 조미료에 해당한다. 면접 답변의 전체 틀을 잡아주는 O-B-C 플롯만 있어도 한결 전체적인 구성이 짜임새가 있어진다. 면접이라는 설득에 논리가 어떻게 빠지겠는가? 논리라고 해서 겁먹을 필요는 없다. 면접에서의 논리는 정말 간단한 방법으로 세울 수 있으니 말이다.

논리라는 기본 뼈대를 세우기 위해서는 전체적인 틀부터 살펴봐야 한다. 내가 현재 서 있는 곳을 알려면 전체 숲이 어느 크기인지 먼저 짚어보는 것처럼 말이다. 일단 말의 기본 뼈대는 서론, 본론, 결론이다. 면접에도 서론, 본론, 결론이 있다. 쉽게 말하자면 서론은 자기소개에 해당된다. 그리고 본론은 더욱더 구체적인 이야기, 즉 지원동기, 대학생활, 봉사활동, 사회경험, 아르바이트 활동, 성격의 장단점 등이 들어가게 된다. 마지막으로 결론에는 앞으로의 계획, 마지막 한마디가 해당된다.

집에서 아버지가 해야 하는 역할, 어머니가 해야 하는 역할이 있는 것처럼 면접에서의 서론, 본론, 결론도 저마다 해야 하는 역할이 있다. 자기가 해야 하는 역할을 다하지 못하면 전체적인 논리에 큰 타격을 입게 된다.

서론이 해야 하는 역할은 바로 관심 끌기다. 많고 많은 구직자들 가운데 면접관에게 각인되지 않으면 살아남을 수 없다. 오프닝은 무조건 면접관들에게 "저 왔습니다!"라고 당당히 각인을 시켜야 한다.

본론은 내용이 있어야 한다. 서론에서 관심은 끌었던 본론에 내용이 너무 없으면 '이 사람 뭐야? 왜 이렇게 알맹이는 없고 자신감만 있는 거야!'라는 느낌을 줄 수 있다. 면접관과 공감할 수 있는 다양한 내용을 준비해 말해야 한다.

마지막 결론은 감동이 있어야 한다. 드라마를 보면 마지막은 늘 감동으로 끝나지 않는가? 나도 한 편의 드라마를 찍는다고 생각해보자. 마무리에 감동을 넣으면 훨씬 더 여운이 남는 면접을 볼 수 있다. 그럼 어떻게 하면 각 역할에 맞춰 스토리를 전개할 수 있을까? 먼저 서론부터 자세히 살펴보자.

서론의 역할은 관심 끌기다

서론은 반드시 해야 하는 역할이 있다. 바로 관심 끌기다. 서론에서 면접관의 마음을 끌지 못하면 첫 단추부터 잘못 꿰는 것과 같다. 먼저 면접관의 관심을 끌어야 한다.

면접에서의 서론은 '자기소개'다. 만약 자기소개가 없을 때는 지원동기이거나 다른 질문일 수도 있다. 하지만 대다수의 기업은 자기소개부터 시킨다. 자기소개는 내가 얼마든지 준비할 수 있는 말이다. 그렇기 때문에 대단한 것을 준비해야 한다.

자기소개는 사실 어느 회사 면접시험에 가든지 면접관들이 꼭 시키는 단골 질문이다. 이 단골 질문마저 준비하지 않고 무방비 상태로 면접을 보러 가는 친구들이 아직도 있다니, 믿고 싶지 않지만 현실은 그렇다. 면접관도 처음 보는 구직자가 낯설다. 처음부터 다짜고짜 본론의 내용을 물어보기가 애매하다. 그래서 시키는 것이 바로 "자기소개 해보세요!" 아니면 "준비한 것 있으면 해보시죠!"다. 이때 첫 단추를 잘 꿰어야 한다.

자, 이제부터 자기소개를 어떻게 스토리텔링할 수 있는지 알려주겠다. 자기소개는 PER법칙만 기억하면 된다.

- Performance : 퍼포먼스
- Episode : 에피소드
- Resolution : 결의

1) 퍼포먼스로 관심을 끌어라

"안녕하십니까! ○○○입니다. 저는 ○○과를 전공했으며 어학연수를 다녀온 경험이 있습니다."라고 시작하면 안 된다. 오프닝은 면접관의 관심도 끌어야 하지만 면접장에서 나의 긴장을 풀 수 있는 첫 번째 카드이기 때문에 무뚝뚝하게 오프닝을 시작해서는 좋은 결과를 얻지 못한다. 이때 반드시 해야 하는 것이 바로 '퍼포먼스'다. 퍼포먼스는 얌전한 명언 외치기부터 용기가 필요한 몸짓 퍼포먼스까지 총 5단계로 나눌 수 있다(퍼포먼스의 자세한 종류에 대해서는 5장 '자기소개 스토리텔링'에 풀어놨다).

퍼포먼스가 필요한 이유는 첫째, 면접관들의 관심을 끌 수 있기 때문이다.

"안녕하십니까! ○○○입니다. 저는 ○○○를 잘하며 ○○회사에 들어오고 싶습니다." 이렇게 단조로운 단어와 문장으로는 면접관의 마음을 유혹할 수 없다. 다른 면접자들이 하지 않은 단어와 문장을 사용함으로써 흥미를 유발해야 한다.

2009년 WBC에서 한국 야구가 준우승을 한 적이 있다. 이때 LG전자에 시험을 앞둔 친구가 갑자기 일어나 자기소개를 해서 화제가 된 적이 있다. 면접관이 "일어나서 해보라!"고 말했더니 갑자기 그 친구가 일어나 "WBC의 영광을 재현해보겠습니다. 공 날아옵니다. 쳤습니다. 홈런~ LG전자의 승리를 향한 만루 홈런을 날리겠습니다." 멋지게 이런 퍼포먼스를 하는 것이 아닌가! 물론 이런 퍼포먼스의 경우 회사와 업무 분위기에 맞춰 오버하지 않는 범위에서 해야 한다는 것을 잊어서는 안 된다. 이 친구는 지원한 업무 분야가 영업이기 때문에 가능한 퍼포먼스였다.

둘째, 퍼포먼스를 하면 구직자의 긴장을 낮출 수 있다.

오프닝 첫 마디를 어떻게 시작하느냐에 따라 아나운서, 쇼핑호스트 등의 방송인들도 방송 전체에 영향을 받는다. 그래서 〈1박 2일〉이나 〈무한도전〉에서는 아예 크게 외치고 시작하지 않는가! 그냥 시작하지 마라. 그냥 시작하면 면접관에게 진다.

면접관은 도사다. 인사 업무를 몇 년, 몇 십 년 해온 전문가라는 사실을 잊지 말자. 질문하는 면접관의 긴장과 답변을 해야 하는 구직자의 긴장은 비교할 수도 없다. 하지만 면접관은 이 긴장 전략을 통해 그 사람이 어떤 사람인지 테스트한다. 긴장하며 말을 하다가는 자기와 면접관들을 놀라게 하는 폭탄 발언을 할 수도 있다. '내 긴장은 면접관이 풀어주지 않는다. 내가 푼다.'라는 생각으로 오프닝에 퍼포먼스를 넣어보자. 힘껏 외치는 것만큼 긴장은 줄어들 것이다.

셋째, 퍼포먼스를 하면 자신감이 생긴다.

일단 퍼포먼스를 한다는 것은 중요한 에피소드를 하나 가지고 있다는 것이다.

어떤 일을 성공적으로 하기 위해서는 '삼심(三心)'이 필요합니다. 첫째, '초심'입니다. 지금 시험을 보는 이 처음의 마음을 잊지 않겠습니다. 둘째, '열심'입니다. 중간에 힘든 과정이 있더라도 끝까지 열정을 불태우겠습니다. 마지막 셋째, '뒷심'입니다. 항상 갈무리가 깨끗한 인재가 되겠습니다. 이 삼심을 가진 저 ○○○를 꼭 기억해주십시오.

면접자가 이 '삼심'의 에피소드 총알을 갖고 있다면 훨씬 더 자신감 있게 면접장에 들어설 수 있다. 마음속에 '아, 어쩌지… 자기소개 시키면 어떻게 하지?'라고 생각하며 시작하는 것과는 정말 다르다.

넷째, 퍼포먼스를 하게 되면 면접관들은 '준비 열심히 했구나!'라고 생각한다.

그냥 무던히 자신이 갖고 있는 일을 주저리주저리 말하는 것보다 이렇게 퍼포먼스를 준비하면 면접관들이 그만큼 '저 친구가 우리 회사에 대한 열정이 있구나!'라고 생각한다는 것이다.

하지만 퍼포먼스를 할 때 주의해야 할 점이 있다. 일단 회사의 성격과 그 퍼포먼스가 맞아야 한다. 만약 내가 지원하는 회사가 보수적이거나, 내가 할 업무가 사무직이거나 연구직이라면 너무 과도한 몸짓 퍼포먼스는 오히려 방해가 된다. 예전에 대한항공에 면접시험을 보러 간 친구가 그 다음 날 와서 내게 말해준 내용이다.

"선생님, 어제 면접을 보러 갔는데 정말 재미있는 일이 있었어요. 어떤 사람이 면접장에 들어오는데 갑자기 비행기 몸짓을 흉내내며 '웽~' 하고 들어오잖아요. 그러더니 면접관 앞에서 '안녕하십니까? 47번 비행기 착륙할 준비됐습니다. 착륙해도 되겠습니까?' 이러는 거예요. 그러자 면접관이 기분 나빠하며 나가라고 했지 뭐예요. 그랬더니 갑자기 뒤를 돌아서 풀 죽은 목소리로 '웽~' 하면서 나가는 거 있죠!"

이 이야기는 취업 시장에서 정말 유명한 일화가 되었다. 대학을 다니며 취업 특강을 할 때 이 에피소드를 자주 이야기했더니 모르는 사람이 없을 정도로 재미있는 일화이지만 실제 주인공의 마음은 얼마나 아팠을까! 몸짓 퍼포먼스는 내가 지원하는 회사와 업무에 따라 신중히 판단해야 한다.

2) 에피소드를 넣어라

퍼포먼스 하나로는 자기소개에서 나를 각인시킬 수 없다. 뭔가 2% 부족하다. 그래서 자기소개에 반드시 들어가야 하는 것이 바로 에피소드다. 여기서 말하는 에피소드는 '나의 경험담'을 말한다. 나의 경험담을 먼저 털어놓는다는 것은 면접관을 향해 내가 먼저 손을 내미는 것과 같다.

면접장에서 자기 자신을 꽁꽁 감추는 사람들이 있다. 나를 알려야 나를 뽑을 것인데 말이다. 면접관이 나에 대해 알면 알수록, 내 에피소드에 공감하면 할수록 합격할 가능성은 높아진다. 자기소개에 나의 경험담을 넣어 먼저 면접관과 마음을 트자.

그럼 구직자들은 이렇게 말할 것이다. "무슨 에피소드를 넣어야 하죠? 그리고 몇 가지 에피소드를 넣어야 하나요? 너무 많이 넣으면 길어지지 않을까요?" 이 질문에 대한 대답은 "우리 구직자가 편한 대로 하세요."다. 무슨 말이냐면 오프닝은 정말 전문 방송인들도 하기 어려워한다. 아직 긴장이 풀리지 않아서다. 전문 방송인이 아닌 구직자들이 처음부터 너무 많은 에피소드를 말하거나 너무 길게 말한다면 오히려 에피소드를 넣어서 말하는 것이 더 큰 긴장감을 초래해 실패할 수 있다.

에피소드를 넣어 말할 때는 일단 '구직자가 가장 쉽고 재미있게 말할 수 있는 에피소드'를 떠올려라. 에피소드를 길게 말하는 것이 불편한 친구들은 짧게 말해라. 오히려 너무 에피소드를 길게 말하면 면접관이 지루해 할 수 있다. 또한 한 가지 에피소드를 집중적으로 말하기보다는 두세 가지의 에피소드를 배열하는 것이 편한 구직자는 그렇게 말해라.

그런 다음 그 에피소드가 그 회사와 내가 할 업무와 궁합이 맞느냐를 고려하면 된다. 예를 들어 내가 '오르골'을 판매하는 아르바이트를 한 경험이 있는데, 그때 있었던 에피소드를 말하려고 한다. 그런데 나는 영업직이 아니라 사무직에 지원을 했다. 그럼 이 에피소드는 자기소개에 들어갈 수 있는 가장 적절한 에피소드는 되지 못한다. 이때는 오르골을 판매했던 영업 노하우보다는 성실하게 일을 했거나 꼼꼼하게 일처리를 해 인정받았던 에피소드, 또는 사람들과 어울려 하모니를 만들었던 경험들에 대해 말하는 것이 훨씬 더 업무와 궁합이 잘 맞는다.

자기소개에 에피소드를 넣어 나 자신을 먼저 표현해보자. 이때 에피소드는 내가 자랑하고 싶은 최우선의 에피소드를 넣어야 한다는 것을 잊지 말자. 가장 재미있고 나한테 의미가 있었던 에피소드를 자기소개에 넣는 것이 훨씬 더 임팩트가 있다. 생각해보자. 나에게 가장 큰 의미가 있는 에피소드는 무엇이고, 이것을 자기소개에 어느 정도까지 녹일 것인지 말이다.

에피소드가 하나일 경우는 구체적으로 에피소드에 대해 말해주는 것이 좋다. 다음의 답변처럼 대답해야 한다.

제가 중국에 어학연수를 갔는데 당시 중국어를 하나도 못했습니다. 그런데 새벽에 학교 운동장에 나가 "니하오"를 외쳤고, 그 결과 일 년 만에 중국어와 중국문화를 학습할 수 있었습니다. '하면 된다! 할 수 있다!'라는 마음을 가지면 못해낼 일이 없다고 생각합니다.

이렇게 글로 치면 이것저것 살을 붙인 것까지 포함해 10포인트로 5줄에서 7줄 사이가 가장 적당한 길이다.

또는 에피소드 하나를 구체적으로 말하기보다는 배열식으로 에피소드들을 나열할 수 있다. 중국 어학연수 경험, 다양한 증권자격증, 아르바이트 경험 등 내가 말하고 싶은 에피소드를 자기소개에 드라마 예고편처럼 배열하는 것이다. 그런데 이때 중요한 것은 에피소드를 그냥 배열하는 것보다는 앞에 퍼포먼스를 하고 난 다음에 에피소드를 나열하는 것이 훨씬 더 귀에 착 감긴다는 것이다.

안녕하십니까? 사람은 크게 세 종류가 있다고 합니다. 불을 갖다 대야 타는 가연성 사람, 불을 갖다 대도 타지 않는 불연성 사람, 불을 갖다 대지 않았는데도 혼자 탈 수 있는 사람을 자연성 사람이라고 합니다.

저는 제 자신을 태울 줄 아는 자연성 사람입니다. 이 불꽃같은 열정으로 중국에 어학연수를 다녀왔으며, 다양한 증권자격증을 취득했고, 검찰청 아르바이트 등 다양한 경험을 했습니다. 이상입니다.

이렇게 에피소드를 배열하면 다음 질문은 그 에피소드에 관한 질문이 나오기 쉽다. 면접관에게 끌려다니는 면접이 아니라 이제 면접관을 리드하는 면접을 보게 되는 것이다.

3) 결의를 다져라

마지막을 잘못 끝내 흐지부지되는 경우가 많다. 항상 마지막에 결의에 찬 음성으로 "핵심인재가 되겠습니다." "열심히 하겠습니다." "최선을 다하겠습니다." 이렇게 크게 외쳐주자. 면접장은 이런 구태의연한 말을 쓸 수 있는 유일한 곳이기도 하다. 얼마나 열심히 하겠다는 내 감정이 들어가 있느냐에 따라 구태의연한 말도 새로운 단어로 표현될 수 있다는 사실을 잊지 말자.

본론이 맡은 역할은 내용 전달이다

이제 자기소개로 포문을 열었다면 본격적인 면접 단계인 본론 단계로 들어가야 한다. 이제 정신을 바짝 차려야 한다. 면접관의 질문 공세가 이제부터 시작이기 때문이다.

본론이 해야 하는 역할은 바로 '내용 전달'이다. 내용이 구체적으로 들어가 있어야 한다. 오프닝에서 흥미는 이끌었는데 본론에서 구직자에게 궁금해하는 자세한 내용을 풀어주지 않으면 면접관은 실망하고 만다. 본론에서 나오는 질문은 크게 3가지로 나눌 수 있다. '5대 기출문제' '개인 질문', 그리고 마지막으로 '황당 질문'이다.

먼저 면접에서 꼭 나오는 5대 기출문제는 지원동기, 성격의 장단점, 대학생활, 봉사활동, 사회활동과 아르바이트 경험, 이렇게 총 5가지가 있다. 이 5가지 질문을 면접 기출문제의 '5대 천황'이라고 부를 정도로 우리가 자주 면접을 볼 때 받을 수 있는 질문들이다.

'5대 천황' 다음으로 자주 물어보는 것이 바로 '개인 질문'이다. 개인 질문은 이력서와 자기소개서에 있는 나에게만 물어볼 수 있는 질문을 말한다. 예를 들어 "토익점수가 왜 이렇게 낮나?" "왜 아르바이트 활동을 하나도 하지 않았나?" "학점이 왜 이리 낮은가?" "졸업을 한 지는 꽤 됐다. 그동안 뭘 하고 지냈나?" 이런 것들이 바로 나에게만 물어볼 수 있는 개인 질문이다.

생각보다 구직자들 가운데 "면접관이 이런 것도 알고 질문할까요?"라고 물어보는 사람이 많다. 그 대답은 "그렇다"다. 좋은 인재를 뽑기 위해 입사 서류를 형광펜으로 몇 줄씩 칠해가며 세세하게 보는 사람이 바로 면접관이다. 보고 또 보고 그러면서 사람을 뽑으니 '설마 이런 것도 물어보겠어?'라고 그냥 넘어가다 보면 그런 질문이 들어왔을 때 당황해서 내 본연의 모습을 보여주지 못할 수도 있다.

면접의 시작은 사실 이력서, 자기소개서다. 자기소개서의 내용이 구체적이지 못하고, 재미있지 않으면 자기소개서를 보면서 면접에 대한 질문을 하기 때문에 면접관의 질문 또한 추상적이고 어려울 수 있다. 예를 들어 내가 '아름다운 가게에서 봉사활동'을 한 것에 대해 구체적으로 자기소개서에 표현해놨다면, 면접관은 질문을 할 때 "아름다운 가게에서 봉사활동을 했다는 내용이 있네요!"라고 구체적으로 물어보지만 그냥 "봉사활동을 많이 했습니다."라고 자기소개서에 써놨다면 "봉사활동 뭐 했어요?"라고 두루뭉술하게 물어볼 수 있기 때문이다.

참고로 "자기소개서에 봉사활동에 대해 썼는데 면접 볼 때 자기소개서에 있는 에피소드를 그대로 이야기해도 되나?"라는 질문을 구직자들이 자주 하는데 정답은 "글과 말은 다르다"는 것이다. 다른 에피소드가 있으면 그것을 말해도 괜찮지만, 일단 글로 쓴 것과 그것을 말로 전달하는 것은 다르므로 글에 담지 못했던 감정(feel)을 담아 말하면 된다.

마지막 질문은 바로 여러분이 어려워하는 '황당 질문'이다. "지구상에 바퀴벌레가 몇 마리라고 생각하는가?" "밖에서 여자 친구가 기다리고 있다. 그런데 갑자기 부장님이 회식을 하자고 한다. 어떻게 할 것인가?" 이런 황당하고 갈등되는 질문을 하는 것이다. 요즘에는 이런 면접을 '압박 면접'이라고 부른다. 질문에 꼬리를 물고 무는 질문, 그리고 도대체 어떤 대답을 해야 할지 종잡을 수 없는 면접 질문을 황당 질문이라고 부른다. 이런 질문을 하는 이유는 구직자의 순발력과 원래 그 구직자가 가지고 있는 본연의 모습을 확인하기 위해서다.

그런데 이 3가지 질문, 즉 기출 질문, 개인 질문, 황당 질문 가운데 우리가 반드시 면접을 보기 전에 만반의 준비를 해가지고 가야하는 질문은 무엇일까? 황당 질문일까? 기출 질문일까? 잘 생각해보자. 자격증이나 토익시험을 준비할 때 새로운 문제 유형에 대해 먼저 공부하는가, 아니면 기존의 기출문제를 먼저 분석하는가? 당연히 기출문제부터 분석하는 것이 정답일 것이다. 마찬가지인 원리다. 면접의 기본인 기출 질문과 개인 질문에 대해 준비가 되지도 않았는데 황당 질문부터 고민하는 친구들이 많다. 그러면서 "무슨 문제가 나올지 어떻게 알아! 그냥 가서 생각나는 대로 말할래."라고 말하면 면접의 결과는 장담할 수 없다(본론 질문 스토리텔링 방법은 4장에 자세히 적어놓았다).

본론의 질문에 대답할 때는 딱 3가지만 기억하면 된다. 첫째, 매직 3를 기억하라. 둘째, '주장+근거'의 두괄식 표현으로 말하라. 셋째, 근거 에피소드를 구체적으로 표현하라.

매직 3라는 것은 말을 할 때 3가지로 나눠서 말하라는 것이다. 사람들은 그냥 이야기를 푸는 것보다는 첫째, 둘째, 셋째, 이렇게 나눠서 말하고 듣는 것을 좋아한다. 게다가 사람들은 특히 3이라는 숫자를 좋아한다. 3가지로 나누면 뭔가 정리되는 느낌이 있기 때문이다. "나의 강점은 성실하고, 열정적이고, 꼼꼼합니다." 이렇게 추상적으로 말하기보다는 다음과 같이 말해야 한다.

제 강점은 첫째, 성실하다는 것입니다. 부모님께 부담을 드릴 수 없어 '굴공장'에서 아르바이트를 한 적이 있습니다. 추운 겨울날 차가운 바닥에 앉아 굴 껍데기를 까 굴만 채취하는 일은 정말 힘들었습니다. 같이 일했던 친구들은 중간에 포기하고 집으로 갔고, 저도 너무 춥고 힘들어서 '그만 둘까?'라는 생각도 했지만 사장님과 약속한 날짜까지 참고 일했습니다. 그런데 참 신기한 것은 하루 이틀은 그 일이 어려웠지만 나중에는 손에 익어 별로 춥지도 않고 오히려 그 일이 즐거웠다는 사실입니다. 둘째, 꼼꼼함입니다. 예전 수학 시험을 봤을 때 숫자 하나가 틀려 시험을 망친 적이 있었습니다. 그 이후로 한 번 더 확인하고 놓치는 부분이 없는지 매사 확인하려고 합니다. 그리고 마지막으로 셋째, 강인한 체력입니다. 24시간 지칠 줄 모르는 체력으로 맡은 바 임무를 성실히 해내겠습니다.

어떤가? 이렇게 '첫째, 둘째, 셋째'로 나눠서 스토리를 전개하니 훨씬 더 말하기도 쉽고 듣기에도 편하지 않은가? 그런데 이렇게 말하면 꼭 다음과 같이 물어보는 친구들이 있다. "선생님! 꼭 3가지를 말해야 하나요?" 꼭 그런 것은 아니다. 2가지만 말해도 된다. 하지만 4가지는 안 된다. 4가지는 너무 길어서 중간에 말하는 사람이나 듣는 사람의 집중이 깨질 수 있기 때문이다. 물론 모든 답변을 3가지로 나눠서 말하라는 것은 더더욱 아니다. 구체적인 경험 에피소드가 나와야 하는 경우에는 한 가지 에피소드만을 가지고 말해도 좋다.

여기서 중요한 것은, 주장을 말한 다음에, 이 주장을 빛나게 해줄 수 있는 근거를 제시하라는 것이다. 근거는 '나의 경험담 에피소드'를 말하면 된다. 이때 에피소드가 얼마나 구체적이냐에 따라 면접관의 머릿속에 그림을 그려줄 수도, 혹은 그렇지 않을 수도 있다. 반드시 구체적으로 에피소드를 풀어줘야 한다.

그런데 또 이렇게 물어보는 구직자가 있을 것이다. "3가지로 나눌 때 꼭 모든 것들이 '주장+근거'로 이루어져야 하나요?" 그렇다. 하지만 3가지 주장에 들어가는 근거가 모두 다 구체적일 필요는 없다. 3가지 중 하나에 힘을 쏟고, 나머지 부분은 간단하게 간추려도 좋다.

결론의 역할은 훈훈한 감동이다

면접에서 결론이 해야 하는 역할은 바로 '감동'이다. 마지막을 훈훈하게 끝내야 한다. 면접 클로징은 앞으로의 계획, 그리고 마지막 한마디, 이런 질문들이 해당된다. 이때는 면접관의 마음을 감동시킬 수 있는 마지막 총알이 필요하다. 면접관의 마음을 훈훈하게 해줄 수 있는 비장의 무기는 바로 진심이다. 내가 얼마나 이곳에 들어오고 싶은지 진심 스토리를 넣으면 된다. 진심 스토리의 예를 들어보겠다.

어떻게 하면 ○○은행에 들어올 수 있을까 정말 많은 생각을 했습니다. 그래서 서울 시내에 있는 ○○은행 열 곳을 정해 하루에 한 곳씩 방문을 했습니다. 저는 그 은행 안에서 미소 3가지를 봤습니다. 고객을 반갑게 맞이하는 직원의 미소, 빠른 업무처리로 인해 만족해하시는 고객의 미소, 그리고 그분들을 바라보는 저의 미소였습니다. 저도 이제 ○○은행의 미소를 만들어가는 주역이 되고 싶습니다.

또 하나는 오늘 면접시험을 보러 올 때 들었던 마음에 대해 말해도 좋다. "오늘 이곳으로 오며 제가 일하고 싶은 회사의 면접관님들을 직접 눈으로 뵐 수 있다는 생각에 정말 행복했습니다." 그 외에 면접관의 마음에 훈훈함을 주는 또 다른 방법은 내가 좋아하는 명언을 넣어서 말하는 것이다. "이런 말이 있습니다. '오늘이 제일 행복한 날이다.' 오늘 이렇게 면접을 볼 수 있어 행복했습니다."

결론을 말하는 법은 크게 다음의 3가지로 정리할 수 있다. 첫째, 진정으로 내 가슴을 울리는 명언을 넣는다. 둘째, 시험 보러 올 때의 마음가짐과 소감을 넣는다. 셋째, 진심 스토리를 장착한다. 진심으로 회사에 들어오고 싶어 준비한 것들, 입사 선배에게 들었던 조언 스토리를 말하면 된다. 예전에 채용 설명회 때 받은 명함을 가지고 와서 "저도 이 명함의 주인공이 되고 싶다."라고 말한 구직자도 실제로 있었다.

자기소개 정도는 줄줄 외워라

학창시절 시험을 준비하지 못했는데 시험 날짜가 내일로 다가와 허겁지겁 처음부터 공부하다가 나중에는 '이걸 언제 다 공부해. 포기하자!'라고 자버렸던 경험이 다들 있을 것이다. 이때 내가 할 수 있는 최선의 공부 방법은 일단 공부 잘하는 아이를 찾아가는 것이다. 그 친구한테 시험에 나올 만한 중요한 것을 찍어 달라고 한 뒤, 그 부분을 중점적으로 공부하는 것이다. 그럼 아예 포기하는 것보다는 훨씬 더 좋은 점수를 얻을 수 있다.

면접도 마찬가지다. 아직 기출문제 분석도 하지 않았는데 "왜 맨홀 뚜껑이 동그란 줄 아느냐?"라는 질문에 대한 답을 고민하다가 "아, 나는 면접에 자신이 없어. 어떻게 다들 면접을 그렇게 잘 보는 거야?"라고 탄식하기보다는, 시험에 꼭 나오는 문제부터 준비하는 것이 올바른 면접 전략이다.

오프닝에 해당하는 자기소개는 자다가도 일어나서 할 수 있을 정도가 되어야 한다. 또한 본론의 내용은 주장을 먼저 던지고, 그것에 맞는 근거를 구체적으로 풀어야 한다. 또한 마지막 클로징에 감동을 줄 수 있는 명언 한마디 정도는 면접을 보는 구직자라면 기본적으로 준비해야 한다.

성공하는 사람과 실패하는 사람의 차이가 노력의 여부 때문이라고 생각하는가? 그건 아니다. 누구나 다 성공을 하고 싶은 마음은 있다. 문제는 성공하는 사람은 100%의 노력을 꾸준히 인내심을 갖고 하지만, 실패하는 사람은 중간에 90%까지 하다가 포기한다는 차이가 있을 뿐이다. 나머지 10%만 더 노력했어도 성공이라는 달콤한 열매를 얻을 수 있었을 텐데 말이다. 면접을 어렵게 생각하지 말자. 하나하나 진심을 다하는 마음으로 조금씩 앞으로 나아가면 마침내 길이 보인다.

에피소드 플롯만이
면접에서 살 길이다

스토리가 집이라면 그 집을 짓는 재료는 바로 에피소드다.
에피소드가 많아야만 탄탄하게 스토리텔링을 할 수 있다.

O-B-C 플롯을 형성하는 것의 기본은 에피소드다. 즉 에피소드는 전체 스토리를 만드는 가장 작은 단위를 말한다. 이 에피소드를 찾아내 재미있고 감동적으로 만들어내는 것을 '에피소드 플롯'이라고 한다. 에피소드에 플롯을 넣어서 말하려면 일단 먼저 내 안에 잠들어 있는 에피소드를 깨워야 한다.

'난 말할 거리가 없는데…'라는 마음보다는 '그래! 나도 지금껏 열심히 살아왔다고! 내가 아직 모르는 보석과도 같은 에피소드를 반드시 찾아내겠어!'라는 자신감으로 에피소드를 찾아보자. 스토리가 집이라면 그 집을 짓는 재료는 에피소드다. 에피소드가 많아야만 탄탄하게 스토리텔링을 할 수 있다.

면접에서는 크게 2가지 에피소드를 찾아야 한다. 우선, 나에 대한 에피소드다. 내가 어떤 경험과 생각을 갖고 있는지 구체적인 에피소드로 말해야 한다. 그리고 또 하나는 회사에 관한 에피소드다. 회사에 관한 에피소드를 많이 갖고 있을수록 면접관과 소통하기 쉽다. 면접관과 구직자가 갖는 에피소드 교집합 가운데 대표적인 것이 바로 회사다.

만약 구직자가 먼저 입사한 선배를 통해 회사의 주요 정보를 알아냈다고 하자. 만약 그 이야기를 면접장에서 한다면 면접관들은 '어떻게 그 이야기를 알고 있지? 사전에 준비를 많이 했나 보네. 우리 회사에 대한 열정이 대단한 걸!'이라고 생각하게 된다. 일단 내가 갖고 있는 나의 히스토리, 그리고 여기에 회사에 얽힌 스토리를 말하면 내 진심을 잘 표현할 수 있다. 나와 회사에 관한 에피소드를 말할 때 다음의 3가지, 즉 예시, 명언, 비유를 넣어 말하면 훨씬 더 구체적으로 에피소드를 스토리텔링할 수 있다.

예를 들어 설명하는 예시

면접에서 에피소드를 갖고 말한다는 것은 크게 3가지를 말하는데, 그 첫째는 예시다.

예시는 예를 들어 설명하는 것이다. 즉 내가 갖고 있는 경험담을 예를 들어 설명하는 것이다. 그런데 에피소드를 말할 때 구체적으로 설명하라고 하면 주저리주저리 장황하게 말을 하는 구직자들이 있다. 이때 필요한 것이 바로 에피소드 바스법이다.

바스(BAAAS)에 맞춰 말하면 장황하지 않게 훨씬 더 구체적으로 실감나게 말할 수 있다. 다음 4장인 에피소드 플롯에서 자세히 설명해놓았지만, 미리 여기에서도 말하는 것이 여러분의 궁금증을 풀어 주는 것 같아 간략하게 적도록 하겠다. 에피소드 바스법은 BAAAS를 말한다.

- Background : 상황 설정
- Actor : 주인공
- Accident : 사건 사고
- Action : 행동
- Study : 배움

에피소드를 말할 때는 이 법칙에 맞춰서 말을 해야 에피소드가 착착 다음 단계로 넘어가 지루하고 장황하지 않게 이야기할 수 있다. 바스법의 기본은 먼저 상황 설정(background)으로, 에피소드가 일어난 배경을 먼저 설명해야 한다. 그리고 그 에피소드의 주인공(actor)이 나와야 하고, 그다음에는 사건 사고(accident)가 구체적으로 표현되어야 한다. 또한 사건 사고를 통해서 내가 어떻게 행동(action)했는지, 그리고 그것을 통해 무엇을 배웠는지(study)를 말하면 된다. 이런 순으로 말하는 것을 에피소드 바스법이라고 부른다.

구체적인 예를 들어보자. 면접관이 "대학교 때 기억나는 일이 있다면?"이라고 질문했다고 치자. "제가 대학시절 연극 동아리 회장이었는데 막이 오르는 순간 주연배우 두 친구가 서로 싸움이 나 전체적인 팀워크가 깨지게 되었습니다. 그래서 그때 연극 동아리 회장으로서 일을 처리한 경험을 갖고 있습니다."라고 말하면 그저 그런 일반적인 답변이다. 이런 일반적인 답변과 다음의 바스법 답변은 완전히 차원이 다르다.

(B) 대학교 때 '플레이어'라는 연극 동아리의 회장직을 맡았습니다. (A) 주연배우인 친구가 2명 있었습니다. (A) 무대에 오르기 직전 주연배우 2명이 서로 크게 언쟁을 하며 싸웠는데, 한 친구는 "무대에 오르지 않겠다."라고 말하는 것이었습니다. (A) 저는 그때 연극 동아리 회장으로서 "우리는 프로다. 무대에 오르는 정식 연기자만 프로가 아니다. 우리 앞에는 우리를 기다리는 청중이 있다. 그것만으로도 우리는 프로여야 한다."라고 독려했고 무대를 성공리에 마칠 수 있었습니다. (S) 저는 그때 생각했습니다. 프로가 갖는 책임의식 또는 주인의식만 갖는다면 어떤 방해가 있더라도 그 일을 성공할 수 있다는 사실을 말입니다.

라온제나 스피치에서 면접을 공부하는 친구들이 에피소드를 스토리텔링할 때 어려워하는 모습을 보며 '에피소드를 간결하게 말할 수 있는 좋은 방법이 없을까?' 고민하다가 이 바스법을 고안하게 되었다. 이렇게 에피소드를 바스법에 맞춰 말하니 훨씬 더 구체적이면서도 드라마틱하지 않은가?

나의 경험담 에피소드를 찾은 다음, 그 에피소드를 바스법에 맞춰 말해보자(경험담 에피소드를 찾는 '에피소드 포트폴리오'에 대해 부록에 써놓았으니 하나하나 꼼꼼히 작성하길 바란다).

에피소드를 맛깔나게 하는 명언 플롯

에피소드를 말할 때 예시 다음으로 꼭 필요한 플롯이 바로 '명언 플롯'이다.

명언을 넣으면 에피소드가 참 맛깔나게 된다. 명언을 넣는다는 것은 명언을 말한 사람의 어떤 지위나 명성을 내가 잠깐 빌려갈 수 있기 때문에 내 말에 신뢰감이 생긴다. 더불어 명언을 넣어서 말한다는 것은 그만큼 '평소 진지하고 성숙한 생각을 하고 산다'라는 것을 말해주기 때문에, 면접을 볼 때 너무 내 말만 하는 것보다는 명언을 넣어서 말해주면 훨씬 내용이 깊어진다.

명언을 넣어서 말할 때 가장 중요한 것은 '과연 내 마음을 울린 명언이냐?' 하는 것이다. 아무리 좋은 명언이라도 내 마음을 울리지 못한 명언은 절대 다른 사람의 마음을 울릴 수 없다. 예를 들어 "미소는 입을 구부릴 뿐이지만 많은 것을 펴준다."라는 명언이 내 마음속에 울림을 줬다면 그 명언을 말할 때 울림이 면접관에게 전달되지만, 그냥 '좋은 말이겠지'라고 생각해서 말하다가는 단지 명언을 위한 명언만 될 뿐이다.

명언을 넣어서 말하는 것은 사실 어렵지 않다. 자기계발 서적에 나와 있는 것이 모두 명언이니까! 하지만 문제는 대학생들이 자기계발 서적을 잘 읽지 않는다는 데 있다. 왜냐하면 대학시절 시간 관리를 하고, 커리어 계발을 하고, 비전을 설립하고 하는 것들이 현실감 있게 다가서지 않아 직장에 들어가서야 자기계발 서적을 읽기 시작하기 때문이다.

면접관들은 이미 직장생활 베테랑들이다. 면접에서 답변을 할 때 대학생의 잣대로 면접 질문에 대한 답변을 생각하기보다는 면접관의 눈높이에 맞는 답변을 해야 한다. 그러려면 면접관들이 많이 읽고 공감하는 자기계발 서적을 통해 내 지식의 눈높이를 높여야 한다. 예를 들어 책을 읽다가 "벌은 물을 마셔 꿀을 만들지만 뱀은 물을 마셔 독을 만든다."라는 명언을 발견하면 이 명언을 노트에 적어두었다가 나의 경험담 에피소드와 섞어 버무리면 참신한 스토리텔링 답변이 나오는 것이다.

명언 스토리텔링은 따로 메모노트를 마련해 평소 적어두는 습관을 가지면 훨씬 도움이 된다. 아예 책을 읽기 전 메모노트를 옆에다 두고 쓰면서 책을 읽으면 더 많은 명언을 얻을 수 있다. 그런데 명언을 너무 많이 답변에 활용하면 오히려 지루한 느낌을 줄 수 있다. 한 면접에 3가지 이상의 명언을 사용하는 것은 자제해야 한다.

빗대어 표현하는 비유

에피소드 플롯의 마지막은 바로 비유다.

비유는 빗대어 표현하는 것을 말한다. 예를 들어 "저는 열정적입니다!"라는 말을 '폭탄'에 비유하면 "제 심장에 폭탄이 들어가 있습니다. 그 폭탄의 심지에 불을 당겨주십시오. 저는 활활 타오를 준비가 되어 있습니다."라고 말할 수 있다. 혹은 "새벽시장 팔딱거리는 고등어처럼, 거꾸로 강을 거슬러 올라가는 연어처럼 강한 심장이 저에게도 있습니다."라고 말하는 것이 훨씬 더 면접관의 마음을 끌어당길 수 있다는 것이다.

비유는 에피소드 플롯 가운데에서도 가장 어려운 플롯이다. 글을 쓰는 사람들에게도 쉽지 않은 것이 바로 비유다. 비유는 크게 2가지로 나뉜다. 바로 은유와 직유다. 은유는 'A는 B다'를 말한다. '내 마음은 호수다'가 바로 은유다. 직유는 '~처럼, ~같이'로 표현하는 것을 말한다. 예를 들어 '내 입술은 앵두처럼 빨갛다'라는 표현은 내 입술을 앵두에 직유한 것이다. 은유와 직유라고 해서 머리 아프다고 하지 마라. 조금만 실습하면 누구나 음유시인이 될 수 있다.

예를 들어 "내 인생은 롤러코스터다."라는 비유적인 표현이 있다. 이 말은 TV 프로그램 〈남자의 자격〉 '강의' 편에서 김국진이 대학생들을 상대로 한 말이다. "자신의 인생에 굴곡이 참 많다"는 표현을 롤러코스터에 비유한 것이다. 좋은 날도 많았지만 행복하지 못했던 날도 많았고, 한 번 내리막길로 치달았을 때는 바닥까지 내려

갔기 때문에 그 힘으로 올라올 수 있었다는 것을 롤러코스터에 빗댄 것이다. 우리도 "서비스는 벨벳장갑이다."를 비유를 가지고 한번 연습해보자.

저는 서비스는 벨벳장갑이라고 생각합니다. 부드럽고 따듯한 벨벳장갑으로 추운 겨울 얼음장 같은 고객의 손을 먼저 잡아드릴 수 있다면 그것이 바로 서비스라고 생각합니다.

비유는 사물에 빗대어 표현하는 것이 제일 쉬운 연습이다. 비유 플롯을 활용할 때는 쌍둥이 속성을 찾아내면 쉽다. 다시 말해 '벨벳장갑의 따스함'이라는 속성에 '서비스의 따뜻함'이라는 쌍둥이 속성을 연결하는 것이다.

비유는 사실 다른 에피소드 플롯(예시 플롯, 명언 플롯)에 비해 어렵다. 하지만 평소 'A는 B다'로 스토리텔링하는 재미있는 놀이를 해보면 실력이 팍팍 는다. 어렵다고 생각하지 말고 "취업은 묵은지다." "면접은 콘서트다." 등등 재미있게 만들어보자.

에피소드가 설명을 설득으로 만든다

면접은 설명이 아니라 설득이다. 나에 대해 프레젠테이션하는 곳이 아니라 면접관을 내 편으로 만드는 과정인 것이다. 설명이 설득이 되려면 다음의 2가지, 즉 감정과 시뮬레이션이 필요하다.

우선 감정을 넣어서 말해야 한다. 설명은 감정이 들어가 있지 않아 그것을 듣고 어떤 감정의 변화를 느끼지 못한다. 하지만 설득에는 감정이 들어가 있다. 예를 들어 스마트폰을 판다고 해보자. 스마트폰의 기능에 대해서만 설명하면 사람들이 스마트폰을 살까? 여기 두 사람의 판매원이 있다. 한 사람은 "스마트폰을 사면 어디서든 인터넷을 사용할 수 있어요."라고 말한다. 다른 사람은 "스마트폰을 가지고 있으면 차가 막히면 교통정보상황에 들어가 막히는 길과 시원하게 뚫리는 길을 알 수 있어요. 강변북로와 올림픽대로 중에서 하나의 길을 선택해야 할 때 직감으로 찍는 것이 아니라 바로 실시간 교통 상황으로 시원하게 뚫린 길을 찾을 수 있는 거죠. 면접시험 볼 때도 늦으면 큰일이잖아요. 늦지 않게끔 이 스마트폰이 알려준다니까요!"라고 말한다.

두 사람의 말을 비교해보면 어떤가? 여러분은 어떤 말에 설득되겠는가? 설명이 설득이 되려면 사람들에게 감정의 변화를 일으킬 수 있는 구체적인 스토리가 나와야 한다. 이 스토리를 구성하는 작은 단위가 바로 에피소드이며, 에피소드를 넣어 맛깔나게 말하려면 예시, 명언, 비유를 이용해 말하면 된다.

또한 설명이 설득이 되려면 반드시 시뮬레이션이 필요하다. 머릿속으로만 생각하는 에피소드는 설명이 될 가능성이 크다. 하지만 입 밖으로 자꾸 말을 내뱉다보면 내 에피소드가 갖는 단점이 그대로 느껴져 조금씩 설득을 가미하게 된다.

시뮬레이션은 앉아서 머리로만 하는 것이 아니다. 시뮬레이션은 서서, 입으로 소리내 하는 것이다. 면접에 대한 답변을 준비할 때 앉아서 머리로만 생각하면 면접을 볼 때 입 밖으로 소리가 나오지 않게 된다. 자, 지금이라도 서서 입 밖으로 소리내 에피소드 스토리 텔링을 해보자.

리듬 스피치 플롯으로
좋은 목소리를 갖춰라

목소리가 열정적이지 않으면 스토리가 좋아도 감흥이 없다.
스토리를 만드는 것도 중요하지만 목소리도 매우 중요하다.

"긍정의 에너지를 면접관에게 팍팍 쏴라." 면접을 준비하는 구직자에게 내가 가장 강조하는 말이다. "안녕하십니까?"라는 말 한마디도 혼자 입 주변에서 맴돌면서 하지 말고, 앞에 있는 면접관에게 마치 긍정의 공을 던지는 것처럼 쏘라는 것이다. 하지만 대부분의 구직자들은 "면접관에게 어떻게 긍정의 에너지를 쏴요. 떨려죽겠는데…"라고 말한다. 그렇게 생각하면 취업은 절대 할 수 없다. 면접장에서는 신입사원다운 긍정의 에너지를 팍팍 보내야 한다.

면접을 보다 보면 무슨 부장급 경력사원을 뽑는 것처럼 말에 힘이 하나도 없고, 말투도 리듬감 하나도 없이 일자로 무미건조한 경우가 많다. 말이 들리지 않는 가장 큰 이유는 톤의 변화가 없기 때문이다. 열정과 긍정을 넣어 말을 하다 보면 톤의 변화가 생겨 자연스럽게 말의 전달력이 좋아진다.

좋은 목소리도 하나의 플롯이다. 즉 말을 맛깔나게 만들어주는 요소다. 우리가 영화배우 이병헌의 목소리에 더욱 집중을 하듯, 예전에 내한한 축구스타 베컴의 목소리에 실망을 했듯, 우리는 누군가와 대화를 나눌 때 내용에만 집중하는 것이 아니라 목소리에도 많은 관심을 갖는다. 모 채용 전문 기관에서 인사담당자를 대상으로 실시한 설문조사 결과, 응답자의 92.7%가 신입사원 채용시 응시자의 목소리가 채용 결정에 영향을 미친다고 대답했다고 한다. 이런 결과로 짐작할 수 있듯이 목소리는 면접의 성패를 가르는 데 상당한 비중을 차지한다. 정확한 발음, 격식 있고 분명한 어투를 사용해 자신감 있는 목소리로 말하면 면접관의 관심을 이끌어내는 데 매우 효과적이다

목소리는 그 사람의 기운이다. 목소리를 들어보면 그 사람이 얼마나 기운차게 인생을 살았는지, 아니면 되는 대로 인생을 살았는지 알 수 있다. 면접시험에서 아무리 좋은 스토리로 무장해도 그 목소리 안에 기운이 들어가 있지 않으면 그 스토리가 빛을 잃어버리는 경우가 많다.

스토리만 좋아서는 뭔가 부족하다. 그 스토리를 전할 때 목소리가 아무런 감흥이 없으면 아무 소용이 없다. 면접을 진행하다 보면 신입사원 면접인데도 불구하고 열정의 기운을 하나도 느끼지 못할

때가 있다. 에피소드를 찾아 나만의 스토리를 만드는 것도 중요하지만 더욱 중요한 것은 바로 자신 있는 목소리다.

목소리도 하나의 총알이 될 수 있다. 특히 은행이나 증권업 등 서비스 업무를 희망하는 사람이라면 더욱 그렇다. 내가 하고자 하는 일이 고객을 응대하는 것이라면 '잘 들리고 신뢰감 넘치는 목소리'로 말하는 것이 고객의 신뢰를 얻는 데 매우 중요한 역할을 하기 때문이다. 면접장에서 면접관들도 놀랄 만큼 패기 넘치고 열정 넘치는 목소리로 답변을 해보자. "이 친구, 목소리 하나는 쩌렁쩌렁하네!"라는 말을 들을 수 있도록 목소리를 훈련하자.

복식호흡을 통해 목소리에 열정을 넣어라

합격을 부르는 목소리는 첫째, 열정이 들어가 있어야 한다.

꼭 입사해서 열심히 일하겠다는 강한 열정 말이다. 어떻게 하면 목소리 안에 열정이 들어갈 수 있을까? 목소리는 마음과 지식에서 나온다. 내가 어떤 마음을 품고 있어야 하는지, 어떻게 하면 열정적인 목소리를 낼 수 있을지 그 방법에 대해 알아보자.

가장 쉬운 롤 모델링은 바로 TV의 취업 공익광고에 나오는 주인공들의 목소리다. "저는 할 수 있습니다!"라고 외치는 목소리가 기억나는가! 이렇게 이 주인공들을 모델링 삼아 크게 정확하게 말하면 되는데, 사실 긴장한 구직자들이 이렇게 면접관 앞에서 크게 소리를 낸다는 것이 정말 쉽지 않다. 하지만 해야 한다. 마음에 열정을 넣어 크게 소리쳐야 한다.

그리고 또 하나, 목소리를 좋게 하는 방법인 보이스 트레이닝에 대해 배우면 된다. 나는 아나운서와 쇼핑호스트 생활을 통해 '어떻게 하면 좋은 목소리를 가질 수 있을까?'에 대해 많은 고민을 해왔다. 신뢰감이 느껴지는 사람들의 목소리 안에는 공명이 들어가 있다. 공명은 '함께 울린다'는 뜻이다. 이 회사에 들어오고 싶다는 생각으로 내 마음을 먼저 설득한 뒤, 그 울림 목소리로 면접관에게 말하면 면접관 또한 그 울림 목소리를 듣고 '아, 이 사람은 진짜구나. 정말 우리 회사에 입사하고 싶어하는구나.'라는 생각을 하게 된다. 앵앵거리는 아기 같은 얇은 목소리, 작은 목소리로는 면접관을 설득할 수 없다. 복식호흡을 통해 당당하고 열정적인 목소리를 만들어야 한다.

복식호흡은 목소리 자체를 풍성하게 해준다. 즉 마이크를 대고 말하지는 않지만 공명을 넣으면 마치 마이크를 대고 말하는 것처럼 목소리가 강력해진다. 한화의 경우엔 면접장의 크기가 커 면접관과 구직자의 거리가 굉장히 멀다. 이때 작은 목소리로는 내가 아무리 좋은 스토리를 갖고 있어도 제대로 표현하지 못할 것이다. 이때 복식호흡을 통해 크게 소리를 끌어올리면 더욱 면접관이 내 말을 잘 듣게 될 것이다.

복식호흡은 배까지 숨을 채우고 뱉는 호흡을 말한다. 지금 내 배를 만져보자. 마지막 갈비뼈에서부터 배꼽 5cm까지의 그 사이를 우리는 복식호흡 존(zone)이라 부른다. 그 복식호흡 존에 풍선이 들어가 있다고 생각해보자.

숨을 깊게 들이마셔보라. 어떤가? 풍선이 부풀어 오르듯이 배도 부풀어 오르는가? 이때 어깨가 심하게 들썩거리면 안 된다. 그럼 가슴을 이용하는 흉식호흡을 하는 것이다. 배 아래부터 깊숙이 배를 채운다고 생각해보자. 배에 숨을 가득 채우면 풍선이 부풀어 오르듯이 배는 팽창할 것이다. 그리고 숨을 '후~' 하고 뱉어보자. 그럼 배 안에 가득했던 공기가 빠져나가면서 배는 수축되고 꺼질 것이다. 이것이 바로 복식호흡인데, 이 복식호흡만 한다고 해서 목소리가 커지는 것은 아니다.

우리가 말을 한다는 것은 숨을 내뱉으면서 하는 것이다. 즉 숨을 들이마시면서는 말을 하지 못한다. 한번 해봐라. 입에 손바닥을 갖다 대고 숨을 들이마시면서 "안녕하세요"라고 말해보자. 이때 손바닥에 숨이 닿는 느낌이 들어서는 안 된다. "안녕하세요"라는 말이 나오는가? 숨을 들이마시면서는 우리는 말을 하지 못한다. 그럼 숨을 내뱉으면서 "안녕하세요"라는 말을 해보자. 내뱉으면서는 "안녕하세요"라는 말이 잘 나올 것이다.

복식호흡으로 말한다는 것은 '채누보'의 원칙으로 말하는 것이다. 첫 번째는 '채운다'이다. 복식호흡 존에 숨을 채운 다음 말하는 것이다. 두 번째는 '누른다'이다. 마지막 갈비뼈 가운데를 보면 움푹 들어간 부분이 있다. 우리는 그 지점을 명치 또는 공명점이라고 부른다. 이 공명점을 누르면서 말을 하면 자연스럽게 복식호흡이 되어 좋은 공명 목소리를 얻을 수 있다. 이때 공명점을 눌러주는 역할을 하는 것은 무엇일까? 당연히 공명점을 감싸고 있는 복근이다. 성악가들이 노래하는 것을 보면 배가 들쑥날쑥 하는 것을 볼 수 있다. 바로 복근으로 공명점을 누르기 때문이다. 한번 해보자. "아"라는 말을 목소리만 내지 말고 숨을 가득 채운 다음, 복근을 이용해 공명점을 눌러 아래에서 위로 끌어 올리듯이 "아~~" 하고 뱉어보자. 마지막은 '보낸다'이다. 소리는 눈에 보이지 않는다. 울림이 있는 파장으로 되어 있기 때문에 면접관의 귀 안으로 쏙 보내는 것이 중요하다. 소리의 울림이 내 주변에서만 머물게 하는 것이 아니라 면접관의 귀 안으로 쏙 쏘고 들어갈 수 있도록 강력하게 보내주자.

이제 한번 실습을 해보자. 채우고 누르고 보내는, 채누보의 원칙을 지켜보자. "안녕하십니까? 저는 47번 지원자 ㅇㅇㅇ입니다."라는 말을 복식호흡을 통해 말해보자. 숨을 가득 채운다. 그리고 복근으로 공명점을 누르고, 소리를 앞으로 쭉 내민다. 자, 어떤가? 소리가 깊게 잘 나오는가?

목으로만 말하지 말자. 목에서부터 배까지 하나의 깊은 파이프가 있다고 생각해보자. 저 아래 깊은 파이프에서 목소리를 끌어 올린다고 생각해보자. 그럼 한결 또렷하고 신뢰감 있는 목소리를 얻을 수 있다. TV에 나오는 취업 CF를 떠올려보자. "젊은이여, 일어나라!" 이 광고에 나오는 성우들의 목소리를 기억하는가?

목소리에 리듬을 넣어야 한다

합격을 부르는 목소리는 둘째, 목소리에 리듬을 넣어야 한다.

면접을 볼 때 가장 많이 하는 단골 실수는 바로 '말 더듬기' '작고 떨리는 목소리'다. 말에 힘이 없고 리듬감이 없으면 말의 앞 단어와 뒤 단어가 서로 부딪치며 발음이 꼬일 수 있다. 말에 리듬감을 넣어 말하면 마치 노래를 부르듯이 자연스럽게 말이 나온다. 다음의 면접 자기소개를 한번 읽어보자.

안녕하십니까? "내 안에 잠든 거인을 깨워라!" 저는 제 안에 잠들어 있는 거인을 깨우기 위해 '열정적인 삶'을 살았습니다. 첫째, 저에 대한 열정입니다. "경험만큼 좋은 스승은 없다"는 생각으로 검찰청 행정인턴, 아름다운 가게 봉사활동 등 다양한 경험을 통해 제 자신을 발전시켰습니다. 둘째, 회사에 대한 열정입니다. ○○전자는 우리나라뿐만 아니라 세계를 대표하는 기업입니다. 유학시절, 뉴욕에 있는 커다란 ○○전자의 광고판을 보며 ○○전자에 입사하는 꿈을 키웠습니다. 승자에게 있어 경쟁자는 자기 자신뿐이라고 생각합니다. 더 큰 ○○전자를 만들기 위해 제 모든 열정을 불태우겠습니다.

면접은 나 자신을 파는 것이다. 자신에 대한 자신감이 목소리에 묻어 있지 않으면 아무도 나를 사려고 하지 않을 것이다. 나도 내가 싫다고 외치는데 그 누가 나를 사겠는가? 자신을 좋아하게끔 만들자.

자신감을 넣어 당당하게 앞의 예시 문장을 읽어보자. 목소리가 너무 작게 나온다면 제스처도 함께하며 읽어보자. 주먹을 쥐고 파이팅하듯이 "내 안에 잠든 거인을 깨워라!"라고 크게 외쳐보자. 그럼 한결 자신감이 붙을 것이다. 이렇듯 자신감과 열정을 넣어 말하면 말에 리듬과 가락이 들어가게 된다.

리듬 스피치를 통해 말에 생명력을 불어넣어주자. "내가 내 안에 잠든 거인을 깨우기 위해 열정적인 삶을 살았다."라고 말하기 위해서는 '열정'이라는 단어에 정말 열정을 넣어 표현해줘야 한다. 말에 리듬감을 넣어주자.

말에 리듬을 넣으려면 사스(SAS) 법칙에 맞춰 말하면 된다. 사스 법칙은 'segmentation(분할, 쪼개기), accent(악센트, 강조), sing a song(노래 부르듯이)'의 머리글자를 딴 것이다. 말에 전달력을 높이고 열정을 넣으려면 일단 말을 쪼개야 한다. 최소한의 단어로 말을 쪼갠 다음, 쪼갠 단어 첫음절에, 그리고 중요한 단어에 악센트를 넣어주면 된다. 그리고 이것을 마치 노래 부르듯이 리듬감을 넣어 말하면 된다.

예를 들어 "날씨 정보입니다"라는 말을 할 때 그냥 날씨와 정보를 붙여서 말하기보다는 쪼개서 살짝 끊어 "날씨/정보입니다"라고 말해주는 것이 훨씬 좋다. 그리고 날씨의 '날', 정보의 '정'에 악센트를 넣어주고, 이것이 날씨 정보이기 때문에 정보보다는 날씨에 더 많은 강조를 해주면 된다. "**날씨** 정보입니다." 이렇게 '날씨'라는 말은 강조해주고, '정보'라는 말은 상대적으로 약하게 해주면 자연스럽게 말의 강약이 이루어진다. 리듬 스피치를 하려면 어미를 늘려서는 안 된다. 스타카토 화법으로 딱딱 끊어줘야 한다. 어미가 늘어지면 자신감이 없어 보일 수 있다. 발음을 명료하게 해주자.

외운 듯한 느낌을 주지 않는 것도 중요하다. 외운 듯한 경직된 리듬감은 단어와 단어가 일정한 높이에서 나오거나 중간에 멈춤이 일정할 때 생긴다. 중간 쉼의 미학을 지켜야 한다.

말에 리듬감을 넣으려면 키워드를 외울 필요가 있다. 앞에서의 예시 문장에서는 "내 안에 잠든 거인을 깨워라"를 외워야 할 것이고, "첫째, 저에 대한 열정" "둘째, 회사에 대한 열정"이라는 키워드를 외워야 할 것이다. 또한 "저에 대한 열정"은 "검찰청 행정인턴, 아름다운 가게 봉사활동"을 외워야 하며, "회사에 대한 열정"은 "뉴욕 유학시절 광고판, 승자에게 있어 경쟁자는 자기 자신뿐!"이라는 키워드를 머릿속에 넣어야 외우지 않은 것처럼 말할 수 있다.

마지막으로 말에 리듬감을 넣으려면 열정을 넣어야 한다. 말을 전달하고자 하는 열정만 있어도 말이 무미건조해지지는 않는다. 생각해보자. 나는 과연 얼마나 열정적으로 면접에 대한 답변을 하고 있는지 말이다. MBC TV 프로그램 〈나는 가수다〉에서 가수들이 무대에서 얼마나 혼신의 힘을 다하고 내려오는지를 기억하라. 내려오면서 힘이 다 빠져 흔들거리는 다리를 간신히 부여잡고 내려오는 것처럼, 과연 나도 내 면접이라는 무대에서 얼마나 혼신의 힘을 다하고 내려오는지 생각해보라는 것이다.

지금 내가 평소 말하는 것보다 2, 3배의 큰 음성으로 말해보자. 공명이라는 좋은 목소리는 작은 목소리에서는 절대 나오지 않는다. 큰 소리로 소리를 내 공명을 끌어내지 않으면 아무리 복식호흡과 리듬 스피치를 연습한다고 해도 좋은 목소리를 내기 힘들다. 마치 무대 위에서 공연하는 가수처럼, 면접이라는 무대에 서 있을 때는 프로처럼 최선을 다해야 한다는 것을 명심하자.

자신감을 갖고 목소리를 내보자

"하루를 연습하지 않으면 발음을 잃으며, 이틀을 연습하지 않으면 공명을 잃으며, 사흘을 연습하지 않으면 화법의 모든 것을 잃는다." 아나운서와 쇼핑호스트 등 9년여에 걸쳐 방송을 하면서 내 마음을 떠나지 않았던 말이다. 대학교와 기업체에서 강의를 하고 있는 지금도 하루라도 연습을 하지 않고 하루라도 강의를 하지 않으면 여전히 '입이 내 마음대로 잘 움직이지 않는구나.'라고 느끼게 된다. 아나운서 출신에 프로강사인 나도 말을 안 하다가 하려면 이렇게 힘든데, 우리 구직자들은 면접에서 말하기가 얼마나 더 힘들까?

면접을 보기 전에 발음과 발성, 호흡, 그리고 리듬 스피치 등으로 목소리 대한 훈련을 해보자. 목소리는 참 신기한 것이 '크게 소리를 내는 것'만으로도 무한한 자신감이 생긴다. 말의 에너지를 끌어올리기만 해도 말이 술술 나오는 것이 느껴진다. 내 말이 사실인지 아닌지 지금의 목소리 볼륨보다 2, 3배 정도 크게 소리를 내봐라. 그럼 자신감이라는 것이 내 안에서 꿈틀댈 것이다. 무조건 면접은 자신감이다. 면접은 DID가 중요하다. DID는 '들이대'라는 말이다.

면접관에게 함부로 들이대라는 것이 아니라, 면접에 대한 준비를 확실히 한 다음 자신감 있게 나 자신을 PR하라는 것이다. 주눅들지 말자. 움츠러들지 말자. 모든 것이 완벽한 사람이 어디 있겠는가? 자신에 대한 자신감을 갖고 열정적으로 내 목소리를 내보자. 신입사원으로서의 패기를 느낄 수 있게 말이다.

보디랭귀지 플롯으로
면접관을 유혹하라

표정이 좋아야 상대가 마음속 깊이 메시지를 받아들인다.
의욕 가득 찬 눈빛으로 면접관을 봐야 합격이 가까워진다.

"눈빛만 봐도 압니다." 오랫동안 인사담당 부서에서 일했고, 현재는 계열사 사장으로 있는 분의 말씀이다. 그 사람의 눈빛만 봐도 그 사람의 됨됨이에 대해 알 수 있다는 말이다. 면접을 연습하다 보면 제일 먼저 지적을 하는 것이 바로 '좀비 표정'이다. 구직자들은 너무 떨려서 그렇다고 하지만, 그런 표정을 계속 하루 종일 봐야 하는 면접관들의 마음은 어떻겠는가?

스피치 명언 중에 이런 말이 있다. "목소리로만 말하면 하수요, 표정으로도 말하면 고수다." 목소리로만 말을 할 것이 아니라 표정으로도 말해야 한다. 표정으로 나의 간절한 마음을 표현해야 상대방은 마음속 깊이 나의 메시지를 받아들인다.

"사람은 내 말을 귀로만 듣는 것이 아니라 눈으로도 듣는다."라는 말이 있다. 보디랭귀지를 하면 훨씬 더 전달력 있는 스피치를 할 수 있다. 보디랭귀지는 학문적으로는 키니식스라고 말하며 몸의 언어, 침묵의 언어(사일런트 랭귀지)라고 부른다. 면접관들은 구직자가 보디랭귀지가 잘 준비되어 있지 않으면 '아니, 이 사람은 구직에 대한 마음이 있는 거야, 없는 거야? 왜 기본도 안 되어 있어?'라는 생각이 든다고 한다. 취직을 하고 싶은 마음이 있는 구직자라면 다른 것보다도 우선적으로 보디랭귀지에 대한 점검을 반드시 해야 한다.

포커를 칠 때 손 안에 쥔 카드가 나쁠수록 상대방이 눈치채지 못하게 일부러 표정을 관리하는 것을 포커페이스라고 말하는데, 면접에도 포커페이스가 반드시 필요하다. 내 긴장감과 불안감을 면접관에게 노출하면 담이 약한 사람, 준비가 덜 된 사람으로 보일 수 있다.

보디랭귀지는 면접의 기본 중에 기본이다. 이 기본이 뒤틀리면 그 위에 아무것도 지을 수가 없다. 보디랭귀지의 경우 대학 내에서 진행되고 있는 취업캠프를 한 번이라도 참석한 친구라면 별로 어렵지 않게 잘할 수 있을 것이다. 구직자 중에 아직도 이해가 되지 않는 사람은 대학 내에 있는 취업캠프를 한 번도 참여하지 않았다고 하는 사람이다. 무슨 배짱인가? 취업에 대한 의사가 있는 친구라면 반드시 교내 취업캠프를 참가해 보디랭귀지부터 점검해보도록 하자.

눈빛이 살아 있어야 한다

의욕이 가득 찬 눈빛으로 면접관을 바라보자. 눈에 사랑이 가득한 친구가 있다. 그리고 그 눈에 자기 자신이 아닌 다른 사람의 인생도 들어가 있는 사람이 있다. 눈빛이 살아 있어야 한다. 그런데 어떻게 하면 눈빛이 살아 있게 할 수 있을까? 면접관을 관심 있게 쳐다보면 된다. 그렇다고 해서 부담스러울 정도로 빤히 쳐다보라는 것이 아니다. 면접관을 향해 존경과 관심이라는 눈빛 레이저를 쏘라는 것이다.

면접을 진행하다 보면 눈을 너무 많이 깜빡거리는 사람이 있는데 보디랭귀지는 '내가 조절해야겠다'라고 생각하면 얼마든지 제어가 가능하다. 거울을 보면서 말을 할 때 너무 눈을 자주 깜빡거리지 않는지 살펴보자.

기업에서는 회사에서 주는 월급을 받고 시키는 일만 하는 수동적인 사람보다 CEO 마인드를 갖고 열정적으로 일하는 능동적인 사람을 원한다. 당당한 눈빛으로 면접관에게 자신이 지원한 회사에 대한 애정과 열정을 가지고 임할 것임을 어필하라. 이때 상대의 눈을 응시하면 상대방의 이야기를 경청하는 모습을 보여줄 수 있어 상대방에게 신뢰감을 주게 될 것이다.

이렇게 면접관을 바라볼 경우 면접관의 얼굴 전체를 본다는 생각으로 바라보면 된다. 만약 특정 어느 부위를 보는 것이 맘이 편하다면 면접관의 눈 가운데 오른쪽이든 왼쪽이든 더 맘에 드는 눈을 골라 그 쪽을 응시하면 된다. 만약 면접관의 눈과 눈 사이를 보게 되면 내 눈이 마치 사팔뜨기처럼 보여질 수 있으므로 그 방법은 좋지 않다.

인사하는 자세와 앉아 있는 자세도 중요하다

인사하는 자세가 중요하다. 인사는 말과 행동으로 이루어져 있다. 인사법상 먼저 말을 하고 행동을 해야 한다. 즉 "안녕하십니까!"라는 말을 먼저 한 다음, 허리를 숙여 인사를 해야 한다. 그런데 여러 명이 면접에 들어가 인사를 할 때 보통 말과 행동을 한꺼번에 하는 사람들이 있다. 그때 나만 말을 하면서 우두커니 면접관을 바라보면 그다지 모양이 예쁘지 않으니 같은 조끼리 면접을 보기 전에 언제 인사를 할 것인지 맞추는 것도 좋다.

인사는 목례, 보통례, 정중례가 있다. 문을 열고 들어간 다음 문을 닫고 살짝 하는 것이 바로 목례다. 그런 다음 의자 앞에 가서 하는 인사는 정중례다(상황에 따라 목례는 생략해도 된다). 남자의 경우 발뒤꿈치를 붙여야 하고, 여자는 발을 'ㄴ'자로 만들어 격식을 차린다. 남자의 경우 손은 양쪽 허벅지에 갖다 대면 된다. 손을 모을 경우에는 '남좌 여우'라고 해서 남자는 좌측손이 위쪽으로, 여자는 우측 손이 올라갈 수 있도록 해야 한다. 하지만 여기서 주의해야 할 점은 남자들의 경우 손을 모으는 모습이 그리 박력 있어 보이지 않는다는 것이다.

앉아 있는 자세도 중요하다. 앉아 있을 경우 남자는 다리를 너무 많이 벌리거나 오므리는 것보다는 주먹 4개 정도가 들어갈 정도로 적당히 다리를 벌려주는 것이 좋다. 여자는 물론 다리를 모으는 자세가 깔끔해 보인다. 앉아 있을 때 중요한 점은 등 뒤가 의자에 닿아서는 안 된다는 것이다. 꼬리뼈는 깊숙이 의자에 넣어 안정감을 준 다음, 주먹 하나가 들어갈 정도로 등과 의자 사이를 떼서 앉는다. 등이 의자에 닿을 경우 너무 내 집처럼 편안하게 앉아 있는 자세가 되기 때문이다.

제스처는 거울 앞에서 미리 연습하라

제스처는 크게 손동작, 발동작을 말한다. 물론 요즘 기업체에서는 프레젠테이션을 할 때 자연스럽게 제스처를 많이 하곤 한다. 하지만 면접을 볼 때 손 제스처를 너무 많이 사용하면 신중하지 못하다는 느낌을 줄 수 있다. 가급적 퍼포먼스를 할 때를 제외하고는 제스처를 하지 않는 것이 더 좋다. 그러나 프레젠테이션과 토론 면접을 할 때는 적절한 제스처를 해주는 것이 오히려 더 여유롭고 자신감 있게 보인다.

손 제스처를 할 때는 팔과 몸을 서로 떨어뜨려 넓게 제스처를 해주는 것이 중요하다. 그리고 손바닥으로 프레젠테이션을 가리킬 때

의 손바닥 제스처는 엄지를 제외한 손가락 4개를 서로 붙이고 엄지
는 따로 떼서 화살표 모양처럼 만들어주는 것이 깔끔하다. 또한 손
바닥을 많이 보이는 제스처는 '항복'이라는 의미가 있어 면접관의
마음을 편하게 해주는 심리적인 효과가 있다. 손바닥을 많이 보이
면서 제스처를 해주자.

제스처의 경우 거울 앞에서 연습하는 것이 가장 좋다. 말할 때 가
장 두려운 것 중에 하나가 말하는 내 모습을 나는 보지 못한다는 데
있다. 상대방은 나를 보고 있지만 나는 나를 볼 수 없으니 '내가 지
금 잘하고 있나, 그렇지 않나' 자기 평가가 되지 않기 때문이다. 그
래서 필요한 것이 바로 시뮬레이션이다. 카메라나 거울 앞에 서서
자기가 어떤 제스처를 어떻게 하고 있는지 스스로 점검해 보면 발
표에 대한 두려움이 사라질 것이다.

면접관에게 표정으로 말하라

면접은 정(情)이다. 내 안에 갖고 있는 감정을 면접관에게 표출해야
한다. "저는 이 회사에 꼭 입사하고 싶습니다."라는 말을 할 때는 정
말 그런 충성심이 얼굴에서 묻어나와야 한다. 또는 "저는 저의 이런
면이 맘에 듭니다."라고 할 때는 정말 그런 느낌이 표정에서 드러나
야 한다. 거울을 보고 표정을 연습해보자. 인터넷 검색 사이트에 문
근영 표정 100종 세트, 고현정 표정 100종 세트 등이 많이 떠돌고

있다. 하루 200종 세트의 표정 연습만으로도 훨씬 더 다양한 표정을 지을 수 있다.

밝은 표정과 아름다운 미소는 당신의 첫인상을 긍정적인 이미지로 어필하기에 강력한 장점으로 작용한다. 예를 들어 당신의 턱이 사각이라고 하자. 사각턱은 남성적인 인상을 풍겨 외모 콤플렉스의 요인이 될 수 있다. 이런 경우에도 부드러운 미소는 좋은 첫인상을 줄 수 있는 최선의 방법이다. 과거에서 현재로 시대가 변하면서 면접시 외모의 중요성도 커지고 있어 취업 준비생들의 '호감형 외모 만들기'는 여성뿐만 아니라 남성들도 많은 관심을 갖고 준비하고 있다.

대부분의 구직자들은 스스로 웃는 것에 익숙하지 않다. 즉 누군가가 웃겨줘야 웃는다는 것이다. 〈개그콘서트〉에서 웃겨주고, 친구들이 웃겨주고, 교수님이 웃겨주고, 부모님이 웃겨줘야 웃는다. 본인 스스로 웃어야 다른 사람도 웃는다는 사실을 모른다. 자기 안에 웃음을 만들어 표현하는 방법을 모르니 면접관 앞에서 웃을 수 없는 것이다. 왜냐하면 면접관은 먼저 웃어주지 않기 때문이다.

미소는 눈과 입이 함께 웃어야 한다. 그런데 중요한 것은 평소 잘 웃지 않다가 갑자기 웃으려고 하면 눈가 끝에 경련이 일어날 수 있다는 사실이다. 면접을 앞두고는 긍정적인 마음과 행복한 마음을 가지려 노력해야 한다. 취업은 스펙만으로 되는 것이 아니다. 사람과 사람이 하는 일이다보니 정이 개입될 소지가 많다. '얘, 왜 이렇게 웃지? 혹시 내가 아는 사람 딸인가?'라는 생각이 들 정도로 면접관을 밝은 얼굴로 대하자.

보디랭귀지도 하나의 귀중한 플롯이다

사람은 말을 귀로만 듣는 것이 아니다. 눈으로도 듣는다. 청각적인 정보와 시각적인 정보가 함께 전달되었을 때 서로 일치하지 않으면 오히려 시각적인 정보를 더 믿는다. 예를 들어 무표정한 얼굴로 행복하다고 하면, 사람들은 행복하다는 말보다는 그 무표정한 얼굴을 보고 "에이 거짓말!"이라고 말하게 되는 것이다.

어느 연구 결과, 면접관에게 비호감으로 느껴지는 보디랭귀지는 남자의 경우 눈빛이 흐리고 멍한 경우, 너무 사나운 눈매, 무표정 등이었다. 여자의 경우는 진한 화장, 무표정한 얼굴, 헝클어진 머리 순이었다. 보디랭귀지도 하나의 귀중한 플롯이다. 이제부터라도 보디랭귀지를 챙겨서 자신감 있게 면접을 보자.

문을 열고 들어오는 자세만 봐도 안다. 문을 열고 들어올 때 밝은 표정과 절도 있는 자세를 취한 면접자는 호감 그 자체다. 하지만 대부분은 구부정한 자세에 무표정한 얼굴이다. 슈퍼에 음료수 사러 들어온 사람들의 표정이다. 정중히 문을 닫고 목례를 하는 면접자들은 잘 정돈이 된 느낌이다. 의자 앞에 서서 앉으라고도 하지 않았는데 앉는 구직자들은 '저 친구는 취업캠프도 안 다녔나? 면접을 앞두고 있는 친구가 교내 취업캠프도 안 하고 뭐 했어?'라는 생각이 들게 한다.

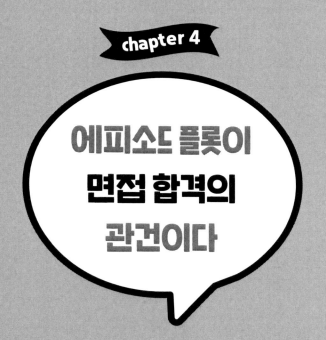

chapter 4

에피소드 플롯이
면접 합격의
관건이다

에피소드 포트폴리오를
완성하라

보물찾기를 하듯이 내 안에 숨어 있는 좋은 에피소드를 찾자.
그러기 위해서는 에피소드 포트폴리오를 만들어야 한다.

지난 13년간 구직자들의 면접을 도와주면서 참 안타까운 것이 하나 있다. 그것은 바로 자기 자신이 얼마나 대단한 사람인지 모른다는 것이다. 불행의 씨앗은 비교라고 하지 않는가? 남들과 비교해 자신이 부족한 점이 하나라도 있으면 우리는 그것을 가지고 자기 자신을 깎아내리기 급급하다.

면접에 있어 말할 거리를 제공하는 에피소드도 마찬가지다. 남들의 에피소드를 부러워하면서 '나는 왜 이렇게 인생을 헛살았나?'라는 생각을 하곤 한다. 이 세상은 쓸데없는 경험은 없다. 내가 아무리 방구석에 들어가 앉아 4년 내리 온라인 게임만 했다고 하더라도 거기에서 배우는 것이 분명 있다.

한 친구가 라온제나 스피치를 찾아왔다. "선생님, 저는 온라인 게임에 빠져 대학생활을 보냈어요. 저는 면접관에게 말할 수 있는 에피소드가 없어요." 에피소드가 없다고 해서 이 친구는 면접을 과연 포기해야 할까? 이 친구와 나는 온라인 게임 이외의 에피소드를 마치 보물찾기 하듯이 하나씩 꺼내는 작업을 했다. 물론 다른 친구에 비해 시간은 갑절이 들었다. 하지만 하나하나 에피소드를 찾아냈고, 모자란 에피소드는 지금 당장 하기로 했다.

이 친구가 어느 날 말했다. "선생님, 인도에 잠깐 다녀올게요. 봉사활동을 하려고요!" 열심히 아르바이트를 해서 돈을 모은 이 친구는 일주일간의 인도 여행을 다녀온 후 그 안에서 많은 에피소드를 가지고 왔다. 그 결과 우리나라 최고의 기업에 입사할 수 있었다. 에피소드가 없다고 투덜댈 시간이 없다. 어떤 에피소드라도 찾아서 스토리를 완성해야 한다. 왜냐하면 에피소드는 면접에서 정말 중요하기 때문이다. 우리가 뷔페에 가서 밥을 먹을 때 얼마나 뷔페 음식 종류가 많으냐, 그리고 그 음식이 맛있느냐에 따라 '오늘 잘 먹었다 또는 아니다'를 결정짓는 것처럼 '오늘 면접 잘 봤다 또는 못 봤다'를 결정지으려면 많은 에피소드와 질 좋은 에피소드를 갖고 있어야 한다.

영양가 높은 에피소드를 찾으려면 일단 에피소드 포트폴리오를 작성해야 한다. 에피소드 포트폴리오는 서류 가방 또는 수집철이라는 의미를 갖고 있다. 나의 에피소드를 수집철에 넣어 한곳에 모으는 것을 에피소드 포트폴리오라고 한다. 이 에피소드 포트폴리오 작업을 하면 내가 지금 어떤 에피소드를 갖고 있는지 알 수 있다. '아! 이런 것도 있었구나!'라는 생각이 새삼 들 정도로 크고 작은 에피소드를 모아야 한다.

에피소드 포트폴리오를 찾으려면 일단 나라는 사람에 대해 알아야 한다. 내가 어떤 사람인지 사람들은 잘 안다고 생각하지만 내 친구보다도 나를 모르는 게 나다. 한 번도 진지하게 '내가 누구일까?'라는 생각을 해보지 않았기 때문이다. 면접에서 나를 모르면 나를 표현할 수 없다. 지금부터라도 나라는 사람이 누구인지 관찰해보자.

내 경험에서 에피소드를 찾아라

일단 에피소드를 만들 때 가장 중요한 것은 무엇일까? 바로 내 경험에서 에피소드를 찾는 것이다. 내 경험 에피소드를 찾기 위해서는 내가 과연 어떤 사람이고, 어떤 히스토리가 있고, 뭘 좋아하는지 등을 살펴봐야 한다. 그러려면 일단 나라는 사람에 대해 알아봐야 한다. 부록에 있는 '나의 에피소드 찾기 평가표'를 반드시 작성해보자.

평가표에 있는 70가지 항목에 대해 다 쓰고 난 뒤 한번 자세히 보자. '이게 나인가?' 하는 생각이 드는가? 생각보다 나 자신에 대해 잘 알지 못했다는 생각이 들지 않는가? 난 나와 매일같이 생활하고 밥 먹고 공부한다. 하지만 나 자신에 대해서 아는 것이 별로 없다. 워낙에 함께 있었기 때문에 내가 누구인지, 어떤 존재인지, 어떤 매력이 있는지 주의 깊게 보지 않는다. 오히려 내 친구나 교수님이 어떤 행동을 하고 무엇을 좋아하는지에 더욱 관심이 있었지 않았나 하는 반성이 들 것이다.

에피소드 포트폴리오 만들기

자, 이제 그럼 본격적으로 에피소드 포트폴리오를 작성해보자. 라온제나 스피치로 면접을 준비하러 오는 사람들이 찾아오면 일단 나는 에피소드 포트폴리오부터 만든다. 그래서 자기 안에 잠들어 있던 에피소드를 깨운다.

어떤 친구가 포트폴리오에 요양보호사 자격증 그림을 그려놓았다. "이게 뭐니?" 하고 물으니 예전부터 봉사활동을 좋아했는데 체계적으로 봉사활동을 하고 싶어 요양보호사 자격증에 도전했단다. 이 시험이 이론도 어렵지만 일단 지체, 정신장애 2급 이상의 노인들을 대상으로 80시간의 실습을 해야 나온단다. 그런데 이 실습을 하면서 우리 부모님을 모신다는 생각으로 손톱도 깎아드리고 머리도 빗겨드리고 했더니 "몸이 건강하다"는 소중함과 "내가 갖고 있는 것을 남과 나누면 더 큰 것이 된다"는 것을 배웠단다.

이 친구는 에피소드 포트폴리오를 작성하기 전에는 이 에피소드를 말하지 않았다. 하지만 에피소드 포트폴리오 작업을 통해 이 좋은 에피소드를 찾아낸 것이다. 내가 생각하는 것보다 잠들어 있는 에피소드가 많다. 이제 그 숨어 있는 에피소드를 포트폴리오를 통해 찾아보자.

에피소드 포트폴리오를 찾는 방법은 다음과 같다. 1단계로 집에 못 쓰는 달력, 철지난 달력이 있다면 뜯어서 책상 위에 펼쳐놓자. 2단계로 집에 있는 헌 잡지나 신문을 꺼낸 다음 내 인생의 스토리와 연관된 사진이나 그림을 오려내자. 10개 이상의 사진이나 그림을 붙이자. 3단계로 선택한 사진이나 그림을 종이 위에 붙이면 에피소드 포트폴리오가 완성된다. 4단계로 그 사진이나 그림에 얽힌 에피소드를 떠올린다. 5단계로 에피소드 포트폴리오를 벽에 붙이고 서서(앉아서는 안 된다) 그 사진이나 그림에 관한 에피소드를 말한다. 발표를 할 때는 그림이나 사진이 갖는 히스토리를 말하면 된다. 6단계로 내가 하는 설명을 녹음하거나 녹화한다(요즘에는 스마트폰으로도 전부 가능하다). 마지막 7단계로 녹음이나 녹화한 것을 다시 한 번 확인한다.

이때 주의해야 할 점은 사진이나 그림이 서로 하나의 히스토리로 연결되지는 않게 해야 한다는 점이다. 사진 하나에 하나의 히스토리가 들어가게끔 해야 한다. 그래야 많은 에피소드를 찾을 수 있기 때문이다.

어떤가? 나에게 생각보다 많은 에피소드가 있지 않은가? 이 에피소드 포트폴리오를 하게 되면 가장 좋은 점이 바로 '감정으로 말하기'가 가능해진다는 것이다. 그 에피소드에 얽힌 사건 즉, 사실(fact)만 말하는 것이 아니라 그 사실에 얽힌 감정(feel)을 자연스레 말하게 된다.

면접은 정(情)이다. 그때 느꼈던 나의 감정을 면접관에게 표현한다면 훨씬 더 '난 이 구직자에 대해 잘 알고 있어. 이 친구를 뽑는 것은 옳은 일일 거야.'라는 확신을 주게 된다. 우리가 잘 모르는 사람에게는 관심을 갖지 않고 경계를 두지만, 차츰차츰 그 사람이 어떤 생각을 하고 어떤 경험을 했는지 알게 되면 서서히 그 사람에게 젖어드는 것처럼 말이다.

나의 에피소드 찾기는 에피소드 포트폴리오를 통해 찾을 수 있지만, 또한 내가 알고 있는 지인을 통해 에피소드를 찾을 수도 있다. 부모님께 어렸을 적 나는 어떤 아이였는지 내가 기억하지 못하는 추억들을 물어도 좋고, 또 친구들에게 물어도 좋다. "나의 매력이 뭐라고 생각하니?" 그리고 내 에피소드를 찾을 때 또 좋은 힌트가 바로 '내 인생의 터닝 포인트'다. 내 인생의 터닝 포인트가 되었던 사건에서는 나의 좋은 에피소드가 나올 확률이 크다. 곰곰이 생각해보자.

에피소드를 찾을 때 '에이, 이런 것도 되겠어?'라는 생각은 금물이다. 에피소드에 옥석은 있을 수 있으나 일단 처음에는 다 모아서 펼쳐놓는 것이 중요하다. 그리고 이 에피소드를 친구, 부모님 또는 다른 어른들께 말해보자. 그럼 내가 별로 애정을 두지 않았던 에피소드가 오히려 보석으로 변할 수도 있다.

면접관은 평범한 에피소드에 감동한다는 사실을 잊지 말자. 화려한 에피소드를 면접관이 원하는 것이 아니다. 여러분은 대학생이고 인생 경험이 그리 많지 않다는 것을 면접관들도 잘 안다. 그러니 특별한 에피소드가 없다고 실망하지 말자. 내가 갖고 있는 에피소드를 소중하게 생각하자.

면접에서 좋은 패를 갖고 있으면 면접이라는 게임에서 유리한 고지에 오를 수 있다. 면접에서 일단 좋은 패를 갖고 있다는 것은 없는 것보다 훨씬 면접관의 마음을 끌 수 있다. 다른 사람들이 하지 못한 색다른 경험을 갖고 있다면 그 에피소드를 제1순위 우선순위로 삼아 면접을 볼 때 무조건 말하고 나와야 한다.

"면접관이 3번 고개를 끄덕이면 합격이다."라는 말이 있다. 내게 어떤 일이 있었고, 그것을 어떻게 해결했는지, 그리고 그 속에서 무엇을 배웠는지에 대해 말하고, 그것이 면접관의 공감을 사서 고개를 끄덕거리게 한다면 합격으로 갈 수 있는 것이다. 나의 소중한 에피소드를 찾아 면접관에게 미끼를 던지자. 맛있고 큰 미끼를 던져야 대어를 낚을 수 있는 법이다.

에피소드 포트폴리오를 통해 보석과 같은 에피소드를 만들었다면 면접관이 질문을 하지 않아도 내가 그 에피소드를 먼저 던져 면접관이 질문할 수 있게끔 유도해야 한다. 자, 이제 에피소드 포트폴리오를 통해 면접관이 고개가 아래로 숙여지지 않도록 하자. 면접관이 나의 눈을 지그시 바라보고 고객을 끄덕일 수 있도록 좋은 에피소드를 찾아내보자.

면접관과 궁합이 맞는 에피소드여야 한다

이제 나의 에피소드를 모두 꺼내놓았는가? 그런데 내가 좋은 에피소드를 가지고 있다고 해서 면접관들이 모두 귀를 쫑긋 세우고 듣는 것은 아니다. 예를 들어 소개팅에 나갔다고 하자. 예전 사귀던 여자 친구가 남자에게 의지하는 순종적인 여자여서 친구들도 만나지 못하고 힘들었다. 그래서 '앞으로는 독립적인 의지를 갖고 있는 여자를 만나야지.'라고 생각했다. 그런데 이번에 소개팅 나온 여자가 "저는 남자에게 순종적이에요. 항상 어디든 함께하려고 해요."라는 말을 한다면 어떨까? 이 말을 듣자마자 남자는 도망갈 궁리부터 할 것이다.

내가 좋은 에피소드를 갖고 있다고 해도 면접관이 좋아하지 않으면 그건 좋은 에피소드가 아니다. 면접관과 궁합을 맞추려면 내가 지원하는 회사와 내가 할 업무에 그 에피소드가 맞아 떨어져야 한다. 내가 만약 서비스 업무를 담당하는 사람인데 혼자서 3박 4일 연구를 했던 에피소드를 말하는 것이 과연 궁합이 맞을까? 또한 내가 유학파여서 면접 내내 유학파임을 자랑했는데 만약 그 회사가 작년도 신입사원 채용 때 유학파를 대거 뽑았더니 1년 내에 모두 퇴사해 '유학파를 뽑을 때는 신중해야겠어!'라고 생각했다면 오히려 나의 좋은 에피소드가 독이 될 수도 있다.

상대방을 설득할 때 중요한 것은 상대방의 정보를 취하는 것이다. 회사와 업무에 관한 정보를 모아라. 이 회사에 관한 에피소드를 모으는 것도 중요하다. 그래야 회사와 나 사이에 궁합 맞추기가 가능하다. 에피소드 포트폴리오 작업을 나에 국한되어서만 하지 말고 회사 에피소드 포트폴리오도 작성해보자. 그렇게 정보를 모으다 보면 회사에 대해 자연스럽게 알게 되어 회사가 원하는 스토리를 말할 수 있게 될 것이다.

지원하는 회사에 관한
에피소드를 모아라

소극적인 방법은 언론 매체의 기사나 인터넷 자료를 찾는 것이다.
적극적인 방법은 인턴을 해보거나, 회사 매장을 방문하는 것이다.

나에 관한 에피소드를 찾았다면 이제는 회사에 관한 에피소드를 찾을 순서다. 회사에 얽힌 내용들은 신문이나 잡지, 인터넷 등을 찾으면 쉽게 볼 수 있다. 하지만 이런 내용의 경우 거의 다 알려진 사실들이 많아 면접관의 주의를 끌기 어렵다. 조금 더 적극적인 방법으로 회사에 대해 알아야 한다.

"선생님, 어떻게 하면 농협에 합격할 수 있을까요?" 농협에 들어가고 싶어하는 한 친구가 내게 질문을 해왔다. 『손자병법』에 "지피지기면 백전불태"라는 말이 있다. 적을 알고 나를 알면 절대 위태로워지지 않는다는 뜻이다. "일단 적을 알아야 하니까 직접 농협에 가서 적을 파헤쳐보는 게 어떨까? 일단 서울 시내 농협 5군데만 다녀와 봐."

며칠이 지나 다음 수업 때 그 친구를 만났는데 풀이 죽은 모습이었다. "선생님 말씀처럼 농협 5군데를 돌아다녀봤는데요, 너무 바쁘셔서 그런지 제가 질문을 하는 것조차 귀찮아하시더라고요." "야, 그건 당연하지! 네가 그 사람들 월급 주니? 네가 물어본다고 해서 꼭 대답해야 하는 법은 없는 거야." 이렇게 말해주곤 바로 면접 수업에 들어갔다.

그런데 이게 웬일인가? "농협에 왜 지원하려고 하냐?"라는 지원동기 질문에 이 친구가 농협에 대한 사랑과 열정의 레이저를 눈과 입으로 쏘는 것이 아닌가? 아무도 대답을 친절히 해주지 않았다고 해서 배우는 게 아무것도 없는 것은 아니다. 내가 농협을 5군데 가봤다는 것은 그만큼 내가 합격을 위해 뛰었다는 것이다. 나 자신은 속이지 못하는 법이다.

회사에 대해 알면 알수록 사랑에 빠진다

알면 사랑에 빠진다. 회사에 대해 알면 알수록 회사와 사랑에 빠질 수 있다. 삼성의 인턴 채용에 합격한 지원자가 정시 채용을 위해 다시 라온제나 스피치를 방문했다. 그런데 이게 웬일인가? 인턴사원으로 들어가기 전보다 인턴생활을 하고 난 뒤 삼성에 대한 사랑이 더욱 강해져 온 것이 아닌가! 조직 속에 들어가 생활하고, 그 안의 조직원과 함께 소통했던 구직자는 무한한 삼성 사랑을 갖고 있었다. 모르면 관심이 생기지 않는다. 알아야 관심이 생기고, 그 관심으로 더 많이 알게 되는 것이다.

구직자가 회사에 대해 관심을 갖는 것은 정말 중요하다. 왜냐하면 회사에 대한 충성심, 열정이 사람을 뽑는 데 아주 중요한 기준이 되기 때문이다. 라온제나 스피치에서 강사들을 채용할 때도 우리 라온제나 스피치에 대해 많이 알고 연구해 온 구직자들은 기특하기까지 하다. 그만큼 라온제나 스피치라는 조직에 큰 애정을 품고 있다는 증거이기 때문이다.

충성심이 강한 사원은 중간에 쉽게 포기하지 않는다. 다시 말해 한 번 뽑아 놓으면 중간에 어려움이 있더라도 끝까지 회사와 함께한다는 것이다.

대기업이 아닌 중소기업의 경우 회사에 대한 에피소드를 많이 준비해서 말하는 것이 중요하다. 중소기업의 경우 대기업에서 인재를 빼앗아가는 것이 아주 큰 골치다. 기껏 3, 4년 키워놔 대기업으로 가버리면 사람도 사람이지만 중소기업에서 갖고 있던 중요한 정보들이 한꺼번에 유출될 수 있기 때문에 타격이 크다. 그래서 중소기업 면접의 경우 회사에 대한 '충성심(loyalty) 에피소드'를 많이 준비해 말하는 것이 합격의 지름길이다.

회사에 대한 에피소드를 모으는 법

회사에 대한 에피소드를 모으는 방법은 크게 소극적인 방법과 적극적인 방법이 있다. 소극적인 방법은 신문에 나온 회사의 기사나 잡지, 인터넷 자료를 이용하는 것이다. 적극적인 방법은 직접 몸으로 그 회사의 인턴으로 생활을 해보거나, 매장이 있는 회사라면 직접 여러 번 매장을 방문해 정보를 모으는 것이다. 그리고 먼저 입사한 선배를 찾아가 회사 내 직원만이 알 수 있는 내부 사정, 면접의 노하우 등 조언을 듣는 방법이 있다.

라온제나 스피치에서도 예전에 너무나 열정 가득한 한 강사님을 채용한 적이 있었다. 다른 구직자와는 달리 매일 전화를 하고 방문을 하는 통에 '이런 정성이면 정말 열심히 일하겠다.'라는 생각이 들어 우선 채용을 했다. 그런데 이게 웬일인가? 6개월의 교육이 끝나자마자 다른 곳으로 이직을 하는 것이 아닌가! 회사에서 한 직원에게 교육을 시키는 비용은 사실 부담이 크다. 더군다나 정보가 유출될 가능성이 있기 때문에 직원의 이직은 회사에게도 큰 스트레스다. 그 일 이후 나도 면접시험을 볼 때 너무 큰 열정을 보이는 직원은 더욱 자세히 들여다보는 버릇이 생겼다.

한 건설회사에 지원한 친구가 있었다. 7학기 때 건설 회사 인턴 시험을 봤는데, 그 건설회사의 경우 인턴 후 바로 정규직으로 100% 채용되기 때문에 인턴시험이 곧 정식사원 채용시험과 같았다. 그런데 문제는 이 친구가 8학기가 아니라 7학기라는 점이었다.

물론 7학기도 시험을 볼 수 있는 채용조건은 되지만, 아직도 학교를 다녀야 하는 시간이 많은 친구를 뽑기에는 회사에서도 쉬운 결정은 아닐 터였다.

참 밝고 긍정적인 면을 볼 줄 아는 친구였다. 얼마나 적극적이었던지 그 건설회사에 이미 합격한 선배님들을 매일같이 만나 회사 내에 있는 고급 정보들을 얻어냈다. 그 건설회사의 경우 중국 진출을 막 앞두고 있었기 때문에 중국어와 중국문화를 아는 인재를 뽑을 것이라는 정보를 알아냈고, 그 친구는 중국어를 잘하는 자신의 장점을 십분 발휘해 면접을 보았다. 그리고 선배를 통해 알아낸, 그 회사 직원이 아니고는 잘 알지 못하는 회사 정보까지 모은 결과 당당히 합격이라는 영예를 얻었다.

이 친구는 남들이 소위 말하는 명문대학의 학생이 아니었다. 지방의 잘 알려지지 않은 대학을 다닌 친구였다. 그 건설회사는 국내 굴지의 대기업이었다. 면접에 합격하는 지름길이 꼭 스펙만은 아니라는 것을 기억하자.

회사에 대해 연구하자. 그리고 그것으로 말로 풀어내자. "회사에 대해 말해라!"라고 하니 회사의 역사와 매출액 등 구체적인 숫자로 너무 나열식으로 말하는 사람들이 있다. 그런 사실(fact)이 중요한 것이 아니라 그 숫자가 갖는 의미가 무엇인지를 말하는 것이 중요하다. 예를 들어 "ㅇㅇ회사는 100년의 역사를 갖고 있습니다."라는 말 대신에 다음과 같이 그 숫자가 갖는 의미에 대해 스토리텔링해주면 훨씬 더 재미있게 말할 수 있다.

저희 할머니께서도 음식에 간을 맞추실 때 "이것 없으면 안 돼!"라고 말씀하십니다. 저희 어머니도 마찬가지십니다. 그리고 저도 그렇습니다. ○○회사가 갖는 100년의 역사는 단지 숫자 100년을 의미하는 것이 아닌 우리나라 국민 입맛의 100년을 의미한다고 생각합니다.

에피소드는 열심히 일하겠다는 근거다

구체적인 에피소드 없이 면접을 보러 오는 친구들을 보면 곤혹스럽다 못해 곤욕스럽다. '내가 지금 왜 이 친구들의 면접을 보고 있나?'라는 생각이 들 정도다. "가족관계는 어떻습니까?"라는 질문에 "가족의 중심은 저입니다."라고 말하는 구직자들, "지금까지 해온 아르바이트 가운데 기억에 남는 아르바이트가 있다면 말해주세요!"라는 질문에 "특별히 기억에 남는 것은 없습니다. 모두 다 열심히 했습니다."라고 말하는 구직자들, "우리 회사에 대해 아는 것이 있으면 말해주세요."라는 질문에 "회사에 입사한 후 철저히 분석하겠습니다."라고 말하는 구직자들, 이런 친구들을 보고 있노라면 한숨부터 나온다.

에피소드는 준비다. 그리고 우리 회사에 들어와 열심히 일하겠다는 증거다. 그리고 자신의 삶에 대해 열정을 갖고 있는 자신감이다. 유대교의 말 중에 이런 말이 있다. "사람을 대접할 때는 우유를 내지 말고 미소를 내라." 여러분이 만약 면접관을 만났을 때 미소라는 대접을 하고 싶으면 일단 에피소드부터 모아라. 그리고 그것을 바스법에 맞춰 나열하라. 그럼 면접에서 승리할 수 있는 강력한 총알을 갖게 되는 것이다.

에피소드 포트폴리오를 통해 나와 회사에 대한 에피소드를 찾았다면, 이제 그 에피소드를 깔끔하게 맛깔스럽게 말할 수 있는 바스법에 대해 공부해보자.

주저리주저리가 싫다면
바스법을 기억하라

바스법에 맞춰서 말하면 스토리가 재미있어지고 깔끔해진다.
여기에 다른 살이 붙으면 이야기가 주저리주저리 늘어진다.

이제 찾은 에피소드를 맛있게 손질해보자. 음식 재료를 사서 깨끗하게 손질하듯이 말이다. 에피소드를 말할 때 가장 걱정되는 것이 바로 '주저리주저리'다. 혹여 내가 말할 때 너무 길게 말하지 않는지, 과연 내가 잘 말하고 있는 것인지 확신이 서지 않는다면 바스법이라는 스토리텔링 방법을 이용해보자.

에피소드를 가지고 스토리텔링할 때의 기본은 '바피씨'라는 방법이다. '바스'는 '바피씨'를 면접에 맞게 변형시킨 것이라 생각하면 된다. 그럼 먼저 에피소드 스토리텔링의 기본 방법인 바피씨에 대해 알아보자. 바피씨는 'BAAPC'를 뜻하는 말로 에피소드를 이야기할 때의 순서를 말한다. 에피소드를 말할 때는 먼저 상황 설정, 배경이 나와야 한다. 그리고 주인공이 등장해야 하며, 그다음으로 구체적인 사건 사고가 나와야 한다. 그다음 절정의 단계를 거쳐 마지막으로 마무리가 되어야 한다.

- B(background) : 상황 설정, 배경
- A(actor) : 주인공
- A(accident) : 사건 사고
- P(peak) : 절정
- C(closing) : 마무리

에피소드를 가지고 말할 때는 이 바피씨법을 기억해야 한다. 면접뿐만 아니라 평소에도 누구와 대화를 나눌 때 이 바피씨법을 이용하면 훨씬 더 재미있고 간결하게 말할 수 있다. 바피씨법의 구체적인 예를 들어보겠다.

- B(background) : 얼마 전에 삼겹살을 먹으러 식당에 갔었어.
- A(actor) : 어떤 남자가 직장 동료들이랑 들어오더라고.
- A(accident) : 갑자기 이 남자가 물수건으로 손을 닦더니 얼굴을 닦고 발을 닦고 물수건으로 목욕을 하고 난리더라고.
- P(peak) : 그런데 옆에 있던 여자 동료가 고기를 먹다가 그게 자기 물수건인 줄 알고 그 물수건으로 입을 닦는 거야. 헉!

- C(closing) : 더러워 죽는 줄 알았어. 어디가나 물수건 조심! 앞으로 내 물수건을 꼭 사수할 거야.

쉽게 말하자면 에피소드를 말할 때는 그 에피소드의 배경, 즉 상황 설정이 나와야 한다. 그런 다음 주인공 등장이다. 그리고 구체적인 사건 사고가 나와야 한다는 것이다. 구체적인 사건 사고가 나오지 않으면 에피소드가 두루뭉술해질 수 있다. 그다음 절정의 단계가 있어야 하고, 마무리를 하면 된다.

면접은 이 바피씨가 조금 변형이 되어 바스가 된다. 앞부분 상황 설정과 주인공, 구체적인 사건 사고는 기본 에피소드 스토리텔링과 같지만 뒤에 이어지는 절정과 클로징은 조금 달라진다. 절정(peak) 대신에 액션(action)이 들어가고, 클로징(closing) 대신에 스터디(study)가 들어간다. 즉 절정의 단계에서 면접은 '내가 어떻게 행동했는가'에 초점을 맞추고, 마무리에서는 그걸 통해 '내가 무엇을 배웠나'를 말해주는 것이다. 바스법을 다시 정리해보자.

- B(background) : 상황 설정, 배경
- A(actor) : 주인공
- A(accident) : 사건 사고
- A(act) : 행동
- S(study) : 배움, 교훈

면접관이 그림, 동영상을 떠올리게끔 하라

면접관은 구직자가 무슨 일을 했는지가 아니라 그 일을 하면서 어떻게 행동(act)하고, 무엇을 배웠는지(study)에 대해 궁금해한다. 구체적인 과거 히스토리를 말해줘야 미스터리한 미래를 유추해볼 것이기 때문이다. 그 에피소드가 정말 사실인지, 또 그걸 통해 뭔가를 배울 수 있는 구직자라면 '우리 회사에 들어와서도 많이 경험하고 행동하고 배우겠지.'라고 생각하는 것이다.

에피소드의 바스법이 정말 에피소드를 말할 때 딱 들어맞는지 한 번 확인해보자. 에피소드는 '아름다운 가게에서 봉사활동을 한 적이 있었다. 장애우분이 윗칸에 있는 물건을 꺼내는데 힘들어 하셔서 도와드렸다.'이다. 이 내용을 바스법에 적용해보자.

(B) 아름다운 가게에서 봉사활동을 한 적이 있습니다. (A) 금요일 7시만 되면 휠체어를 탄 장애우분이 항상 매장에 오셨습니다. (A) 그런데 그분은 신체 사이즈가 77이었습니다. 그분이 원하시는 물건은 윗칸에 진열되어 있어 항상 꺼내기 불편해하셨습니다. (A) 그래서 저는 금요일마다 그분이 오시는 시간에 맞춰 그분이 원하는 스타일의 옷을 아래에 배치해드렸고, 그 결과 그분은 편안하게 쇼핑을 하실 수 있었습니다. (S) 저는 그때 깨달았습니다. 상대방을 향한 배려는 작은 관심에서 시작된다는 것을 말입니다.

어떤가? 그냥 "장애우분을 도와드렸다."라고 간결하게 말하는 것이 좋은가? 아니면 이렇게 구체적인 사건 사고와 내가 한 행동, 그걸 통해 무엇을 배웠는지 말하면서 면접관의 머릿속에 그림을 그려주는 것이 좋은가? 상대방의 머릿속에 하나의 그림, 동영상을 떠올리게끔 해 공감을 유도해내는 게 바로 스토리텔링이다.

여러분이 바스법에 맞춰 스토리를 전개하면 면접관은 직접 그 봉사활동 현장에 가지 않았더라도 구직자가 선반 위에 있는 물건을 아래로 옮기고, 또 그 장애우분이 밝은 미소로 쇼핑하는 것을 머릿속에 떠올릴 것이다. 그리고 이를 통해 이 구직자가 회사에 들어와 조직원들을 배려하는 모습을 자연스레 연상할 것이다. 이것이 바로 스토리텔링의 힘이다. 이 바스법에 맞춘 것만 말하면 스토리가 깔끔해진다. 그런데 여기에 다른 살이 붙으면 이야기가 지루해지고 주저리주저리해지는 것이다.

다른 에피소드를 들어보겠다. 에피소드는 '아나운서로 일하면서 국회의원 개표 방송을 진행했다. 혼자 하느라 정말 힘들었다. 하지만 보람이 있었다.'이다. 이 내용을 바스법에 적용한다면?

(B) 아나운서로 일하던 중 17대 국회의원 개표방송을 혼자 진행한 적이 있습니다. (A) 같이 진행하기로 했던 남자 기자의 어머님이 지방선거에 출마하시는 바람에 저 혼자 진행을 하게 되었습니다. (A) 선거방송의 특성상 중계차로 연결하는 일도 많았고, 순간순간 바뀌는 개표 상황에 맞춰 순발력 있게 말을 하는 것이 참 어려웠습니다. 더군다나 6시에 시

작된 개표방송은 새벽 1시가 되어서야 끝이 났고 총 7시간을 그냥 서서 진행을 했습니다. (A) 하지만 저는 '넌 프로야. 프로는 자신이 하는 일에 책임을 져야 해!'라고 생각했고, 끝까지 정신을 집중해 일을 마무리했습니다. (S) 몸과 마음이 피곤했지만 저는 개표방송이 시작되었을 때의 짜릿함을 잊지 못합니다. 저는 타고난 방송쟁이입니다. 그리고 그렇게 앞으로 살겠습니다.

에피소드를 몇 가지 더 들어보겠다. 다음 에피소드는 '내 성격의 강점은 계획성이다. 한 달, 일주일, 하루, 이렇게 세밀하게 계획을 세운다. 그 결과 자격증 시험 무패, 즉 한 번도 실패해본 적이 없다.'이다. 이 내용을 바스법에 적용해보자.

(B) 저는 어떤 일을 하기 전 계획을 세우고 이를 지키려 노력합니다. (A) 증권자격증을 취득하려고 할 때 학교 기말고사와 겹치는 바람에 2가지 일을 함께 병행하기가 정말 힘들었습니다. 더군다나 동아리에서 회장직도 겸하고 있어 더욱 시간이 분산되었습니다. (A) 하지만 저는 '시간의 여유'보다는 '마음의 여유'를 먼저 갖는 것이 중요하다고 생각했고, 하루 24시간을 잘게 쪼개 시간을 안배했습니다. (S) 그랬더니 좋은 학점뿐만 아니라 자격증도 취득할 수 있었고, 동아리 회장으로서의 역할도 수행할 수 있었습니다. "오늘이 내 인생의 가장 한가한 날이다." 아무리 바쁘더라도 마음의 여유를 갖는다면 많은 결과물을 낼 수 있다는 사실을 배웠습니다.

다음 에피소드는 '어렸을 적 사고로 물에 대한 두려움이 컸다. 필리핀에서의 스쿠버 다이빙 수업시간이 참 힘들었다. 하지만 이겨내고 싶었다.'이다. 이 내용을 바스법에 적용해보자.

(B) 물을 두려워하는 저에게는 고통의 연속이었습니다. 그 중에서도 절 제일 힘들게 했던 것은 바로 '스쿠버 다이빙' 수업시간이었습니다. 첫날, 도저히 엄두가 나지 않았던 저는 수업을 빠지고 기숙사에 혼자 앉아 있었습니다. 그러다 문득 'Why not?'이라는 생각이 들었습니다. (A) 내 스스로 만든 덫에 걸려 있다는 생각을 하니 얼른 벗어나고 싶은 생각이 간절했습니다. 그렇게 다음 날 수업부터 친구들과 함께하기 시작했습니다. 그러나 몸은 마음대로 움직여주지 않았습니다. (A) 물속에 온전히 잠수하는 법을 익히는 데만 꼬박 하루가 걸리고, 발이 닿지 않는 깊은 풀에 들어갈 때는 죽으러 가는 심청이마냥 심하게 떨었습니다. 할 수 있는 최선을 다했지만, 다른 친구들에 비해 속도가 느린 것은 도저히 해결이 되질 않았습니다. (A) 그때마다 제게 외친 말은 '지금 포기하면 다시는 기회가 없을지도 모른다!'입니다. 그래서 수업이 주 3일임에도 불구하고, 쉬는 날에도 나와서 연습을 하기 시작했습니다. 뙤약볕에 피부는 벗겨지고, 물에 너무 오래 있어 손이 쭈글쭈글해졌지만 나의 한계를 넘어서고 있다는 성취감에 가슴 벅찬 순간들이었습니다. (S) 그렇게 2주의 연습 기간이 끝나고 드디어 바다로 나가던 날, 물속에서 친구들과 환히 웃는 나를 보게 되었습니다. '세상에서 가장 가혹한 과제'가 '내 생애 최고의 순간'으로 바뀌는 순간이었습니다. 이러한 경험을 통해 한계를 넘

어서는 기쁨을 아는 사람으로 한발 더 성장할 수 있었습니다.

지금이라도 당장 나의 에피소드를 찾아라

이 책을 쓰면서 내 머릿속을 떠나지 않는 말이 하나 있다. '우리 구직자들이 바로 실행에 옮길 수 있는 실용서를 쓰자.'이다. 나는 구직자들이 보고 바로 행동에 옮길 수 있는 책을 쓰고 싶었다. 라온제나 스피치에서 많은 학생들을 만나면서 '어떻게 하면 지금 당장 행동으로 옮기게 해줄까?'라는 똑같은 고민을 역시 해왔다. 그런데 중요한 것은 아무리 좋은 길을 알려줘도 그 길을 가지 않으면 아무 소용이 없다는 것이다. 교육이라는 것은 가르치는 사람의 열정과 교육을 받는 사람의 열정이 합쳐져야 완성된다.

남들보다 말에 대한 달란트가 없다고 해서, 지금까지 말에 대한 경험이 별로 없다고 해서 겁을 먹어서는 취업에 성공할 수 없다. 지금부터라도 마라톤 경주를 시작하면 된다. "시작이 반이다."라는 말도 있지 않은가! 단, 천천히 달리지는 말아야 한다. 이미 레이스는 시작되었다. 천천히 달릴 여유가 없다. 마치 100m를 뛰는 것처럼 뛰어라. 그래서 면접에 대한 체력을 튼튼하게 만들어라. 그 체력을 만들 때 이 책이 퍼스널 트레이닝 강사처럼 여러분에게 직접적인 도움이 될 것이다.

지금이라도 나의 에피소드를 찾고, 그것을 에피소드의 바스법에 맞춰 스토리를 짜보자. 에피소드 포트폴리오로 찾은 나와 회사의 에피소드를 바스법에 맞춰 배열해보자. 먼저 구체적인 사건 사고를 찾은 다음, 그 속에서 내가 어떻게 행동했는지, 그리고 무엇을 배웠는지 배열해보자. 그렇게만 준비해두면 면접장에서 주저리주저리 에피소드를 길게 나열하는 불상사는 결코 일어나지 않을 것이다.

명언 에피소드로
깊이 있는 답변을 만들어라

명언을 적절히 넣어서 명언이 가진 거대한 힘을 빌려보자.
단, 구태의연한 명언을 말해서는 안 된다는 점을 잊지 말자.

면접에서 너무 자기가 겪은 에피소드만 풀면 단조로운 느낌을 줄 수 있다. 그래서 깊이 있는 답변을 만들기 위해 필요한 것이 바로 '명언 에피소드'다. 구체적인 명언을 넣어서 말하면 쭉 풀어서 설명하는 것보다 깔끔하고 깊이 있게 스토리텔링을 할 수 있다.

어떤 구직자들은 이렇게 말할 수 있다. "명언이나 좋은 단어를 많이 쓰면 현실감이 떨어지지 않느냐?" 내가 모아놓은 명언을 다 쓰라는 것이 아니다. 면접에서는 너무 많이 말하면 역효과도 있으므로 2~3가지의 명언을 준비해 말하는 것이 좋다.

명언 에피소드를 이용해 스토리텔링을 하려면 '면접용 선글라스'

가 필요하다. 여기서의 선글라스는 진짜 눈에 쓰는 선글라스가 아니다. 마인드 자체를 면접용으로 세팅시킨 다음, 면접 모드로 책을 보라는 것이다. 본격적인 취업 시즌이 오면 나는 모든 것을 면접 선글라스를 끼고 쳐다본다. 가령 책을 보다가 경영의 신 마쓰시타 고노스케의 명언이 있으면 메모해놓고 면접 답변과 연결시켜 생각해보는 것이다.

마쓰시타 고노스케는 "어떻게 하면 경영을 그렇게 잘할 수 있느냐?"라는 사람들의 질문에 한참을 생각하다 대답했다. "생각보다 어렵지 않습니다." 이 말은 생각을 줄이고 행동을 늘리다보면 어느새 그 일을 해낸 나를 발견하게 된다는 뜻을 담고 있다. 이 명언을 메모 노트에 적어두고, 수시로 꺼내 읽으면서 '면접 답변에 이 말을 넣어볼까?' 생각한다. 이것이 바로 면접용 선글라스를 쓴다는 것의 의미다.

책을 읽다가 "벌은 물을 마셔서 꿀을 만들지만 뱀은 물을 마셔서 독을 만든다."라는 내용을 보면 "어떤 환경에 놓여 있는가가 중요하기보다는 그 환경을 어떻게 활용하는지에 성공의 성패가 좌우된다고 생각합니다. 저는 어떤 위기가 와도 그것을 오히려 기회로 바꿀 수 있는 용기와 자신감이 있습니다."라는 스토리텔링을 해본다. 이렇게 되면 평소에 생활하면서도 어떤 사물을 보거나 길거리의 광고판만 봐도 '저것을 면접에서 활용할까?'라는 생각이 저절로 든다. 면접용 선글라스를 끼고 완전히 면접에 몰입하는 것이다.

면접용 선글라스를 낀 다음 낚시하라

일단 면접용 선글라스를 낀 다음 책을 전투적으로 봐야 한다. 내가 좋아하는 색의 형광펜과 필기할 볼펜, 그리고 메모 노트를 세팅한 다음 낚아라. 뭘 낚느냐 하면, 책에 있는 좋은 단어와 문장을 낚는 것이다.

면접은 인성이 좋은 사람을 뽑기 위한 장치다. 조직 간에 얼마나 잘 어울릴 수 있는지 그 여부를 면접관들은 확인하고 싶어한다. 자기계발 서적이나 커뮤니케이션 서적을 읽는 사람들은 대부분 자기가 어떻게 조직 안에서 생각하고 인생을 어떻게 살아야 하는지 고민하는 사람들이다. 책을 읽다보면 마음도 차분해지고 생각도 깊어진다. 이 마음 그대로 면접을 보러 가야 한다. 누구를 이기려고 하지도 않고, 내가 이겨야 하는 사람은 자신뿐이고, 상대방을 배려하고 나누는 마음으로 인생을 살아가야 한다는 것을 알고, 마음에 손난로 하나 가지고 면접시험을 보는 사람이 되어야 한다. 차가운 얼음 하나 가지고 면접을 보러 가지 마라.

아무 걱정 마라. 도대체 이 단어와 문장을 내가 스토리텔링할 수 있을까 걱정하지 마라. 내게 영감을 주는 뮤즈(muse)라는 것은 아무 때나 오는 것이 아니다. 뮤즈는 시간과 밀접한 관계가 있다. 미리 준비할 때 뮤즈가 잘 떠오르는 사람이 있고 벼락치기를 할 때 뮤즈가 잘 떠오르는 사람이 있다. 그래서 시험도 미리 준비하는 사람이 있는가 하면, 닥쳐서 해야 더 잘된다는 사람이 있는 것이다. 뮤즈라는 손님을 멀리가지 못하게 내 주변에 있게끔 하다가 시간에 맞춰 초대하면 된다. 내 주변을 어슬렁거리는 것을 바로 그냥 적는다.

이렇게 하다 보면 종종 이상한 것이 나오기도 한다. 나는 강변북로를 달리다가 '내 마음은 강변북로'라는 것으로 스토리를 만들어보기도 했다. "내 마음은 강변북로! 신호등이 없지. 걸리지가 않아. 하지만 한 번 사고가 나면 빠져나올 수 없어." 등등. 이상하지만 어떤가, 나 혼자 하는 생각인데, 누가 내 머릿속을 들어갔다 나오는 것도 아니지 않은가?

눈에 보이는 모든 것들을 면접과 연결시켜보자. 개그프로그램이든 친구들이 하는 말이든 모든 것을 경험할 때 이것을 면접 답변과 연결시켜보는 것이다. 얼마나 면접 모드로 면접을 준비하느냐가 면접의 성패를 좌우한다.

되든 안 되든 혼자 재미있게 스토리텔링해라

스토리텔링은 머리로 하는 것이 아니라 입으로 하는 것이다. 머릿속에 있는 말은 100% 내 것이 아니다. 자꾸자꾸 소리를 내서 표현해야 한다. 그래야 떨리고 긴장되는 면접장에서도 당당하게 말할 수 있다. 하루에 10개의 명언을 모으고 그것을 모두 스토리텔링해보자. 그러면 명언을 넣어서 말하는 것이 한결 수월하다는 생각이 들고, 내 생각의 깊이가 더욱 깊어지는 것을 느낄 수 있을 것이다.

자기계발 서적을 읽으면서 '에이, 이걸 누가 몰라. 그런데 잘 안되는 걸 어떡해.'라는 생각이 드는 이유는 나의 마음이 지금 자기계발 서적을 읽기에는 너무 얕기 때문이다. 명언이라는 것은 이미 성공한 사람들이 내뱉는, 가슴을 울리는 말이다. 이 명언을 너무 얕게 생각하지 말자. 하나하나 소중하다 생각하고, 마음으로 명언을 받아들여 스토리텔링해보자.

어떤 일을 하든지 겁을 먹지 않으려고 노력하고 있습니다. 미리 겁을 먹고 걱정하다보면 제대로 일에 몰입을 할 수 없기 때문입니다. 예전에 댄스 동아리 회장으로서 댄스 페스티벌을 준비한 적이 있었습니다. 학교가 직접 후원하는 행사였고, 예전부터 내려온 저희 학교 전통 행사였기 때문에 많은 부담을 느꼈습니다. 특히 참여자들의 연습 스케줄이 맞지 않아 참 힘들었습니다. 하지만 경영의 신 마쓰시타 고노스케가 한 말을 마음속에 항상 품었습니다. "생각보다 어렵지 않습니다." 그 결과 즐기면서 그 행사를 잘 치를 수 있었습니다.

구부러져야 사는 것이 있습니다. 세면대에 물이 역류하는 것을 막는 호스, 건강함의 상징인 에스라인 등입니다. 서비스를 하는 사람이라면 꼭 구부러져야 하는 것이 있습니다. 바로 입입니다. 제 입을 봐주십시오! "미소는 입을 구부릴 뿐이지만 많은 것을 펴준다."라는 말이 있습니다. 이 초승달 모양처럼 구부러진 입으로 고객님을 향해 사랑의 레이저를 쏘겠습니다.

친절은 눈과 입에서 나온다고 생각합니다. 눈과 입에서 고객을 향한 사랑의 레이저가 나온다면 고객분들은 진심을 받아주실 것이라 생각합니다. 그러나 눈과 입에서 사랑의 레이저가 나오기 위해서는 먼저 고객을 관심을 갖고 바라봐야 합니다. "고객의 몰래카메라는 아직 꺼지지 않았다."라는 말이 있습니다. "낮말은 새가 듣고 밤말은 쥐가 듣는다."는 생각으로 항상 고객을 향한 '관심 레이저'를 켜놓겠습니다.

자, 어떤가? 할 수 있겠나? 여기서 중요한 것은 브레인스토밍이다. 되든 안 되든 혼자 재미있게 스토리텔링을 해봐라. 처음에는 왠지 어색하고 '이게 말이 돼?'라고 생각할 수 있다. 처음엔 다 그렇다. 하지만 계속 하다보면 은근히 재미가 생겨 보는 사물마다 면접용 멘트로 연결해 생각하게 된다.

면접에서 내 말만 하면 지겨울 수 있다

명언을 넣어서 말하는 것을 너무 어려워하는 친구들이 있다. 도대체 어떤 책에서 어떻게 골라내야 하는지, 그리고 어떻게 활용해야 하는지 잘 모르기 때문이다. 명언을 넣어서 말하려면 일단 명언을 찾아라. 누가 대신 찾아주는 명언은 감흥이 떨어진다. 정말 내가 마음으로 느끼는 명언이어야 한다. 구태의연한 명언을 말해서는 안 된다는 점을 잊지 말자.

명언 에피소드를 이용해 스토리텔링을 해보자. 면접에서 너무 내 말만 하면 지겹다. 명언을 적절히 넣어서 명언이 가진 거대한 힘을 잠시 빌려보자. 면접관들도 누구나 다 아는 구태의연한 명언이 아닌 자신이 잘 모르는 명언을 들으면 집중하게 되어 있다. 지나침은 모자란 것과 같다. 너무 지나치게 명언을 남발하면 감흥이 떨어질 수 있다. 내가 마음으로 느낀 명언을 진심을 담아 표현해보자.

바스법과 명언 에피소드를
한번에 녹여라

중요한 것은 그 에피소드가 자신의 마음에서 나왔느냐다.
내게 밋밋한 에피소드는 면접관의 마음을 움직일 수 없다.

이제 여러분은 에피소드를 깔끔하게 배열하는 바스법, 그리고 명언을 넣어 말하는 스토리텔링 방법까지 공부했다. 그럼 이제 조금 응용을 해보자. 바스를 더욱 빛나게 해주려면 여기에 명언을 넣어서 이야기하면 더 기가 막힌다. 명언을 넣어서 말하면 명언을 말한 사람의 지위를 내가 잠시 빌려서 내 지위에 올려놓을 수 있기 때문에 말 자체가 품격 있어진다.

또한 명언을 넣어서 말을 할 줄 안다는 것은 그만큼 자신의 인생에 대한 성찰까지는 아니어도 스스로 물어보고 고민해보는 시간을 가졌다는 느낌을 줄 수 있다. 또한 면접관에게 '이 친구는 면접 준비를 많이 했구나!'라는 긍정적인 느낌도 함께 줄 수 있다. 또한 바스 법칙의 끝인 '배움(study)'에 명언을 넣어 의미 있게 마무리를 해주면 더욱더 재미있는 스토리텔링이 된다.

다음 내용을 보자.

처음 학교에 입학했을 때 자유로운 대학생활에 흠뻑 취해 학업을 소홀히 했습니다. 그 결과 좋은 점수를 받지 못했고, 부모님께 실망을 안겨드린 적이 있었습니다. 그래서 저는 제가 잘할 수 있는 과목 위주로 수강을 하고, 시험기간에 상관없이 아침 7시에 도서관에 가서 예습을 하고, 수업을 마친 다음 저녁 10시까지 복습을 하고 집에 돌아갔습니다. 시험 기간 중에는 새벽까지 도서관에서 공부를 하고, 학교 앞에 있는 찜질방에 가서 잠을 자고 씻은 후 다시 도서관에 가서 공부했습니다. 그 결과 다음 학기에는 성적 장학금을 얻을 수 있었습니다. 경영의 신 마쓰시타 고노스케는 이런 말을 했습니다. "생각보다 어렵지 않습니다." 고민을 하기보다는 고민을 해결할 수 있는 실천을 한다면 못해낼 일이 없다고 생각합니다.

이렇게 나의 체험 에피소드에 마지막 명언으로 마무리를 해주면 깔끔하게 스토리텔링이 된다. 그럼 어떻게 하면 에피소드와 명언을 서로 연결할 수 있는지 구체적으로 살펴보자.

1단계 : 좋아하는 명언을 적는다

일단 메모 노트에 좋아하는 명언 30가지를 적는다. 명언을 미리 알고 있어야 면접장에서 쓸 것 아니겠는가? 그 많은 명언을 어디서 찾느냐고 묻지 마라. 명언은 자기계발 서적을 보면 정말 많이 나와 있다. "한 번도 실패하지 않았다는 것은 전혀 새로운 일을 시도하지 않았다는 것이다."라는 영화감독이자 배우인 우디 앨런의 말, "생각보다 어렵지 않습니다."라는 경영의 신 마쓰시타 고노스케의 말, "할 수 없다고 말하기 전에 실현할 방법을 찾아라."라는 스즈키 도시후미의 말 등 세상에 명언은 너무나도 많이 널려 있다.

이렇게 살아 있는 명언들이 많으니 제발 "실패는 성공의 어머니다"나 "진인사 대천명" 등의 상투적인 명언은 삼가자. 물론 이 말들도 정말 훌륭한 명언이다. 하지만 진부한 스토리를 면접관이 좋아하지 않는다는 것을 잊지 말자. 자 이제, 명언이 준비되었는가? 그럼 이 명언을 이용해 스토리를 만들어보자.

2단계 : 나의 에피소드 총알을 꺼낸다

여기서 말하는 나의 에피소드 총알이란 '나의 경험담'을 말한다. 대학시절에 있었던 경험담, 아르바이트나 사회경험, 봉사활동 등등 내가 체험한 이야기를 하나 꺼내면 된다. 만약 내가 군대를 제대한 후 등록금을 벌기 위해 전광판을 납품하는 회사에서 아르바이트를 한 에피소드가 있다면 이것을 꺼내도 좋다. 아니면 편의점에서 아르바이트를 한 이야기, 패밀리 레스토랑에서 아르바이트를 한 이야기라도 좋다.

이 에피소드를 바스법에 맞춰 스토리를 배열하자. 바스법은 다음과 같은 순서로 에피소드를 배열하는 것을 말한다. 앞에서 소개했지만 워낙 중요한 내용이므로 다시 한 번 소개한다.

- B(background) : 상황 설정, 배경
- A(actor) : 주인공
- A(accident) : 사건 사고
- A(act) : 행동
- S(study) : 배움, 교훈

여기에 맞춰 에피소드를 배열한 후 '배움(study)' 부분에 이 에피소드와 맥락이 맞는 명언을 넣어서 말해보자. 그럼 한결 더 답변이 깊이 있게 느껴질 것이다. "명언을 넣어서 말하는 것이 정말 좋은 방법이냐?"라고 물어보는 구직자들이 있다. 나는 그 질문에 "명언의 맛을 살리지 못할 거면 안 하는 게 낫다. 하지만 맛을 살려서 할 수 있다면 당연히 해야 한다."라고 대답하고 싶다. 여기서 "맛을 살린다"라는 것은 얼마나 맛깔나게 마음을 넣어 말하느냐 하는 것이다.

예전에 SBS TV 개그맨들을 대상으로 목소리와 스토리텔링에 대해 강의한 적이 있다. 이때 내가 "개그맨들은 무대에 오르기 전에 얼마나 연습해요? 연습 많이 하죠?"라고 물었다. 그랬더니 "하하~ 무대 위에 오르기 전에 딱 한 번 연습합니다!"라고 말하는 것이 아닌가! 왜 그러냐고 되물었더니 너무 많이 연습하면 맛이 살지 않아서란다. 얼마나 실감나게 말하느냐가 그만큼 중요하다는 것이다.

그렇다고 해서 면접을 앞두고 있는 구직자들에게 딱 한 번 연습하라는 것이 아니다. 개그맨들은 프로다. 그래서 즉흥적으로 얼마든지 말할 수 있지만 여러분은 스피치의 달인이 아니지 않은가? 연습을 많이 해야 더 맛이 살게 말할 수 있을 것이다.

3단계 : 궁합이 맞는 명언을 골라낸다

이렇게 하려면 일단 1단계 '명언 모으기'에서 명언을 최대한 많이 모으는 것이 중요하다. 그리고 더욱 중요한 것은 정말 내가 마음으로 느낀 명언이어야 한다는 사실이다. 머리로 이해한 명언이 아니라 '정말 그렇지!'라고 느낌표가 새겨진 명언이어야 하는 것이다. 내 스스로도 감동하지 않은 명언이 다른 사람의 마음을 감동시킬 리 만무하지 않은가!

그런데 참 아이러니하게도 명언을 좋아하는 사람들이 따로 있다. '내가 앞으로 인생을 어떻게 살아가야 하나?'라는 기준점을 찾고 싶어하는 사람들이 명언에 관심을 가지는 경우가 많다. "그냥 어떻게 인생이 흘러가겠지."라고 말하는 사람들은 오히려 명언에 대해 반기를 드는 경우가 많다. 명언은 누군가에게 그럴듯하게 들리라고 말해놓은 것이 아니다. 우리보다 더 몇십 년, 몇백 년 전에 이 세상을 거쳐간 사람들이 우리에게 조금 더 빨리 고민 없이 달려갈 수 있도록 소중한 선물을 내려준 것이다.

20대 때 나는 '과연 이런 좋은 명언들을 만들 수 있는 사람이 될까?' 고민한 적이 있었다. 이제 조금씩 시간이 지나 어느덧 내 입에서 소중한 언어들이 나오는 것을 보면 '그분들도 이런 마음이었구나!' 하는 생각이 든다. 그렇다. 내가 실패를 통해 배운 것들을 다른 사람들에게 전하고 싶은 마음이 만든 것, 그것이 바로 명언인 것이다.

4단계 : 에피소드는 주연, 명언은 조연이다

명언이 먼저 나오면 안 된다. 명언은 주연을 빛나게 해주는 조연이다. 일단 주인공은 에피소드라는 것을 잊지 말자. 주인공인 에피소드가 먼저 나온 후에 조연인 명언이 등장해야 한다. 다음 답변처럼 말이다.

화장품 가게에서 아르바이트를 한 적이 있었습니다. 그런데 제가 아르바이트를 하고 나서 매출이 30% 가량 늘었습니다. 제 작전은 바로 미소였습니다. 오시는 고객마다 눈 꼬리는 내려가고 입 꼬리는 올라가는 미소작전을 펼친 결과, 매출신장을 이룰 수 있었습니다. 저는 그때 "미소는 입을 구부릴 뿐이지만 많은 것을 펴준다."라는 것을 배웠습니다. 저의 이 미소로 ○○항공에 오시는 고객님의 마음을 다림질 펴듯 쫙 펴드리겠습니다.

그런데 이 대목에서 이런 질문을 하는 친구들이 있을 것이다. "선생님! 그런데 여기서 선생님은 명언 말고도 '눈꼬리는 내려가고 입 꼬리는 올라가는'과 '고객님의 마음을 다림질 펴듯'이라고 말씀하셨잖아요. 이런 말은 도대체 어떻게 생각해내는 거죠?" 이 말은 거울을 보며 미소를 짓다가 내가 직접 찾아낸 것이다. 거울을 보면서 미소 짓는 내 얼굴을 보니 눈 꼬리는 내려가고 입 꼬리는 올라가는 것 아니겠는가? 그리고 다림질은 '다리미'를 보고 생각해낸 것이다.

앞서도 말했듯이 평소 취업 공채가 시작되면 나는 면접 모드를 작동시켜 모든 내가 경험하고 보는 것들을 면접이라는 초점에 맞춘다. 그러면 뭔가가 보인다. 커피를 마시면서도 계속 생각한다. 커피가 맛있는 온도가 몇 도일까? 그럼 물이 맛있는 온도는? 사람에게도 온정을 나눌 수 있는 따뜻한 온도는 몇 도일까? 이런 생각을 계속 한다.

세상에 그냥 얻어지는 결실은 없다. 그리고 기본기에 따라 처음부터 잘되는 사람이 있고, 그렇지 않은 사람이 있다. 교육에 '아하!' 이론이라는 것이 있다. 모든 깨달음은 단계식으로 상승하지 않는다는 것이 이 이론의 핵심이다. 열심히 노력하다 보면 어느새 '아하!' 하고 느껴지는 순간이 있을 테니 내 말을 믿고 하루에 10가지 이상 스토리텔링 연습을 해보자. 다음의 답변처럼 말할 수 있을 때까지 말이다.

군 제대 후 등록금을 벌고자 전광판을 납품하는 회사에서 일을 했습니다. 저는 그곳에서 조립 및 검사 작업을 맡았습니다. 성실하게 일한 결과, 생산을 책임지는 조장 위치에 앉게 되었습니다. 하지만 며칠 지나지 않아 버스회사에서 출고가 지연되어 운행에 차질이 생겼다며 수정해달라는 요청이 들어와 저는 조립과정을 일일이 분석했습니다. 그 결과 전광판을 완성한 후 하게 되는 검사 작업에서 출고가 지연되는 점을 발견했습니다. 검사공간이 너무 협소해 순차적으로 작업이 진행되지 않았고, 크기가 달라 작업이 통일성 있게 진행되지 않았습니다. 그래서 저는 일단 작업공간을 확장했고, 동시에 여러 개를 검사할 수 있도록 대형 지그를 만들어 같은 크기에 있는 것을 모아 작업했습니다. 그 결과 출고가 지연되는 점을 해결했습니다. "할 수 없다고 말하기 전에 실현할 방법을 찾아라."는 말이 있습니다. 자신의 임무에 대해 강한 책임감을 갖고 방법을 찾아내면 세계 1%에 드는 인재도 될 수 있다고 생각합니다. 이러한 열정을 바탕으로 생산기술을 향상시키겠습니다.

5단계 : "이런 말이 있습니다"를 응용하라

명언을 넣어서 말할 때 "이런 말이 있습니다"라는 표현을 쓰면 명언을 넣어서 말하는 것이 훨씬 쉬워진다.

제가 좋아하는 말 중에 이런 말이 있습니다. "생각보다 어렵지 않습니다."

제가 좋아하는 영화감독 겸 배우 우디 앨런이 이런 말을 했습니다. "한 번도 실패하지 않았다는 것은 새로운 시도를 전혀 하지 않았다는 것이다. 할 수 없다고 말하기 전에 실현할 방법을 찾아라."

이렇게 명언 앞이나 뒤에 "이런 말이 있습니다"라는 추임새를 넣어주면 한결 더 명언을 넣어서 말하기 쉽다. 명언을 넣어서 말하는 것은 참 쉬운 일이 아니다. 많은 용기가 필요하다.

명언을 넣어서 말하는 것이 잘 안 된다고 자책할 필요가 없다. 아나운서와 쇼핑호스트를 거친 나도 처음에는 명언을 넣어서 말하는 것이 그리 자연스럽지 못했다. 그래서 연습이 필요하다.

명언을 넣어 내 말의 진정성을 키우자

면접에서 너무 내 이야기만 하면 지루한 느낌이 있다. 면접은 '행동 (act)+배움(syudy)'을 말하는 곳이다. 내가 어떻게 행동하고, 그걸 통해 무엇을 배웠는지 말하는 것이 중요하다. 여기서 배움(study)에 해당하는 것이 바로 명언이다. 명언을 넣어 내 말의 진정성을 배가시켜보자.

　명언을 넣어서 말하는 것, 에피소드 바스법에 맞춰 이야기를 진열하는 것, 이 2가지 모두 다 중요하다. 하지만 가장 중요한 것은 그 에피소드가 내 마음에서 나왔느냐다. 마음을 울리지 않는 에피소드는 아무리 논리적이고 새로워도 면접관의 마음을 울릴 수 없다. 면접을 보는 나 자신이 아직 적응이 되지 않고, '꼭 이런 말도 해가며 면접을 봐야 하나?'라는 생각을 한다면 면접관의 마음에도 전혀 울림을 주지 못하는 것이다.

　진정성이 담긴 마음으로 하는 말이 면접에서는 가장 중요하다. 말 한마디, 에피소드 하나, 명언 하나를 말하더라도 마음을 담아 면접관에게 전달하자. 내 자신에게 물어보자. '나는 과연 이 면접을 진심으로 보고 있는가?'

비유 에피소드로
생생하게 그 순간을 말하라

과거 히스토리를 말할 때 가장 중요한 것이 바로 묘사다.
얼마나 생생하게 그때 그 순간을 말하느냐가 정말 중요하다.

면접관은 당신이 우리 회사에 들어와 일을 잘할 것인지, 아니면 기대에 미치지 못할 것인지 모른다. 즉 당신의 미스터리(mystery)한 미래에 돈을 투자하는 것이다. 한 사람의 미래를 도대체 누가 알겠는가? 하지만 이것을 살펴보면 당신의 미스터리에 대한 미래를 알 수 있다. 이것은 바로 과거의 히스토리(history)다.

당신의 과거를 살펴보면 미래의 모습을 유추해볼 수 있다. 내가 자주 하는 말이 있다. "면접은 과거 히스토리를 통해 미스터리한 미래를 유추해보는 과정이다." 그러니까 "저는 훌륭한 인재입니다. 미래의 저에게 투자하십시오!"라고 강력하게 말하기 위해서는 과거 히스토리를 말하는 것이 먼저인 것이다.

과거 히스토리를 말할 때 가장 중요한 것이 바로 묘사, 즉 시각화, 이미지화다. 얼마나 생생하게 그때 그 순간을 말하느냐가 정말 중요하다. 실감나게, 박진감 넘치게, 리얼하게 그때 그 순간을 표현해야 한다. 실감나고 쉽게 말하는 데 있어 명언만큼이나 중요한 것이 바로 비유다. 구체적인 사물에 빗대어 설명하면 훨씬 더 시각화가 잘 되기 때문이다.

살아 있는 언어로 면접관을 감동시키자

묘사는 어떤 대상이나 사물, 현상 따위를 언어로 서술하거나 그림을 그려서 표현하는 것을 말한다. 면접에서 합격하고 싶으면 면접관의 머릿속에 그림을 그려야 한다. 한마디로 '뇌 화가'가 되어야 한다는 것이다. 면접관의 머릿속에 그림을 그리거나 동영상을 떠올리게끔 말해야 한다.

"저는 열정적인 사람입니다." "저는 성실합니다." "저는 이 회사에 꼭 입사하고 싶습니다." 이런 식의 말들은 어떤가? 여러분의 머릿속에 그림을 그려주는가? 여러분의 머릿속에 동영상을 떠올리게끔 해주는가? 아마도 아닐 것이다. 그렇다면 다음의 말들은 어떤가? 당연히 머릿속에 그림이 더 잘 그려질 것이다.

제 마음속에 열정이라는 폭탄이 들어가 있습니다. 이 폭탄의 심지에 불을 당겨주십시오. 활활 타오르겠습니다.

제 별명은 보증수표입니다. "할 수 있다. 해내겠다!"라고 말하면 몸이 부서지는 한이 있더라도 끝까지 지키려고 노력합니다.

"되고 싶어 죽겠다!" "되고 싶어 미치겠다." 저는 이런 말을 평소 잘 사용하지 않습니다. 하지만 이 순간만큼은 ○○회사에 입사하고 싶어 미칠 지경입니다.

소설가 이외수는 언어에는 생어와 사어가 있다고 말했다. 사어는 말 그대로 죽어 있는 말로 어떤 이미지를 떠올릴 수 없는 말이다. 반면에 생어는 오감으로 느낄 수 있는, 그래서 어떤 감정을 이끌어 낼 수 있는 언어를 말한다. 이제 머릿속에 아무것도 떠오르지 않는 사어는 내다 버리자. 살아 있는 생생한 언어인 생어로 면접관을 감동시키자.

참! 생어를 말할 때 주의해야 할 점이 있다. 아무리 생기 넘치는 생어를 사용해도 내 마음이 그 말에 이입되지 않으면 사어나 마찬가지다. 가수들이 노래를 부를 때 가장 중요한 것이 바로 노래에 자신의 마음을 싣는 것처럼 면접도 마찬가지다. 아무리 참신하고 살아 있는 단어와 문장을 넣었다고 하더라도 내 감정이 실리지 않으면 아무런 소용이 없다는 것을 잊지 말자.

면접장에서 묘사를 잘하는 법

면접관의 머릿속에 그림을 그리려면 어떻게 해야 할까? 묘사를 잘하려면 첫째, 단어에 빗대어 표현해보자.

신문이나 책, 인터넷에 있는 기사를 읽을 때 재미있는 단어가 있으면 메모 노트에 적어두자. 예를 들어 '마중물'이라는 단어를 발견하고 나서 마중물에 대해 말해보는 것이다. 마중물이라는 단어를 인터넷에 검색해 외우라는 것이 아니라 마중물이라는 단어를 이해해보라는 것이다. 여기서 이해한다는 것은 나 자신도 마중물이라는 것을 이미지화해서 내 것으로 만들라는 뜻이다.

머릿속으로 떠올리며 말해보자. 시골 우물가에는 물을 끌어올리는 펌프가 있다. 여기에서 물이 나오려면 물 한 바가지를 먼저 넣어야 한다. 그래야 많은 물이 이어서 나온다. 이때 물 한 바가지를 마중물이라고 한다. 즉 마중 나가는 물이라는 것이다. 많은 결과물을 만들기 위해 물 한 바가지를 투자하는 마중물이 필요한 것이다.

둘째, 여기에 나의 에피소드와 연결시켜보자.

마중물이라는 단어의 경우 "나는 앞으로 이런 마중물 같은 인재가 되겠다."와 연결되는 부분이 많다. 그래서 입사 후 포부에 적절히 이 '마중물'이라는 단어를 녹이면 훨씬 재미있는 스토리텔링이 될 것이다. 다음의 답변처럼 말이다.

저는 SK의 '마중물'과 같은 인재가 되고 싶습니다. 시골 우물가에 가

보면 물을 끌어올리는 펌프가 있습니다. 이 펌프에 물 한 바가지를 넣어야만 많은 물이 나오는데 이때 넣는 물 한 바가지를 마중물이라고 합니다. 저는 적은 투자로 많은 효용을 낳을 수 있는 SK의 마중물 인재가 되겠습니다. 첫째, 전문성을 키우겠습니다. US−GAAP(미국회계기준), 기존의 K−GAAP(한국회계기준), IFRS(국제회계기준)에 대한 깊은 통찰력을 갖겠습니다. 둘째, 사람들과의 의사소통에 공을 들이겠습니다. 제게 가장 큰 스승은 그 분야에 현재 활동하고 계신 분들이기 때문입니다. 최근에는 영국 공인 회계사분을 만나 IFRS에 대한 이야기를 나눌 기회가 있었는데, 개인과 기업의 '판단'의 폭이 넓어지는 추세에 맞춰 '회계'를 기본으로 다양한 분야를 개척하는 사람이 되는 것이 중요하다는 조언을 들을 수 있었습니다. 앞으로도 이런 기회를 통해 SK의 진정한 마중물 인재가 되겠습니다.

이 글을 읽고 어떤 친구들은 이렇게 물을 것이다. "선생님은 마중물에 대한 설명을 어떻게 짧게 표현할 수 있었나요?" 그런 비법은 없다. 평소에 '어떻게 하면 짧게 말할 수 있을까?'에 대해 많이 고민했기 때문이다. 쓸데없는 사족을 없애야만 간결한 문장이 된다.

셋째, 묘사를 잘하는 방법은 말을 할 때 의성어와 의태어를 사용하는 것이다.

예를 들어 "마중물이 되어 콸콸~ 물이 흘러넘치도록 하겠습니다." "저는 일을 착착 진행시키는 습관을 갖고 있습니다." 등처럼 적절한 의성어와 의태어를 사용해 더욱 실감나게 표현하는 것이다.

묘사를 잘하는 네 번째 방법은 대사를 치는 것이다. 그때 그 순간에 일어났던 일을 그대로 설명하기보다는 "나는 마중물 같은 인재가 되겠다고 결심했다." 등 이렇게 대사를 쳐서 말하면 훨씬 실감나게 말할 수 있다.

디테일에 강해야 묘사를 잘 한다

묘사를 잘하려면 디테일(detail)에 강해야 한다. 자세히 그 사람의 특성을 파악해내는 사람들이 있다. 무슨 모양의 재킷을 입었는지, 안에 입은 셔츠 색상은 무슨 색인지, 커피숍에서 똑같은 키위주스를 마시는데도 키위주스를 담은 병의 라인이 어떻게 빠졌는지, 키위의 씨가 얼마나 많은지, 같이 먹고 있는 쿠키는 어떤 맛인지, 구체적으로 푸는 사람들이 있다. 하다못해 똑같은 TV 드라마를 보고 있어도 주인공의 얼굴에만 집중하는 사람이 있는가 하면, 화면이 넘어가면서 배우나 스텝의 실수로 '옥의 티'가 생긴 것을 잘 발견하는 사람들이 있다.

평소 사물이나 현상에 대해 디테일하게 보는 습관을 가져보자. 그럼 면접에서 묘사를 한결 잘할 수 있다. 그리고 묘사한 것을 그대로 머릿속에 담아두기보다는 말로 표현해보자. 면접을 준비하기 위해 일단 스토리를 글로 써보는 사람들이 있다. 이때 글만 쓰지 말고 입으로 말하면서 글을 써봐라. 그럼 '내가 과연 이 말을 할 수 있을까? 이렇게 문장을 길게 말할 수 있을까? 이렇게 어려운 어휘를 생각해낼 수 있을까? 이렇게 추상적인 단어를 떠올릴 수 있을까?'라는 기준이 생길 것이다. 면접은 글로 쓰는 것이 아니라 말로 하는 것임을 잊지 말자.

면접관이 좋아할 만한
에피소드를 골라내라

에피소드를 만들었다면 이제 에피소드의 옥석을 가려보자.
면접관의 눈높이에서 공감이 가는 에피소드를 골라내야 한다.

자, 이제 스토리텔링을 할 에피소드가 풍성해졌는가? 최소 10분에서 15분 정도의 면접을 보려면 최소 30가지 이상의 에피소드는 준비해야 한다. 그런데 중요한 것은 이렇게 준비한 에피소드가 모두 100점 만점에 100점은 아니라는 사실이다. 에피소드에도 옥석이 있기 때문이다.

에피소드라고 똑같은 것이 아니다. 면접관의 마음에 드는 에피소드가 있고, 그렇지 않은 에피소드가 있다. 에피소드를 만들었다면 이제는 에피소드의 옥석을 가려보자. 그러면 도대체 어떤 에피소드가 좋은 에피소드일까?

한 친구가 라온제나 스피치에 강사가 되기 위해 찾아왔다. 다른 대기업에서 강사를 했던 친구인데 스피치 강의에 대한 경력은 없었다. 그래서 망설이다 더 이야기를 나눠봐야겠다는 생각으로 조금 더 시간을 갖고 인터뷰를 했다. 그러다 이 친구가 이런 말을 했다. "원장님, 이런 경험이 도움이 될지 모르겠지만 제가 예전에 보컬 학원에서 보컬 트레이닝 강사를 했었어요." '헉! 이런 좋은 에피소드를 이제 와 말하다니!'

여러분이 생각하는 좋은 에피소드가 어른들이 보기에는 돌 같은 에피소드일 수 있다. 또 반대로 여러분이 별로라고 한 에피소드가 굉장히 좋은 에피소드일 수 있다. 옥석을 가리는 것은 '내 기준'이 되어서는 안 되고, '어른 기준'이 되어야 한다. 즉 어른인 면접관의 눈높이에 맞춰 옥석을 가려야 하는 것이다. 그럼 과연 면접관이 좋아하는 에피소드는 무엇이고, 반대로 싫어하는 에피소드는 무엇일까?

면접관이 좋아하는 에피소드

면접관이 좋아하는 에피소드란 무엇인가? 무슨 에피소드가 면접관의 귀를 쫑긋하게 만드는 걸까? 면접관은 회사와 관련된 에피소드, 그리고 내가 할 업무의 적성과 관련된 에피소드를 좋아한다. 면접관과 구직자의 공통 관심사가 바로 '회사'이기 때문이다. 그리고 예전에 있던 조직에 대해 아는 경험, 그 속에서 리더로 활동했던 경험, 나의 인간성을 자랑할 수 있는 경험, 어려웠지만 현명하게 극복한 경험, 활발하고 적극적으로 내 성격을 자랑할 수 있는 경험을 면접관은 좋아한다.

면접관이 좋아하는 에피소드는 첫째, 업무와 연관된 경험이다.

내가 만약 영업직에 도전한다면 예전 마트에서라도 물건을 팔아봤던 경험, 친구들과 함께 인터넷 쇼핑몰을 열어 양말이라도 팔았던 경험을 말해야 한다. 특히 은행, 증권 등 고객을 대하는 서비스직에 응시한다면 학교에서 의전행사를 했던 경험이라도 말해야 한다.

둘째, '체력이 좋다'는 것을 보여줄 수 있는 경험이다.

체력이 좋고 건강하다는 것은 직장생활을 오래 버틸 수 있는 좋은 에피소드다. 건강하다는 에피소드는 연구직이든 영업직이든 누구에게나 좋은 에피소드다. 특히 운동을 좋아한다는 에피소드를 말할 때는 이왕이면 다같이 할 수 있는 운동을 말하는 것이 좋다. 혼자서 하는 수영이나 스쿼시 등보다는 축구, 족구, 야구, 농구 등 회사 내 동호회 활동을 할 수 있는 것들을 말해야 다른 회사랑 경쟁이 붙었을 때 이기기 위해서라도 플러스 점수를 받을 수 있다.

셋째, 동아리 활동이다.

기업들은 적극적이고 활발한 인재를 좋아한다. 그래서 면접관들은 각종 동아리 활동을 통해 인간관계를 넓히고, 조직에 대해 배운 사람을 찾기 마련이다. 단, 동아리도 동아리 나름이므로 종교색과 정치색이 강한 동아리를 에피소드로 말하는 것은 피해야 한다.

넷째, 리더가 되었던 경험이다.

학창시절 반장을 했다는 것, 대학교에서 과대나 학회장 등 조직의 리더를 했다는 것은 조직에서 좋아하는 에피소드다. 리더로서 어떤 경험을 했고, 무엇을 배웠는지 말하면 된다. 면접은 '행동(act)+배움(study)'을 풀어놓는 곳이라는 것을 잊지 말자. 어떤 사건사고에서 어떻게 행동했고, 그 안에서 무엇을 배웠는지 풀어 놓으면 된다.

면접관이 싫어하는 에피소드

그럼, 면접관이 싫어하는 에피소드에는 어떤 것이 있을까?

첫째, 친구들과 재미있게 논 이야기다.

물론 친구들끼리 함께 배낭여행으로 전국을 다녔다는 것은 굉장히 좋은 에피소드다. 하지만 '가장 재미있었던 경험'을 말하라고 하니까 친구들과 함께 쇼핑하고 여행지에 놀러간 이야기를 하는 것은 면접관을 괴롭히는 것이다.

둘째, 종교와 군대 이야기다.

여자들이 진짜 싫어하는 스토리가 남자들이 군대에서 축구한 이야기가 아닌가! 면접관도 마찬가지다. 남자들의 경우 답변을 할 때 은근히 군대 이야기를 많이 한다. 그러면 안 된다. 군대 에피소드 소재가 나쁘다는 것이 아니라 사람들이 너무 많이 하는 데 문제가 있다. 종교 이야기도 마찬가지다. 비단 면접장뿐만 아니라 인간관계를 하는 데 있어 종교 문제는 함부로 대화를 나눌 소재가 아니다. 같은 종교를 믿는 사람이라면 훨씬 할 말이 많이 있겠지만 서로 종교가 다를 경우 서먹서먹할 수 있다. 면접관도 마찬가지다. 난 기독교지만 면접관이 독실한 불교신자일 수도 있지 않은가.

마지막 셋째는 어학연수에서의 홈스테이 경험과 김치 부침개 이야기다.

실제 인사담당자들을 만나면 그들은 이렇게 말한다. "아니, 왜 '어학연수 가서 홈스테이 아줌마가 정말 좋았다'라는 말을 하는지 모르겠어요. 그리고 왜 한국에서는 부엌에 가지도 않으면서 왜 멀리 거기까지 가서 부침개를 부치냐고요!" 10명 중에 9명이 어학연수에서 있었던 홈스테이와 김치 부침개 이야기를 한다고 한다면 이는 삼가는 것이 좋겠다. 면접관들이 "또 그 이야기야?" 하고 지루해할 테니 말이다.

에피소드의 옥석을 가려서 말하라

요즘 면접관들은 나와 회사에 관한 에피소드뿐만 아니라 시사적인 내용, 전공에 관련한 내용들에 관한 질문도 많이 한다. 평소 시사적인 내용에 관심을 갖고 그 내용들을 신문 스크랩해보는 것은 어떨까? 시사나 전공은 평소 얼마나 성실하게 꾸준히 관심을 갖고 준비해왔는가가 가장 중요하다. 중요한 시사적인 내용은 따로 모아서 정리해놓자.

그리고 요즘은 면접을 한 번에 끝내는 것이 아니라 실무진 면접과 임원 면접, 이렇게 따로 진행되는 경우가 더 많다. 우선 실무진 면접의 경우에는 전공에 관한 내용을 자세히 물어보는 경향이 있으므로 실무진 면접을 앞두고는 전공에 대한 기본 공부를 반드시 해놓는 것이 좋다.

임원 면접의 경우에는 인성에 관한 질문을 하는 경우가 많다. "집이 여기서 머냐?" "살면서 고생은 해봤냐?" "결혼은 언제 할 거냐?" 등 소소한 개인사를 통해 그 사람의 인성을 파악하는 질문이 많으므로 이런 질문에 대해 준비하는 것이 좋다.

예전에 나는 대학 졸업 후 아나운서 시험을 봤을 때 사장 면접에서 이런 질문을 받았다. "입사하자마자 결혼을 하게 되면 어떻게 하겠느냐?" 이 질문에 나는 다음과 같이 대답했다.

저는 어떤 일이든 순서가 있다고 생각합니다. 이제 막 고개를 든 아이가 갑자기 뛸 수는 없다고 생각합니다. 저에게 있어 지금 가장 먼저 해야 하는 일은 막 고개를 들어 기는 연습부터 하는 것이라고 생각합니다. 자유롭게 걸을 수 있을 때 그때 결혼은 생각해보겠습니다.

이 대답이 사장님의 마음에 흡족하셨는지는 모르겠지만 "결혼은 아직 계획이 없습니다."라는 흔한 답변보다는 훨씬 낫지 않았을까? 합격한 것을 보니 어느 정도 공감대가 형성되었던 것 같다.

나와 회사, 그리고 시사와 전공에 관한 에피소드를 모아보자. 에피소드를 얼마나 모으고 옥석을 가려서 말했는가에 따라 내 인생이 달라질 것이다.

에피소드에도
다이어트가 필요하다

길고 장황하게 말하지 말고 짧고 임팩트 있게 말해보자.
기본 스토리만 들어가면 되므로 다른 것은 과감히 잘라라.

바야흐로 몸짱이 인기인 세상이다. 멋진 남자로 보이기 위해 배에
일부러 식스팩 성형수술을 하는 사람들이 생겨나고, 몸짱이 되기
위해 다이어트를 하느라 아침을 간단한 식이조절용 쉐이크로 대신
하고 닭가슴살과 계란만 먹는 사람들이 많다. 그런데 중요한 것은
이렇게 다이어트가 필요한 것은 우리 몸만이 아니라는 것이다. 여
러분이 면접장에서 뱉는 답변에도 다이어트가 필요하다.

하루 종일 똑같은 말만 되풀이하는 구직자들의 말을 들어주는 것
은 정말 힘든 일이다. "좋은 풍월도 한두 번"이라는 말이 있지 않은
가? 면접관들도 똑같은 말을 하루나 일주일 내내 들어야 한다니 정

말 쉬운 일은 아닐 것이다. 회사 상사들이 부하 직원에게 가장 많이 하는 말 중 하나가 뭐라고 생각하는가? 그것은 바로 "결론부터 말해!"다.

주저리주저리 길게 말하면 면접관들은 "또 시작이구만… 어떻게 이 말을 끊을까?"라는 생각부터 한다. 그래서 참다못해 구직자의 말을 끊으면 구직자들은 "뭐야, 아무리 내가 구직자지만 이렇게 내 말을 중간에 끊는 경우가 어딨어?"라고 기분 나빠하거나, "아, 이게 말로만 듣던 압박 면접이구나!"라며 쓸데없는 긴장을 한다.

면접관의 진심은 그게 아니다. 제발 좀 짧게 말하라는 신호를 보내는 것뿐이다. 에피소드에도 다이어트가 필요하다. 길게 장황하게 말하지 말고 짧고 임팩트 있게 말해보자.

기본 스토리 외에는 과감히 짤라라

에피소드를 줄이고 늘리는 것에 부담을 갖는 친구들이 많이 있다. 자기소개서든 면접이든 내용이 너무 길어지면 지루한 느낌을 줄 수 있다. 그렇기 때문에 주요 스토리 라인만 잡아주면 훨씬 더 짧으면서도 쉽게 말할 수 있다. 여기서 짧게 말하는 것도 문제이지만 쉽게 말하는 것이 더 중요하다.

대부분의 구직자들은 내가 말할 멘트를 써서 외우는 경우가 많다. 글과 말은 다르다. 그렇기 때문에 내가 말할 멘트라면 반드시 말을 하면서 멘트를 써야 한다.

첫째, 기본 스토리를 생각하자. 여기서 기본 스토리라는 것은 핵심사건, 행동(act), 배움(study)임을 잊지 말자. 이 기본 스토리만 들어가면 된다. 다른 것은 필요 없다. 과감히 잘라라.

- 핵심사건 : 정기공연의 경비가 적자여서 문제다.
- 행동(action) : 내가 아르바이트 하고 있는 프리마와 제휴를 해야지. 그럼 우리가 뭘 해야 하나? 로고송을 만들자. 눈에 띄는 동화 캐릭터 옷을 입자.
- 배움(study) : 그래! 생각보다 어려운 것은 없어!

둘째, 기본 스토리를 쓰지 말고 말을 하면서 적어라. 마치 지금 내가 면접관 앞에서 이 질문에 대한 답변을 하는 것처럼 말이다.

셋째, 단어가 쉽게 떠오르지 않거나 말이 너무 어렵다고 생각하면 과감히 다른 단어로 바꿔라. 여러분은 지금 어려운 단어를 잘 읽는 아나운서 시험을 보는 구직자들이 아니다. 내가 쉽게 말할 수 있는 어휘, 문장으로 바꿔라.

넷째, 문장을 짧게 끊어서 말해라. 한 문장 안에 수식하는 내용이 너무 많으면 당연히 기억이 나지 않는다. 한 문장을 길게 말할 필요가 없다. 특히 내 주장을 말할 때는 가급적이면 문장의 길이를 짧게 해라. 하지만 뒤이어 나오는 근거 에피소드의 경우 너무 문장을 짧게 끊으면 오히려 말 자체가 단조로워질 수 있다. 구체적인 에피소드가 빠르게 전개될 수 있도록 문장의 길이를 적절하게 조절하자.

예를 들어 행동(action)의 경우 '내가 아르바이트 하고 있는 프리마와 제휴를 해야겠다고 생각했고, 그래서 우리가 할 수 있는 것은 무엇일까를 고민해봤다. 그래서 그 회사에 맞는 로고송을 제작해드리고 행사를 할 때 눈에 띌 수 있도록 동화 캐릭터 옷을 입기로 했다.' 등의 에피소드는 주장이 아닌 근거이므로 굳이 문장을 짧게 해 말할 필요는 없는 것이다.

에피소드 다이어트, 이렇게 하면 된다

면접관의 질문은 "살면서 어떤 성공을 이루었던 기억에 대해 말해보시오."였다. 이 질문에 대한 다음 답변을 살펴보자.

군 제대 후 등록금을 벌고자 전광판을 납품하는 회사에서 일을 했습니다. 저는 그곳에서 조립과 검사 작업을 맡았습니다. 성실하게 일한 결과, 생산을 책임지는 조장 위치에 앉게 되었습니다. 하지만 며칠 지나지 않아 버스회사에서 출고가 지연되어 운행에 차질이 생겼다며 수정해달라는 요청이 들어와 저는 조립과정을 일일이 분석했습니다. 그 결과 전광판을 완성한 후 하게 되는 검사 작업에서 출고가 지연된다는 것을 발견했습니다. 검사공간이 너무 협소해 순차적으로 작업이 진행되지 않았고, 크기가 달라 작업이 통일성 있게 진행되지 않았습니다. 그래서 저는 일단 작업공간을 확장했고, 동시에 여러 개를 검사할 수 있도록 대형 지그를 만들어 같은 크기에 있는 것을 모아 작업했습니다. 그 결과 출고가 지연되는 점을 해결했습니다. 스스로에게 맡겨진 임무에 대해 강한 책임감을 갖고 열정을 불태우면 세계 1%에 드는 인재도 될 수 있다고 생각합니다. 이러한 열정을 바탕으로 이상적인 설계를 하겠습니다.

이렇게 답변하면 너무 길다. 너무 길면 면접관의 주의를 끌기가 어려워진다. 기본 스토리에 집중하자. 기본 스토리는 간단하다. '버스 전광판을 납품하는 곳에서 조립과 검사를 하는 일을 했었다. 그런데 버스회사에서 전광판 출고가 너무 늦어진다며 수정을 요구했고, 조사해봤더니 최종 마무리 단계인 검사 단계에서 시간이 지연된다는 것을 발견했다. 그래서 검사할 수 있는 공간을 확장해 시간을 단축시켰다.' 이 기본 스토리에 집중해서 필요없는 것은 줄여서 앞의 답변을 다음처럼 줄여보자.

버스회사에 전광판을 납품하는 ○○기업에서 조립과 검사 작업을 맡은 적이 있습니다. 일하던 중 버스회사에서 전광판 출고가 계속 늦어진다며 수정해달라는 요구가 들어왔고, 저는 전광판을 완성한 후 최종 검사 작업에서 시간이 지연된다는 것을 발견했습니다. 이제 저는 검사 공간을 확장해 여러 개를 한꺼번에 검사할 수 있게 해 문제를 해결할 수 있었습니다.

원래의 첫 번째 답변, 그리고 기본 스토리로 다이어트를 한 후의 답변을 입으로 소리 내어 읽어보자. 어떤 답변이 입에 착착 감기는가? 당연히 기본 스토리로 다이어트를 한 쪽일 것이다. 내 입에 착착 감기는 말은 면접관의 귀에도 착착 감기게 되어 있다.

또 다른 예를 들어보겠다. 면접관의 질문은 앞 사례와 마찬가지로 "살면서 어떤 성공을 이루었던 기억에 대해 말해보시오."였다. 우선 다음 답변을 보자.

기타 동아리의 회장을 역임할 때, 매년 여는 정기공연에서 항상 적자가 나는 고질적 문제를 해결해보고자 고심하던 중, 동아리 스폰서를 생각하게 되었습니다. 평소 소소하게 하던 축가대행을 이벤트 업체와 고정 스폰서로 계약을 체결하는 아이디어를 생각해냈습니다. 다른 팀과 차이를 두기 위해 계약 업체의 로고송을 제작해 홍보했습니다. 마침내 프리마라는 업체와 모든 축가를 대행하는 대신 정기공연 비용을 전액 부담하는 조건으로 계약을 체결하게 되었습니다. 축가를 대행할 때는 동화의 캐릭터 복장등 테마복을 선정해 대학생만 가질 수 있는 풋풋함을 강조해 차별성을 두고자 했습니다. 그해 계약업체는 20% 수익 상승을 달성했고, 저희 동아리는 좋은 시스템으로 성공적인 정기공연을 했습니다. 항상 창의적이고 진취적인 자세로 매 순간 변화하는 상황에서 최적의 전략을 기획할 수 있는 저의 능력을 AK PLAZA에서 발휘하고 싶습니다.

너무 길고 장황하다. 글로 읽어도 장황하니 이래선 면접관이 집중할 수 없다. 글이 아닌 말로 했을 때는 더욱 장황하게 들리므로 이렇게 답변해서는 안 된다.

기본 스토리에 집중하자. 기본 스토리를 정리해보자. '대학시절 동아리 회장을 했는데 정기공연을 하려고 했더니 경비가 없었다. 그래서 평소 행사 아르바이트를 하는 프리마라는 업체 사장님에게 경비를 지원해달라고 부탁했고, 프리마 사장님을 위해 회사의 로고송도 만들어드리고 동화 캐릭터 복장을 구해와 행사를 진행했다. 그 결과 프리마 사장님에게서 정기공연에 대한 자금을 100% 지원받을 수 있었다.' 이 기본 스토리에 집중하고, 뺄기 어려운 말과 사족이 많은 말들은 모두 빼자. 그래야 살아남을 수 있다. 앞서의 답변을 줄여보자.

대학시절, 기타 동아리 회장직을 맡았습니다. 일 년에 두 번 정기공연을 했는데 문제는 항상 '경비'였습니다. 그 당시 저는 프리마라는 축가 대행 이벤트 업체에서 아르바이트를 하고 있었는데, 그 업체와 저희 동아리가 서로 제휴를 맺을 수 없을까 고민을 했습니다. 그래서 저희는 기타 동아리 내 작곡을 할 수 있는 친구와 함께 프리마의 로고송도 만들고, 동화 캐릭터 복장을 구해와 행사를 진행했습니다. 그 결과 프리마에서 100% 자금지원이라는 쾌거를 이루어낼 수 있었습니다.

나는 과연 이 에피소드에 열정이 있는가?

에피소드를 다이어트하는 첫 번째 방법은 어려운 문어체를 빼고 구어체 표현을 쓰라는 것이다. 문어체와 구어체를 구별하는 기준은 '말로 내뱉을 때 쉬운 말이냐?'다. 문어체로 쓰인, 즉 글로 쓴 것을 말로 외우는 것은 정말 어려운 일이다. 기본 스토리 라인을 잡고, 이것을 쉬운 구어체로 바꿔 말해보자.

에피소드를 다이어트하는 두 번째 방법은 어려운 단어를 쓰지 말라는 것이다. 평소 내뱉던 단어가 아닌 어려운 단어로 스토리텔링을 하는 경우, 그 단어를 생각해내기 위해 눈알도 굴리고 '그게 뭐였지?' 하며 천장을 바라보게 되는 경우가 많다. 그러다 보면 외운 듯한 느낌을 줄 수 있고, 오히려 문장은 다이어트를 했지만 말의 길이가 길어져 지루한 느낌을 줄 수 있다.

에피소드를 다이어트하는 세 번째 방법은 대사를 넣으라는 것이다. 길고 장황하게 설명하기보다는 실감나는 대사를 통해 연기하면 훨씬 더 스토리가 간결해진다.

에피소드 다이어트의 네 번째 방법은 에피소드에 열정을 넣는 것이다. 그 에피소드가 정말 재미있고 귀중한 에피소드라는 열정을 넣어 말해야 면접관의 귀에도 재미있게 들린다.

재미있는 드라마는 하루 종일 봐도 지루하지 않다. 마찬가지로 재미있고 실감나게 말하는 에피소드는 굳이 다이어트를 하지 않아도 지루하지 않게 들린다. 에피소드를 다이어트하기 전에 과연 내가 좋아하는 에피소드인지, 나는 과연 이 에피소드에 열정이 있는지 자신에게 물어보자.

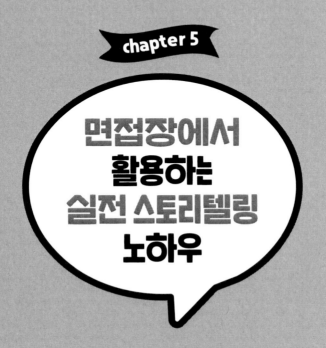

chapter 5

면접장에서
활용하는
실전 스토리텔링
노하우

자기소개 스토리텔링, 이렇게 하면 된다

자기소개를 잘해야 호감 가는 첫인상을 남길 수 있다.
평범한 자기소개로는 면접 합격의 영예를 얻을 수 없다.

한 친구가 보험회사에 면접을 보러갔다. '자기소개 멘트에 어떤 내용을 넣으면 좋을까?' 생각한 끝에 그 보험회사의 전화 콜센터 오프닝을 하기로 했다. 그 콜센터는 "행복하고 건강한 삶을 지켜드리겠습니다."라는 오프닝 인사를 갖고 있었는데, 면접관이 자기소개를 시키면 이 멘트를 하기로 한 것이었다.

면접자가 이렇게 오프닝 멘트를 하자 같이 시험을 보러온 사람들은 '이게 무슨 소리야?' 하고 갸우뚱거렸지만 면접관은 그녀의 대답을 듣고 "우리 회사 콜센터 오프닝을 알고 말을 한 건가요?"라고 물었다. 이 면접자는 평소 자신이 회사에 어떤 관심이 있었고, 특히

○○업무를 하고 싶다는 말을 함께했다. 그 결과 당연히 합격!

자기소개는 정말 중요하다. 첫인상은 잘 변하지 않기 때문이다. 첫인상 법칙에 초두효과라는 것이 있다. 처음 본 인상은 각인이 되어서 잘 바뀌지 않는다는 것이다. 자기소개를 잘해야 호감 가는 첫인상으로 남을 수 있고, 후에 이어지는 면접도 부드럽게 풀 수 있다. 방송을 하는 사람들도 오프닝 멘트가 50%라고 말한다. 그만큼 전체적인 분위기를 좌지우지 할 수 있는 열쇠가 오프닝, 즉 자기소개에 있는 것이다. 자기소개는 다음의 PER법칙을 반드시 기억해야 한다.

- Performance : 퍼포먼스
- Episode : 구체적인 에피소드
- Resolution : 결의, 결단

자기소개에 들어가면 좋은 퍼포먼스

퍼포먼스를 종류별로 1단부터 5단까지 분류해봤다. 여러분이 지원하는 직군에 맞춰, 회사 성격에 맞춰 어떤 것이 좋을지 생각해보자. 내가 만약 영업이나 서비스 업무를 담당한다면 과감한 자기소개에 도전하는 것도 좋다. 하지만 연구직이나 기술직에 응시한다면 간단한 명언을 넣어서 말하는 정도로 끝내는 것이 좋다. 또한 내가 할 업무뿐만 아니라 회사 분위기, 나의 성격 등도 고려해 자기소개에 어떤 퍼포먼스를 할지 결정해야 한다.

퍼포먼스를 할 때 본인 스스로 '부끄럽다'라는 생각은 하지 말자. 부끄럽다는 틀을 깨야만 내가 갖고 있는 그 이상의 모습을 보여줄 수 있다. 면접관들은 부끄럽지만 용기를 내서 시도하는 당신의 모습에 더 큰 점수를 줄 테니 너무 걱정하지 말자. 자기소개를 평범하게 해서는 합격이라는 영예를 얻을 수 없다. 젊음이라는 것은 도전할 수 있어 더 빛나는 것 아닌가! 자기소개 퍼포먼스에 도전해 면접의 첫 단추를 잘 끼워보자.

1) 자기소개 1단 : 명언을 넣어라

회사 분위기가 보수적인 경우, 업무가 정적인 사무직이거나 연구직인 경우 너무 튀는 퍼포먼스보다는 명언 위주의 퍼포먼스가 적당하다.

프로는 좁게는 회사에 대한 책임감, 넓게는 회사에 대한 주인의식을 가진 사람을 말합니다. 저는 항상 어떤 일을 할 때마다 프로의식을 갖고 대처해왔습니다.

"It's possible!" 저에게 불가능이란 없습니다.

경영의 신이라 불리는 마쓰시타 전기의 회장이었던 마쓰시타 고노스케는 이런 말을 했습니다. "생각보다 어렵지 않다." 저는 어떤 일을 할 때마다 생각보다 어렵지 않다는 자신감을 갖고 도전하는 삶을 살았습니다.

"내 안의 잠든 거인을 깨워라!" 저는 제 안에 있는 거인을 깨우기 위해 열정적인 삶을 살았습니다.

2) 자기소개 2단 : 이니셜 묶기

단어의 첫 글자를 묶어 표현하면 말을 할 때 기억에 잘 남아 있어 훨씬 키워드를 갖고 말하기가 편하다. 하지만 이니셜 묶기는 정말 가슴에 와 닿는 단어를 배열하지 않으면 식상한 느낌을 줄 수 있는 위험도 있다.

저는 3S를 갖고 있습니다. 첫째, sense입니다. 저는 뛰어난 감성능력을 갖고 있습니다. 둘째, speed입니다. 저는 어떤 일을 하든지 마감기한 전에 일을 빠르게 진행하는 습관을 갖고 있습니다. 한 가지 일에 몰두하는 집중력 덕분입니다. 셋째는 sincerity, 즉 진심입니다. ○○전자에 들어오기 위해 "과연 나는 ○○전자를 진심으로 사랑하는가? 진심으로 일할 준비가 되어 있는가?" 항상 아침에 이 질문을 입으로 외치며 이 자리에까지 왔습니다. 3S라인을 갖고 있는 저 ○○○를 기억해주십시오.

3) 자기소개 3단 : 재미있는 말을 넣어라

재미있는 단어와 문장을 통해 면접관을 끌어당겨야 한다. 재미있는 말을 넣을 때는 본인 스스로가 그 말을 할 때 어색해하면 안 된다. 나 자신부터 그 멘트에 빠져 정말 재미있다는 생각으로 말하는 것이 중요하다.

이 말을 너무 긴장해 빨리 이야기하면 전달력이 약해질 수 있다. 천천히 여유를 갖고 자신감 있게 말해보자. 그리고 재미있는 말을 할 때는 말만 재미있게 하는 것이 아니라 얼굴 표정도 말의 내용에 따라 재미있게 연출해야 하는 것을 잊지 말자. '말 따로, 표정 따로'는 정말 상상하기도 싫다.

"도를 아십니까?" 길을 지나가다 보면 사람들이 저에게 이런 질문을 많이 하곤 합니다. 아무래도 제가 편안한 인상이어서가 아닐까 싶습니다. 이러한 편안하고 푸근한 인상으로 ○○은행에 오시는 고객님의 마음을 사로잡겠습니다.

세상에는 두 종류의 사람이 있다고 합니다. 길을 물어보기 편한 사람과 그렇지 않은 사람. 저 ○○○에게는 지나가는 사람들이 길을 자주 물어보곤 합니다. 그만큼 제 얼굴이 편안하고 친절하게 생겼다는 의미일 겁니다. 저는 이러한 호감 가는 인상으로 ○○증권에 오시는 고객님의 마음을 사로잡겠습니다.

"되고 싶어 죽겠다." "되고 싶어 미치겠다." 저는 평소 이런 말을 자주 사용하지는 않습니다. 왜냐하면 의미가 부정적이기 때문입니다. 하지만 지금 이 순간만큼은 ○○전자에 입사하고 싶어 미칠 지경입니다.

4) 자기소개 4단 : 어렸을 적 이야기를 넣어라

우리가 이야기를 할 때 사람들이 좋아하는 에피소드는 어렸을 적 추억 이야기, 어려웠지만 잘 극복했던 이야기, 전문성 이야기, 요즘 핫이슈가 되는 이야기 등이다. 사람들이 재미있어 하는 이야기의 대부분은 서로 공감대가 형성되는 말이다. 나도 한 번쯤은 겪음직한 이야기, 나도 한 번쯤 생각했던 이야기를 통해 서로 감정의 교류가 일어나는 것을 공감이라고 한다.

예를 들어 면접에서 어렸을 적 이야기를 하는 것은 '순수성'이라는 공감대를 형성할 수 있는 아주 좋은 에피소드다. 구직자의 어렸을 적 모습을 면접관이 직접 보지는 못했지만 '아~ 나도 저런 때가 있었지!' '우리 동네에도 저런 애가 있었는데.' 이런 식으로 순수했던 예전 기억을 떠올리게 해 구직자를 시험 보는 대상자가 아닌 순수한 한 사람으로 오버랩해 생각할 수 있기 때문이다. 더군다나 어렸을 적 에피소드를 넣어서 말하면 '난 태어날 때부터 이 업무에 딱 맞는 적성을 타고 났다!'라는 것을 강조할 수 있어 '이 친구와 업무가 과연 잘 맞을까?' 하는 불신을 처음부터 불식시킬 수 있다.

저는 4.2kg의 우량아로 태어났습니다. 우연히 우량아 선발대회에 나갔고 1등 상품으로 1년치 분유를 얻을 수 있었습니다. 저는 태어났을 때부터 효녀였습니다. 이제 ○○전자의 효녀로 거듭나기 위해 이 자리에 섰습니다. 저 ○○○를 기억해주십시오.

저는 여섯 살 때 충남 당진군 전국노래자랑에 출연한 적이 있습니다. 옆집 아주머니께서 출연을 하셨는데 뒤에서 춤을 추는 동네 꼬마 역할을 담당했습니다. 저는 이렇게 어렸을 적부터 끼가 많았습니다. 이 넘치는 끼를 ○○○방송국의 아나운서 생활을 하며 맘껏 표출하고 싶습니다.

5) 자기소개 5단 : 노래 또는 몸짓 퍼포먼스를 해라

구체적인 몸짓을 넣어 공격적인 퍼포먼스를 하기도 한다. 자기소개를 할 때 회사의 로고송을 부르면서 말하는 구직자들, 1분 스피치를 할 때 기상 캐스터처럼 자리에서 일어나 회사 기상 예보에 대해 설명하는 구직자들이 이에 속한다. 다음과 같이 퍼포먼스를 보여줄 수도 있다.

면접관님! 제 얼굴을 한번 봐주십시오. (고개를 뒤로 돌린 다음 정면을 향해 면접관을 본다. 이때 손가락을 이용해 턱의 V라인을 짚는다.) 김연아가 아사다 마오를 이길 수 있었던 것은 이러한 강렬한 미소 덕분이었다고 생각합니다. 저도 이러한 미소로 ○○은행에 오시는 고객님의 마음을 사로잡겠습니다.

이런 퍼포먼스의 경우 면접관의 관심을 끌 수는 있지만 자칫 오버하는 듯이 보여 면접관의 인상을 찌푸리게 하는 경우도 있다. 예전 한국철도공사에 시험을 보러간 구직자가 입장을 하면서 "칙칙폭폭" 하며 입장한 일화는 유명하다. 공무원 시험에 웬 칙칙폭폭 인가? 상황에 따라 가려서 할 줄 아는 센스가 필요하다. 이렇게 적극적인 퍼포먼스는 약이 아니라 독이 될 수도 있으므로 상황에 맞춰 가려서 하자.

퍼포먼스 다음에 에피소드와 결의를 넣어라

자, 이제 퍼포먼스가 준비되었다면 다음은 에피소드 차례다. 퍼포먼스만 들어가서는 내용이 알차지 않다. 반드시 구체적인 에피소드가 들어가야 한다. 구체적인 에피소드를 어렵게 생각하지 마라. 내가 갖고 있는 소중한 경험들을 말하면 된다. 이때 중요한 것은 어떤 에피소드를 먼저 말할 것인지, 어느 정도까지 말할 것인지, 그리고 한 가지를 말할 것인지, 몇 가지를 말할 것인지 결정하는 것이다.

자기소개는 TV드라마의 예고편과 같은 역할을 한다. 예고편에서 클라이맥스를 보여주기는 하지만 다 보여주지는 않는 것처럼 자기소개에서 에피소드를 모두 다 보여줄 필요는 없다. 더군다나 몇 가지 에피소드를 나열식으로 면접관 낚시 작전처럼 배열하려고 할 때는 더더욱 자세히 말할 필요가 없다는 점을 명심하자.

어떤 에피소드를 먼저 말할 것인지는 회사가 원하는 인재상을 고려해 결정하면 된다. 마치 드라마의 예고편을 청중이 원하는 화면이 무엇인지를 고려해 편집하는 것처럼 말이다. 여러분이 보기 쉽게 PER법칙에 맞춰 스토리를 배열해봤다.

- Performance : 퍼포먼스
- Episode : 구체적인 에피소드
- Resolution : 결의, 결단

(P) 프로란 좁게는 회사에 대한 책임감, 넓게는 회사에 대한 주인의식을 가진 사람을 말합니다. 저는 이런 프로의식을 갖고 항상 일에 임해왔습니다. (E) 대학시절 교수님께서 제게 영어 프로젝트를 맡기신 적이 있었습니다. 2박 3일 안에 그 일을 마쳐야 했는데, 사람들은 제게 그 일을 3일 안에 하는 것은 무리라고 말했습니다. 하지만 저는 눈이 토끼눈처럼 충혈될 때까지 하루 2시간씩만 자며 일에 몰두했고, 그 결과 3일 안에 작업을 마무리할 수 있었습니다. (R) 이처럼 '반드시 하고 말겠다!'라는 집념과 끈기를 갖고 ○○기업의 튼튼한 기둥이 되겠습니다.

(P) "It's possible!" 저에게 불가능이란 없습니다. (E) 중국연수시절 저는 중국으로 떠날 때만 해도 "니하오"라는 말밖에 하지 못했습니다. 하지만 새벽에 학교 운동장에 나가 큰 소리로 중국어를 외쳤고, 그 결과 1년 만에 중국어와 중국문화를 몸으로 배울 수 있었습니다. 중국 연수

생활을 통해 '해내겠다. 할 수 있다'라고 마음을 먹으면 무엇이든지 끝까지 노력하면 얻을 수 있다는 사실을 배웠습니다. (R) 이런 열정을 우리나라 10대 건설사인 ○○건설사를 위해 쏟아내겠습니다.

열정이 자기소개에 묻어나야 한다

자기소개부터 동맥 경화가 일어나면 대책이 없다. 첫 단추인 자기소개를 성공적으로 말해야 뒤이어 하게 될 답변도 자신감을 갖고 말할 수 있다.

그런데 자기소개에 대한 스토리텔링을 한 후 끝까지 하나의 스토리를 계속 고집하는 친구들이 있다. 자기소개 스토리텔링이 별로 흡입력이 없어 바꾸라고 해도 끝까지 바꾸지 않고 그 스토리를 고집하는 것이다. '어떻게 만들고 외운 자기소개인데 이제 와서 바꾸나?' 이렇게 생각하는 경우가 많은데 그것은 참 유연하지 못한 사고다.

야구 선수가 연습을 하는 이유는 무엇인가? 공을 맞출 수 있는 좋은 폼을 만들기 위해서다. 그렇다면 모의 면접을 왜 하는가? 조금 더 좋은 스토리를 만들기 위해 하는 것 아닌가? 새로운 스토리를 만드는 것에 대해 너무 겁먹지 말자. 매번 새로운 스토리를 만들고, 그 중에서 가장 각인되는 스토리를 골라 말하자.

자기소개를 할 때는 PER법칙에 맞춰 말하는 것도 중요하지만 말할 때의 목소리와 보디랭귀지 또한 중요하다. 명언을 말할 때의 진지함, 그리고 구체적인 에피소드를 넣어 말할 때의 박진감, 마지막 결의를 말할 때의 열정이 온전히 자기소개에 묻어나야 한다. 면접관과 눈을 마주치며 자신감 있는 목소리로 자기소개를 해보자.

지원동기 스토리텔링,
이렇게 하면 된다

회사에 대한 단순 사실만을 열거하듯이 말해서는 안 된다.
내용뿐만 아니라 눈빛에서도 회사에 대한 충성심을 담아라.

회사에 대한 지원동기를 물어보는 것 또한 면접에서 꼭 나오는 기출 문제 중에 하나다. 사실 면접관들은 회사 지원동기를 물어보는 질문을 좋아한다. 이 사람이 얼마나 우리 회사에 애정을 갖고 있는지 '애정지수'를 알아볼 수 있기 때문이다. 면접관이 만약 회사에 대한 지원동기를 물어본다면 회사에 대한 단순한 사실(fact)만을 말해서는 안 된다. 반드시 회사에 대한 충성심(royalty)을 넣어 말해야 한다.

지원동기의 충성심은 크게 2가지가 있다. 하나는 회사에 대한 충성심이고, 또 하나는 업무에 대한 충성심이다. 전자의 에피소드는 한마디로 "나는 이 회사가 정말 좋습니다. 예전부터 지켜봐왔습니다."이고, 후자의 에피소드는 "전 이 업무를 잘해낼 자신이 있습니다."로 마무리하면 된다. 이때 남들이 다 아는 정보를 나열하기보다는 새로운 정보가 들어가 있는 것이 훨씬 좋다.

네, 저는 대한민국의 조선공업과 기계산업의 발전에 중추적인 역할을 하는 삼성중공업의 일원이 되고 싶어 이렇게 지원했습니다. 삼성중공업은 해운, 무역, 조선, 기계, 플랜트, 건설 등 여러 분야에서 이미 부연설명이 필요 없는 글로벌 기업입니다. 저는 모스크바 국립 항공기술대학교에서 엔진설계와 열공학을 전공했습니다. 전공과 관련된 다양한 지식을 쌓는 것이 중요하다고 판단해 설계 관련 과목과 로켓엔진과 디젤 동력장치와 같은 엔진 관련 과목 등 다양한 전공과목을 체계적으로 수강했습니다. 세계를 향해 도약하는 글로벌 기업에서 진정한 글로벌 인재로 거듭나겠습니다.

이랜드는 어릴 때부터 저의 생활 속에 함께했습니다. 어릴 때 저에게 가장 좋은 옷이었던 리틀 브렌따노, 사춘기 때 멋 내고 싶어 처음 산 숙녀브랜드 ENC, 대학에 들어가 생일선물로 받은 Roem, 친구 집들이에 선물했던 홈에버 상품권이 기억납니다. 이제는 제가 그 중심에서 전략적인 분석과 기획을 바탕으로 브랜드를 관리하고, 고객에게 더욱 행복한 이야기를 만들어주고 싶습니다. CI디자인 전문회사를 다녔던 경험을 토대로, 고객을 이해하고 고객과 함께 소통하는 브랜드를 디자인하겠습니다.

면접관의 마음은 사랑하는 여자와 같다

서로 사랑하는 남녀가 있다. 여자가 남자에게 묻는다. "오빠는 내가 왜 좋아?" 남자는 한참을 고민하다가 대답한다. "좋으니까 좋지!" 이 말에 여자는 내심 실망한 눈빛으로 다시 묻는다. "좀 자세히 말해봐! 나의 어떤 점이 좋냐고?" 여자의 이 말에 구체적인 답변을 내놓지 못하면 그날 남자는 여자의 엄청난 잔소리를 듣게 될 것이다.

여자들은 '나를 좋아하는 이유'에 대해 남자가 구체적으로 말하지 않으면 '자신을 사랑하지 않는다'라는 결론을 내린다. 추상적이고 모호한 것은 언제든 사라질 수 있는 안개와 같다고 생각하기 때문이다. 남자가 미리 여자의 질문에 대답을 준비해놨으면 얼마나 좋았을까? 가령 이렇게 말이다. "일단 나는 네가 주스를 마실 때 입술을 살짝 내밀면서 마시는 것도 좋고, 전화 받을 때 밝고 상냥한 너의 목소리도 좋아. 그리고 가장 좋은 건, 너랑 있으면 내가 이 세상 최고의 남자가 된 것 같은 생각을 들게 해줘서 좋아." 아마 여자는 남자의 이 말을 듣고 '정말 이 남자가 나를 사랑하는구나.'라는 것을 느끼게 될 것이다.

면접관의 마음도 이런 여자의 마음과 마찬가지다. 면접관도 회사의 어떤 점이 좋은지, 그리고 얼마나 회사를 좋아하는지 구체적으로 듣고 싶어한다. 그걸 물어보는 것이 '지원동기'라고 생각하면 된다. 구직자는 "내가 어디가 그렇게 좋아?"라는 회사의 질문에 구체적이고 참신한 답변을 준비해야 한다. 인터넷에 들어가 회사 연혁만 줄줄 외는 것이 아니라 회사가 구직자에게 어떤 의미인지, 회사에 대해 얼마나 많은 정보를 갖고 있는지 자세히 말해줘야 하는 것이다.

지원동기에 대해 스토리텔링하는 방법

지원동기의 경우 말을 할 때 내용뿐만 아니라 눈빛과 표정에서도 회사를 향한 충성심의 레이저가 쏟아져 나와야 한다. 그런데 이렇게 회사에 대한 애정을 온몸으로 표현하기 위해서는 무엇보다도 회사와 업무에 대해 많이 알아야 한다. 즉 내가 다닐 회사와 내가 할 업무에 대해 관심을 갖고 말할 거리, 즉 에피소드를 찾아야만 애정을 쏟으며 말할 수 있는 것이다.

지원동기에 대해 스토리텔링을 하려면 일단 회사의 정보를 파악하는 것이 중요하다. 회사의 정보를 파악하는 방법은 첫째, 직접 경험을 하는 것이다. 직접적으로 회사와 연을 맺었던 경험, 인턴이나 아르바이트를 했던 경험, 매장이 있는 회사라면 매장에 방문했던 소감, 먼저 입사한 선배와의 대화 등등 직접 몸으로 부딪히며 에피소드를 얻어내는 것이다.

건설회사에 입사한 한 친구는 직접 선배를 찾아가 대화를 수차례 나눈 후 회사가 중국진출을 앞두고 있어 중국어를 잘하는 인재를 이번 채용에서 뽑을 것이라는 정보를 얻은 뒤 면접을 봤다. 다행히

이 친구는 중국어를 할 줄 알았고, 그 점을 집중적으로 강조한 결과 합격이라는 영예를 얻을 수 있었다.

두 번째는 간접 경험을 활용하는 것이다. 신문기사나 잡지, CEO의 자서전 등을 이용해 그 회사의 정보를 얻어야 한다. 내가 가고자 하는 회사가 있다면 신문기사를 따로 스크랩해서 모아두는 것도 좋다. 면접 보기 전 그 신문기사를 쭉 살펴보면 회사가 지금 어떤 흐름 속에 있고, 어떤 계획을 갖고 있는지 알 수 있을 것이다. 이런 것들을 에피소드로 삼아 말하면 된다.

내가 할 업무를 말할 때는 소명의식을 넣어라

지원동기 스토리텔링을 할 때는 회사뿐만 아니라 내가 맡을 업무에 대한 나의 생각을 자세히 말해주는 것이 중요하다. 예를 들어 내가 만약 마케팅 업무에 지원한다면 "대학시절 마케팅 수업을 할 때 조 프로젝트를 한 적이 있었는데, 그때 마케팅의 매력을 알게 되었고, 이후 마케팅 아르바이트를 통해 마케팅에 대한 매력이 더욱 강해졌습니다." 등등의 스토리를 구체적으로 풀어야 한다.

내가 정말 잘할 수 있는 업무라는 것을 면접관에게 강조하기 위해서는, 내가 업무에 대해 관심을 갖게 된 계기, 대학시절 ㅇㅇ과목을 수강하면서 참 재미있게 공부했다는 내용, 대학시절 조별 프로젝트를 하면서 업무에 대해 관심이 더욱 강해진 내용, 업무에 관한 전문서적을 읽었는데 그 중에서 가장 기억에 남는 스토리, 어렸을 적부터 이 분야에 관심이 많아 꾸준히 준비한 내용, 업무에 대해 배울 수 있었던 아르바이트 경험, 인턴 경험을 하면서 배웠던 내용 등을 넣어서 말하면 한결 더 구체적으로 업무에 대한 관심과 사랑을 표현할 수 있다.

그리고 내가 할 업무에 대한 이야기를 할 때 그냥 단순히 업무에 대해 설명하기보다는 그 업무에 대한 소명의식을 표현하는 것이 중요하다. 소명의식은 calling이라는 이름을 갖고 있다. 즉 나는 생계를 위해 직업을 갖는 것이 아니라 어떤 '부름'으로 이 직업을 갖고 사람들과 나누는 것을 말하는 것이다.

쇼핑호스트는 단순히 물건을 파는 사람이 아니다. 자기에게 맞는 상품을 선택하게 해 행복을 안겨주는 사람이다. 농부는 단순히 농사를 짓는 사람이 아니다. 우리들의 건강한 먹을거리를 책임져주는 사람이다. 건설회사 직원은 단순히 아파트를 짓는 사람이 아니다. 내 가족의 편안한 휴식처를 만들어주는 사람이다. 내가 할 업무를 말할 때는 소명의식을 넣어 말해보자. 그럼 한결 더 깊이 있는 답변을 만들 수 있을 것이다.

성격의 장점 스토리텔링,
이렇게 하면 된다

성격의 장단점을 말할 때 단점을 더 길게 설명해선 안 된다.
단점이 아닌 장점을 더 부각시켜야 한다는 점을 잊지 말자.

JYP엔터테인먼트 사업을 하고 있는 가수 박진영 씨가 한 매체와의 인터뷰에서 이런 말을 했다. "좋은 집에 살려고 좋은 차를 타려고 일을 하는 것이 아닙니다. 그냥 일을 하는 것이 재미있어요. 재미있어서 하루 18시간을 일해도 지치지 않는 겁니다." 사업을 성공적으로 하고 있는 경영자들을 만나보면 "일이 힘들지 않으세요?"라는 질문에 첫 말은 "재미있습니다."로 시작한다. 적성에 맞는 일을 하다 보면 어느새 재미있다는 말을 달고 살게 되는 것 같다.

사람에게는 타고난 성격이 있다. 이 성격에 맞는 일을 선택해야 재미있게 일을 할 수 있다. 그래서 면접관들은 이 사람이 이 업무에 많은 적성을 갖고 있는지를 알아보고, 또한 우리 조직이 원하는 인재상에 이 사람이 얼마나 부합하는지 알기 위해 "당신 성격의 장점은 무엇입니까?"를 묻는 것이다.

"당신 성격의 장점이 뭔가요?"라는 질문에 제대로 대답하기 위해서는 일단 자신을 돌이켜보는 것이 아주 중요하다. 일단 내가 나의 장점을 알아야 자신감 있게 말할 수 있기 때문이다. 남들보다 조금 나은 점을 찾아봐라. 예를 들어 시간약속을 정말 잘 지킨다거나, 뭔가 닥쳐서 하는 일보다는 미리미리 하는 것을 좋아한다거나, 친구들이 많다거나, 스트레스를 받기보다는 즐겁게 일을 한다거나, 남들보다 성실하다거나, 호기심이 많다거나 등등 이런 내용들 말이다.

하지만 더 중요한 것이 있다. 이런 성격의 장점들을 그냥 장점으로만 말하는 것이 아니라 내가 할 업무와 얼마나 관련이 있는지 따져봐야 한다. 예를 들어 영업직군이면 "사색하는 것을 좋아합니다."라고 말하기보다는 "사람을 좋아하고 그 안에서 에너지를 얻습니다."라고 말해야 한다.

성격의 장점을 말할 때는 크게 2가지 정도를 말하는 것이 좋다. 만약 면접관이 성격의 장단점을 함께 물어본다면 각각 한 가지씩을 말하면 된다. 그런데 여기서 중요한 것은 먼저 장점을 말해야 하고, 상대적으로 장점을 더 많이 말해야 한다는 것이다. 개중에는 성격의 장단점을 말하라고 할 때 단점을 더 길게 설명하는 경우가 있다. 그렇게 단점을 부각시켜서는 안 된다. 장점을 더 부각시켜야 한다는 점을 잊지 말자.

장점을 한 가지만 이야기하면 부족하다

성격의 장점을 스토리텔링할 때는 첫째, 매직 3를 기억하자.

장점을 한 가지만 이야기하면 부족하다. 2~3가지 정도 장점을 미리 준비해놓자. 그리고 첫째, 둘째, 셋째로 나눠 말하자. 그럼 한 결 더 말하기가 쉬워질 것이다. 그냥 배열하는 것보다는 이렇게 매직 3로 폴더화시키는 것이 훨씬 더 귀에 잘 들어온다.

제 성격의 장점은 첫째, 두려워하지 않는다는 것입니다. 저는 어렸을 적 예기치 못한 사고로 물을 굉장히 두려워했습니다. 그런데 필리핀 단기 어학연수를 갔을 때 수업 시간에 스쿠버 다이빙을 하게 되었습니다. 몸이 덜덜 떨릴 정도로 긴장되었지만 '지금이 아니면 극복할 수 없다.'라는 마음으로 물속에 뛰어들었고, 그 결과 물에 대한 두려움을 극복할 수 있었습니다. 제 성격의 두 번째 장점은 성실하다는 것입니다. 저희 학교에서는 매년 영어연극 공연을 무대에 올립니다. 그때 저는 무대 설치 담당을 맡아 꼼꼼하게 일처리를 해 "유경이가 설치한 것은 다시 확인해볼 필요도 없어."라는 말을 자주 들었습니다.

이렇게 매직 2 또는 매직 3로 폴더화를 시켜 말하면 훨씬 더 잘 정리된 느낌으로 말을 할 수 있다. 그런데 어떤 구직자는 이렇게 물을 것이다. "성격의 장점을 2가지 또는 3가지로 나눠서 말하면 너무 내용이 길어지지 않을까요?" 이 말도 맞다. 그래서 만약 3가지 장점을 모두 말하고 싶을 때는 3가지 장점 가운데 한 가지는 구체적으로 풀고, 나머지 2가지는 '더불어 이런 장점도 있다!'는 식으로 나열해도 좋다.

또한 2, 3가지 장점을 말할 때 "저는 성실합니다. 그리고 시간약속을 잘 지킵니다." 이렇게 에피소드를 나열만 해서는 안 된다. 에피소드를 가지고 스토리텔링을 할 때는 구체적으로 묘사해주는 것이 중요하다. 앞의 답변을 보면 '덜덜'과 같은 의태어를 넣어줘 훨씬 더 실감나게 표현했고, "유경이가 설치한 것은 다시 확인해볼 필요도 없어."라는 대사를 넣으면서 더욱 생명력 넘치는 스토리텔링을 할 수 있게 되었다.

성격의 장점을 말하는 둘째 방법은 주장을 먼저 말하고 근거를 대라는 것이다.

내가 내 성격의 장점을 '성실'이라고 말했다면 '성실하다'라는 주장 뒤에 반드시 성실했던 경험 에피소드를 근거로 삼아 스토리텔링을 해야 한다. 근거 없는 주장은 설득력이 없다. 주장만 남발해서는 너무 추상적이고 어려운 느낌을 줄 수 있으므로 반드시 주장에는 근거라는 에피소드를 넣어 설득력을 높여야 한다.

또한 주장을 말할 때는 한 문장 안에 한 주장만을 넣는 것이 깔끔하다. "저의 가장 큰 장점은 본인의 임무에 책임을 가지고 끈기 있게 최선을 다하는 성실함이라고 생각합니다." 이 답변의 경우 주장이 한 문장 안에 너무 많이 들어가 있어 오히려 무슨 말을 하는 것인지 집중이 되지 않는다. 그리고 이 주장에 대한 근거 에피소드가 충분치 않다. 도대체 책임을 가진다는 것이 무슨 이미지를 보여주는가? 도대체 최선을 다한다는 것이 무엇을 말하는 것인가? 성실함은 또 무엇인가? 주장에는 반드시 그에 따른 에피소드가 나와야 한다는 것을 잊지 말자.

면접관이 좋아하는 성격의 장점을 말하라

셋째, 면접관이 좋아하는 성격의 장점을 말해야 한다.

면접관은 정말 구직자의 성격의 장점을 궁금해할까? 사실은 아니다. 면접관은 구직자의 본연에 대한 관심보다는 '우리 회사에 들어와 얼마나 일을 잘할까?' 오직 그것만 생각한다. 면접관은 '업무와 연관된 성격의 장단점'이 있는지 들어보는 것이다. 그러니까 만약 내가 영업직에 응시한다면 "조용하다"라는 성격의 장점보다는 "사람을 좋아한다." "밝고 긍정적이다." "도전을 좋아한다." 등의 내용이 나와야 한다.

넷째, 성격의 장점을 비단 성격의 장점으로만 풀지 마라.

성격이라고 하면 "조용하다, 착하다, 활발하다" 등등 이렇게만 생각하는 친구들이 많다. "도전을 좋아하고, 사람을 좋아하는 건 성격의 장점이라기보단 나의 강점 아닌가요?" 이렇게 생각하는 친구들이 있는데 면접관들이 무슨 국어 학자인가? 나한테 좋은 강점들이 있는데 만약 그럼 "당신의 강점이 뭐예요?"라는 질문을 하지 않는다면 강점 에피소드는 말도 못하고 면접장을 나올 것인가? 일단 어떤 질문이 나오든 내가 갖고 있는 좋은 에피소드는 빠뜨리지 않고 말하고 나와야 한다. 면접을 보고 나서 "그 에피소드 말하고 왔니?"라고 물으면 "면접관이 그건 안 물어보던데요…"라고 수동적으로 말하는 친구들이 많다. 이래선 안 된다.

내가 할 업무가 내 성격에 맞는가?

직업을 선택할 때 가장 중요하게 생각해야 하는 것이 바로 '쉽게 배울 수 있는 일이냐?'다. 난 경제학을 제1전공으로, 신문방송학을 제2전공으로 공부했다. 하지만 제1전공인 경제학에서는 아무리 열심히 해도 A+를 받기 어려웠다. 경제학과의 경우 A+를 맞는 친구들은 대부분 수학에 도통한 친구들이다. 더군다나 수학과 친구들이 경제학을 제2전공하거나 부전공하는 경우가 많아 더욱더 경쟁이 치열하다.

그런데 신기한 것은 신문방송학 수업은 공부를 그렇게 많이 하지 않았는데도 불구하고 항상 A+ 등의 좋은 점수를 받는 것이 아닌가? 우연히 중고등학교의 생활기록부를 본 적이 있었다. 향후 희망 직업란에 버젓이 '기자'라는 단어가 적혀 있었다. 난 사실 기자가 되어야겠다는 생각보다는 정치가가 되거나 평범한 주부의 삶도 나쁘지 않겠다고 생각했었는데 내가 기자라는 직업을 원했다니 정말 신

기하기도 하고 의아했다. 난 어렸을 적 혼자 쓸데없이 상상하고 공
상하기를 좋아했고, 또 친구들과 편지로 이야기하는 것을 좋아했
다. 그래서 글을 쓰는 직업인 기자가 되고 싶었나보다.

자연스럽게 내 몸에 맞는 옷이 있다. 자연스럽게 그 쪽으로 눈이
쏠리는 직업이 있다. 남들보다 확연히는 아니지만 조금은 눈에 띄
는 차별화된 나의 성격이 있을 것이다. 그 성격에 맞는 직업을 선택
하는 것이 제대로 그 일을 즐길 수 있는 최선의 방법일 것이다.

지금부터라도 내 성격을 파악해보자. 그리고 과연 내가 할 업무
가 내 성격에 맞는 일인지, 그리고 쉽게 배울 수 있는 일인지 곰곰
이 생각해보자.

성격의 단점 스토리텔링,
이렇게 하면 된다

함정 질문이므로 적절한 수위에서의 단점 노출이 필요하다.
너무 강한 부정의 이미지는 처음부터 노출하지 않아야 한다.

면접에서 구직자가 꼭 지켜야 할 것 중에 하나가 바로 부정적인 단어를 피하는 것이다. "제가 만약 면접에서 실패하게 된다면…" "제가 예전에 림프종이라는 병에 걸려 6개월 동안 투병생활을 한 적이 있습니다." "제 성격의 단점은 잘 잊어버리는 건망증과 욱! 하는 성격입니다." 이렇게 대답해선 안 된다.

구직자가 '실패'라는 단어를 던지면 전체 내용과는 상관없이 면접관의 머릿속에는 '실패'라는 이미지가 떠오르게 된다. 그래서 구직자의 얼굴에 '합격'이 아닌 '실패'가 오버랩되면서 부정적인 이미지가 연출될 수 있다.

"면접에서 실패하게 된다면"보다는 "면접에서 합격하지 못한다면"이라는 긍정의 단어로 바꿔 말하는 것이 중요하다. 또한 림프종이라는 병과 6개월 동안의 투병생활에 관한 스토리도 조심스럽게 던져야 하는 말 중에 하나다. 물론 6개월 동안의 투병생활에서 얻은 인생에 대한 경험을 감동적으로 풀면 괜찮을 수도 있지만, 면접관은 아픈 것을 이겨낸 사람보다 원래부터 건강했던 사람을 좋아한다는 사실을 잊지 말자. 열심히 일하려면 체력은 기본 중에 기본이기 때문이다. 이렇듯 면접은 부정적인 말보다는 긍정의 말로 바꾸거나, 너무 강한 부정의 이미지는 처음부터 노출하지 않는 것이 중요하다.

성격의 단점에 대해 묻는 질문은 부정적인 이미지를 불러일으킬 수 있는 함정 질문이다. 이 성격의 단점에서 너무 강한 부정적인 이미지의 단어를 사용하게 되면 나의 이미지가 비호감으로 비춰질 수 있다. 그러므로 적절한 수위의 단점 노출이 필요하다.

성격의 단점을 묻는 질문에 속지 말자

아직도 면접관이 던진 "당신 성격의 단점은?"이란 미끼 질문에 걸리는 사람이 있으니 정말 안타깝다. 성격의 단점을 말하라는 것은 정말 노골적인 질문이다. 당연히 '앗! 이 질문은 당연히 피해가야지!'라는 생각을 우리 구직자들은 해야 한다. 축구로 치면 승부차기를 할 때의 정면 승부에 해당한다. 속여서 볼을 차는 고단수의 테크닉이 아닌, 오히려 골키퍼의 정면을 노리는 정면 승부가 바로 "당신 성격의 단점을 말하라"라는 질문이다.

이 질문에 우리 구직자들은 흔히 이렇게 답변한다. "저는 성격이 조용하고 내성적입니다." 만약 이 구직자가 호텔 서비스 업무에 지원하고자 한 사람이라면 이 답변은 폭탄을 입에 물고 불구덩이에 들어가는 것과 똑같다. 또 어떤 구직자는 이렇게 말한다. "저는 성격이 너무 예민해서 스트레스를 많이 받습니다." 정말 어떻게 이런 말을 면접장에서 할 수 있는가? 다른 질문에는 면접관이 의도하는 바가 숨겨져 있지만 성격의 단점을 묻는 질문만은 다르다. 이건 면접관이 "당신이 우리와 맞는 인재인지 아닌지를 네 입으로 말해봐라."라고 아예 솔직하게 까놓고 질문하는 것이다.

제발 성격의 단점을 묻는 질문에 속지 말자. 물론 이 책을 보고 있는 구직자들은 "이 정도에는 속지 않을 센스는 있다고요!"라고 말할지 모르겠다. 그런데 이 질문에 정말 내가 갖고 있는 숨겨야 하는 단점을 말하는 '폭탄 발언'을 하는 경우를 많이 봐서 미리 염려하는 마음에서 담았다.

그렇다면 도대체 어떻게 단점을 말해야 할까? 정답을 말하자면 "단점은 말해도 된다. 하지만 절대 약점은 말하면 안 된다."이다. '약점'은 남들보다 떨어지거나 떳떳하지 못한 점을 말한다. 이와 비슷하지만 '단점'은 모자라는 점을 말한다. 좀 더 쉽게 말하자면 약점은 천성이 원래 그래서 바꿀 수 없는 것을 말한다. 반면에 단점은 천성은 아니지만 인생을 살다보니 남들보다 조금 내가 더 노력해야 하는 부분이 있다. 하지만 이것은 노력하면 개선될 수 있다는 것을 말한다.

예를 들어 "원래 성격이 예민하다. 게으른 편이다. 친구들과 함께 하는 것을 좋아하지 않는다. 욕심이 많다." 등은 바뀌기 힘든 천성이다. 이런 천성은 정말 웬만해서는 바뀌지 않기 때문에 면접관들은 이 말을 들으면 과감히 "노(NO)!"를 외치는 것이다.

단점을 말할 때 주의해야 할 사항

약점과 단점의 차이를 더 자세히 알아보면 약점은 원래 천성이 그렇기 때문에 잘 바뀌지 않는 것, 게으르거나 별 생각 없이 살아서 드러난 문제점을 말한다. 예를 들어 약속 시간에 자주 늦는다거나, 일을 잘 마무리하지 못한다는 것 등이다. 반면에 단점은 누구나 다 그럴 수 있는 문제점을 말한다. 예를 들어 "일에 대한 욕심이 많아 한꺼번에 처리하려는 경향이 있다. 내가 좋아하는 일을 먼저 하려는 습관이 있다. 그래서 우선순위 A, B, C를 정해 가장 먼저 해야 하는 A의 일을 하려고 노력한다." 등 개선할 수 있는 여지가 있는 문제점을 말한다.

단점을 말할 때는 다음의 3가지를 반드시 기억해야 한다. 첫째, 절대 약점을 쓰지 마라. 둘째, 개선하고 있다는 점을 강조하라. 셋째, 업무를 하는 데 방해가 되는 단점은 절대 말해서는 안 된다. 예를 들어 "당신의 단점이 무엇이냐?"라고 물어본다면 다음과 같이 대답하자.

제 단점은 어떤 일처리를 할 때 완벽하게 처리해야 한다는 생각 때문에 작은 일에 많은 시간을 쏟는다는 것입니다. 그래서 어떤 일을 할 때 시간이 지체되지 않도록 미리 시간에 대한 계획을 세우고, 시간을 효율적으로 사용하려고 노력하고 있습니다.

이렇듯 어찌 보면 단점이지만 모두 다 열심히 하려고 하다 보니 생겨난 결과물을 말하는 것이 중요하다. 노골적으로 나의 단점 또는 약점을 드러내지 말자.

단점을 여러 개 말할 필요는 없다

아직도 단점을 말할 때 면접관에게 딱 걸리는 구직자가 있다. 이건 정말 드러내놓고 하는 공격이다. 다시 말해 '비비 꼬아서 너를 알아봐야겠다'라는 면접 질문이 아니라, 정말 단순한 함정에 빠지게 하는 공격이다.

회계사에 합격해 우리나라 유명 회사에 취업하려고 하는 구직자에게 물었다. "당신의 단점은 무엇입니까?" "저는 매사 예민해 잠도 잘 못 자고 사람들과 대화를 나누기도 힘듭니다." 지금 이 책을 읽으면서 '면접장에서 어떻게 저렇게 말할 수 있어?'라고 생각할지 모르겠지만 이렇게 대답하는 구직자들이 은근히 많다.

단점을 말할 때 반드시 주의해야 할 것이 있다. 단점을 너무 많이 말하지 말라는 것이다. 성격의 단점을 물어볼 때 한 가지가 아닌 두세 가지를 말하는 친구들이 있는데, 굳이 면접관에게 단점을 여러 개 말할 필요는 없다. 단점을 여러 개 말한다고 해서 좋아하는 면접관은 세상에 없으므로 단점을 물어보는 질문에는 한 가지 정도만 말하자. 기억하자. 개선할 수 있는 단점, 그리고 내가 할 업무의 인재상과는 별개의 단점을 준비해야 한다는 사실을 말이다.

자신의 강점 스토리텔링,
이렇게 하면 된다

다른 사람과 비교해 탁월한 점이 무엇인지를 묻는 질문이다.
내가 할 업무와 관련된 나의 능력을 강력하게 어필해야 한다.

자신의 강점을 물어보는 것은 한마디로 '우리가 당신을 왜 뽑아야
하는데?'라는 근거를 제시해보라는 것이다. 다른 사람과 비교해 탁
월한 점이 무엇이냐고 질문하는 것이다. 다른 사람들과 비교했을
때 강력하게 나 자신을 어필할 수 있는 능력을 말하는 것이 바로 '강
점 스토리텔링'이다.

　자신의 강점을 물어볼 경우에는 '내가 할 업무와 관련된 나의 능
력'을 말해주면 된다. "당신의 강점이 무엇이냐?"라고 물어보면 다
음과 같이 말하면 된다.

네, 저는 영어와 중국어에 대한 언어 감각을 갖고 있습니다. 1학년 학기를 마친 후 대만의 인턴십에 지원했고 호텔의 Executive Lounge에서 일을 하게 되었습니다. 중국어는 기본적인 인사 정도만 알고 있었기 때문에 영어로만 의사소통을 했었는데, 저는 중국인 고객들을 위해 퇴근 후 중국인 친구와 중국어 학습을 했고, 그 결과 영어뿐만 아니라 중국어까지도 습득할 수 있었습니다.

강점을 물어보는 이유는 딱 한 가지다. '과연 이 사람이 우리 회사에 들어와 프로로 일을 할 수 있는 능력이 있는가?'를 알고 싶어서다. 회사는 전문성 있는 인재를 원한다. 물론 지금 당장 활용할 수 있는 전문성이 있으면 좋지만 현재보다는 미래에 우리 회사에 들어와 전문성을 함께 키우고 강화시킬 수 있는 사람을 원한다.

그런데 이 전문성은 적성과 밀접한 관련이 있다. 적성에 맞는 업무를 하는 사람들이 어떤 스트레스가 있는 상황에서도 일을 즐기면서 할 수 있기 때문이다. 적성은 '쉽게 배울 수 있는 일'을 말한다. 누군가에게는 영어와 중국어를 공부하는 것이 아주 쉬운 일일 수 있지만, 누군가에게는 그것보다는 만들고 조립하는 것이 훨씬 더 쉬운 일일 수 있다. 적성은 선천적인 것이긴 하지만 어렸을 적에 '얼마나 경험의 지도를 그렸냐'에 따라 달라질 수 있기 때문에 다시 새로 후천적으로 노력해서 바뀌는 사람보다는 원래부터 그랬던 사람을 뽑는 것이 회사에는 훨씬 더 유리하다.

이해를 쉽게 하기 위해 예를 들어보자. 가령 서비스 업무를 할 사람이라면 사람 만나는 것을 좋아하고 그 안에서 에너지를 얻는 사람이 스트레스 없이 일을 꾸준히 잘할 수 있다고 면접관들은 생각한다. 그렇기 때문에 "당신의 강점이 무엇입니까?"라는 질문을 통해 저는 "사람 만나는 것을 좋아합니다."라는 서비스 업무 적성에 맞는 답변을 듣고 싶어하는 것이다.

강점을 최소 3가지 이상 찾는다

프레젠테이션을 했을 때 가장 중요한 것은 '어떤 내용을 말할 것인가?'다. 이때 더욱 중요한 것은 '얼마나 청중을 잘 분석했느냐'다. 아무리 좋은 내용이어도 청중이 좋아하는 이야기가 아니면 청중을 집중시킬 수 없다. 면접관에게 나의 강점을 말할 때도 마찬가지다. 나의 강점을 파악하는 것도 중요하지만 면접관이 원하는 이야기를 어떻게 하느냐도 중요하다. 그럼 강점을 말하기 위해서는 어떻게 해야 할까?

첫째, 일단 친구나 다른 사람들이 말하는 나의 강점에 대해 생각해보자. 친구들이 "너는 다른 건 몰라도 정말 이거 하나는 잘해!"라고 말했던 내용에 대해 생각해보자. 또한 부모님에게 나의 강점이 무엇인지 물어도 좋다. 의외로 나 아닌 다른 사람들이 나의 강점에 대해 잘 알고 있는 경우가 많다.

둘째, 한 가지 강점만 찾지 말고 최소 3가지 이상의 강점을 찾는다. 강점은 남들보다 우세하거나 뛰어난 점을 말하지만, 그렇다고 해서 너무 부담 가질 필요는 없다. 대학시절에는 남들보다 나은 강점이 그렇게 밖으로 표현이 잘되지 않을 수 있기 때문이다.

셋째, 매직 3를 기억하자. '첫째, 둘째, 셋째'로 나눠 강점을 말해본다. 여기서 중요한 것은 강점을 표현할 수 있는 핵심 키워드를 떠올려야 한다는 것이다. 예를 들어 '동아리 회장직을 하면서 얻은 리더십 역량' '외국어 능력' '다양한 서비스 경험' '전공지식' 등 키워드를 머릿속에 넣고, 이것을 가지고 스토리텔링을 해야 한다는 것이다.

넷째, 햄버거 법칙을 기억하자. 먼저 주장이 그다음 근거가 나와야 한다. 사람을 설득하려면 햄버거를 사주면 된다. 햄버거는 '빵, 고기, 채소'로 되어 있다. 여기서 빵은 주장이다. 햄버거에 빵만 있으면 안 되듯이 반드시 고기, 채소에 해당하는 근거를 넣어줘야 한다. 근거는 당연히 '내 체험 에피소드'다.

다섯째, 내가 갖고 있는 강점과 내가 입사해서 할 업무의 강점이 서로 궁합이 맞는지 반드시 따져봐라. 혹여 "혼자서도 잘해요."라는 강점이 자칫 조직 간에 함께 어울려 일하는 것에는 맞지 않을 수 있으니 말이다.

자신의 강점에 대해 말하라고 하면 "선생님! 저는 정말 잘하는 것이 없어요."라고 대답하는 구직자들이 많다. 다시 말하지만 나는 잘하는 것에 대해 물어본 적이 없다. 물론 잘하는 것이 강점이 될 수 있지만 아직 20대 초중반의 구직자들은 자신이 무엇을 잘하는지 한 눈에 알 수 있는 '감(感)'을 갖고 있지 않다. 20대를 건너 30대를 거쳐 인생이라는 길을 조금씩 걷게 되면 '나한테 이런 재능이 있구나!'라고 조금씩 보이게 된다.

하지만 지금 잘 보이지 않는다고 해서 강점이 보내는 신호를 무시하면 안 된다. 나의 재능은 나의 강점은 지금도 신호를 보내고 있다. 단지 그 신호가 미약해서 남들과의 큰 차이가 보이지 않을 뿐이다. 남들보다 쉽게 하게 되는 일, 쉽게 재미있게 되는 일, 쉽게 도전할 수 있는 일 속에서 나의 강점을 찾아보자.

자신의 강점 스토리텔링 사례

구체적인 예를 들어보자. "당신의 강점이 무엇이냐?"라는 면접관의 질문에 대비해 다음 에피소드를 만들었다. '저에게는 업무에 대한 전문성이 있어요. 그리고 사람들하고 금방 친근감도 갖고 있죠.' 이 에피소드를 가지고 다음과 같이 스토리텔링을 해보자.

저의 강점은 첫째 전문성입니다. 저는 영상제작을 공부하기 위해 연수차 샌프란시스코에 있을 때 외국친구의 추천을 받아 클럽 영상을 제작하는 아르바이트를 한 적이 있습니다. 글로벌한 트렌드로서 최근 서양에서 유행하고 있는 오리엔탈리즘과 복고에 초점을 맞춰 영상을 제작했습니다. 제작과정이 힘들었지만 제 영상을 보면서 사람들이 춤추고 즐거워할 것을 상상하면 웃음이 났습니다. 며칠을 밤새워서 몇 편의 영상을 완성했고, 결과는 성공적이었습니다. 뮤직비디오 같은 평범한 영상이 아닌 동아시아권의 신비로운 고전컬트무비를 인용해서 만든 감각적인 영상으로 사람들에게 어필했습니다. 둘째는 친근감입니다. 대학 성가대 동아리 '쌍투스'에서 부회장직을 맡아 활동했습니다. 저는 사람들을 끌어모으고 화합시키는 것을 좋아합니다. 동아리는 항상 사람이 적었고 그것이 항상 문제였습니다. 그래서 저는 모두가 학업 때문에 꺼려하는 홍보를 맡아 동아리를 적극 홍보했습니다. 그 결과 저희 동아리 회원 수는 사상 최대가 되었고, 학기말 공연에서도 큰 성공을 거둘 수 있었습니다.

이렇듯 "저의 강점은 첫째, 전문성입니다."라는 주장을 외친 다음, 그에 따른 에피소드를 근거로 삼아 말하면 훨씬 더 설득력이 높아진다. 또한 이 구직자의 경우 방송사 카메라 감독직에 응시한 친구이기 때문에 자신의 강점에 자신의 전문성, 능력을 자랑할 수 있는 에피소드를 골라 배열한 것이다. 또한 이 '전문성'이라는 강점은 회사가 뽑는 카메라 감독직의 인재상과도 궁합이 맞기 때문에 좋은 스토리텔링이라고 할 수 있다.

몇 가지 사례를 더 들어보겠다. 에피소드는 '저는 메모하는 습관이 있습니다. 그래서 중학교 때부터 지금까지 써온 다이어리가 무려 11권이나 됩니다.'이다. 이 에피소드로 스토리텔링을 해보자.

저는 메모하는 습관이 있습니다. 머리에 적은 것은 잊히지만 글로 적어놓은 것은 잊히지 않는 법입니다. 중학교 때부터 지금까지 써온 다이어리가 무려 11권입니다. 메모하고 정리하는 습관을 통해 대학시절에는 4.5점 만점이라는 성적을 받아 성적 우수 장학금을 받기도 했습니다. 열정이라는 러닝머신 위에 성실의 발자국을 남기면 못해낼 일이 없다고 생각합니다.

다음 에피소드는 '저에게는 사람들과 금방 친해지는 친근감이 있어요. 그리고 체력도 아주 좋은 편이에요.'이다. 이 에피소드를 가지고 스토리텔링을 해보자.

매력 있는 사람에게는 2가지 DNA가 있다고 합니다. 첫째, 친근감입니다. "제가 이전부터 알던 사람 같아요!" 처음 보는 사람에게 자주 듣는 말입니다. 항상 밝고 즐겁게 웃으면서 사람을 대하기 때문입니다. 이러한 성격 덕분에 '독거노인 지킴이' 봉사활동에서 만난 할머니 열네 분을 현재 제 외할머니로 모시며 이 세상에서 가장 행복한 손주로 살고 있습니다. 둘째, 체력입니다. 인턴시절, 제품 출시 일이 얼마 남지 않았기 때문에 아주 긴급하게 테스트를 해야 했던 일이 있었습니다. 수정된 부분뿐만 아니라 사이드 이펙트(side effect)가 발생하지 않는지 철저하게 테스트를 해야겠다는 생각으로 매일 저녁 10시 퇴근은 물론이고 주말까지 출근하며 기한에 맞춰 테스트를 완료했습니다. 일을 효율적으로 마칠 수 있었을 뿐만 아니라, 가장 늦게 퇴근하는 인턴임에도 불구하고 웃으며 일하는 지치지 않는 체력을 기를 수 있었습니다. 현재까지도 매일 아침 필라테스 요가로 건강한 체력을 유지하며 저만의 매력 무기로 만들고 있습니다.

제일 좋은 에피소드는 반드시 이야기하라

성격에 대한 장점과 자신의 강점에 대한 질문, 이 둘의 다른 점은 무엇인지 물어보는 구직자들이 많다. 대답은 "없다"이다. 때에 따라 성격에 대한 장점이 강점도 될 수 있기 때문이다. 예를 들어 '나는 성실하다'라는 장점이 있다. 이것이 비단 장점에만 해당되는 것일까? 강점에도 들어가는 부분이다.

이렇게 생각하면 좋다. 큰 집합이 성격에 대한 장점이고, 작은 집합이 자신의 강점이라고 생각하면 쉽다. 다시 말해 성격의 장점 안에 나의 강점 요소가 들어가는 것이다. 굳이 다른 점을 말하라고 한다면, 성격의 장점은 '인성'에, 자신의 강점은 '능력' 위주의 에피소드가 나와야 한다는 것이다.

예를 들어 "도전하는 것을 좋아해 경험이 다양합니다."라는 말에는 도전을 좋아하는 성격과 경험이 다양하다는 강점이 함께 공존하는 말이 된다. 성격의 장점은 "성실하다. 사람을 좋아한다." 등의 인성적인 측면이 들어가야 하고, 강점에는 "리더 역할을 많이 해서 리더십이 있다. 전공에 대한 해박한 지식이 있다. 다양한 서비스 아르바이트를 경험했다." 등등 이런 능력적인 내용들이 나오면 된다고 생각해보자.

여러분이 꼭 잊지 말아야 할 것이 있다. 면접관들도 성격의 장점과 강점을 묻는 질문의 답변이 중복된다는 것을 알기 때문에 2가지를 한꺼번에 물어보는 경우가 없다. 그렇기 때문에 여러분은 성격의 장점을 물어봤다고 해서 꼭 인성적인 내용을 꼭 말할 필요는 없다. 물론 성격의 장점과 강점을 한꺼번에 물어볼 경우를 대비해 다양한 에피소드를 준비해야 하지만, 에피소드 가운데 제일 좋은 에피소드는 반드시 말하고 나와야 하는 것을 잊지 말자.

갈등 스토리텔링,
이렇게 하면 된다

이 구직자가 문제 해결력이 있는지에 대한 질문을 하는 것이다.
서로 잘하기 위해 생긴 갈등을 잘 해결했다는 내용이어야 한다.

"지금껏 살아오면서 누군가와 갈등을 겪었던 일에 대해 말하고 어떻게 해결했는지도 함께 말해보시오."라고 면접관이 질문했다. 일단 여러분의 머릿속에 뭐가 떠올라야 할까? 바로 에피소드다. 가족과 친구, 동료들과 겪었던 갈등에 대해 사건 사고 위주로 생각해 보자.

그런데 여기서 우리가 조심해야 할 것은 '갈등'이라고 해서 정말 갈등을 이야기하면 안 된다. 예를 들어 친구와 싸웠다든가, 가출을 했다든가, 따돌림을 당한 경험이라든가 등 정말 심했던 갈등은 말해서는 안 된다. 남자친구가 "몸무게가 몇 킬로그램이야?"라고 물었을 때 진짜 자신의 몸무게를 말하는 여자는 없는 것처럼 말이다.

면접관이 물어보는 갈등은 '갈등'이 주인공이 아니라, 갈등을 어떻게 해결했는지 하는 '해결책'이 주인공이다. 심각한 갈등이 아닌 일상생활에서 흔히 일어날 수 있는 갈등을 말하고, 그것을 어떻게 해결했는지 그 방법을 말하면 된다.

그런데 면접관이 갈등을 겪었던 일에 대해 말하라고 하면 "저는 성격이 온순하고 사람들과 잘 지내기 때문에 갈등을 겪은 적이 없습니다."라고 말하는 구직자가 많다. 이래선 안 된다. 이렇게 답변해서는 절대 면접을 통과할 수 없다. 이 답변에 고개를 끄덕일 면접관이 몇 명이나 있겠는가? 생각해봐라. 살면서 사람들과 갈등을 한 번도 일으키지 않은 사람이 어떻게 있을 수 있나? 만약 있다면 그 사람은 너무 착한 사람이거나 게을러서 아무것도 하지 않은 사람일 것이다.

대학시절 조별 프로젝트를 하면서 친구와 겪었던 갈등, 아르바이트를 하면서 같이 일했던 사람들과의 갈등, 동아리 활동이나 봉사활동 등을 하며 그 안에서 있었던 갈등에 대해 말하면 된다. 그런데 중요한 것은 그 갈등이 '서로 싸웠다!'라는 차원의 얕은 내용이 되어서는 안 되고, '서로 잘하기 위해 생긴 갈등'이어야 하며, 반드시 '갈등에 대한 대책을 강구했다'라는 내용이 들어가야 한다.

예를 들어보자. "아르바이트를 했는데 한 친구가 속어와 은어를 많이 사용해 고객들의 불만이 많았다. 그래서 그것을 고치기 위해 그 친구와 싸웠다."는 내용보다는 "은어를 많이 사용하는 그 친구를 위해 서로 긍정적인 말로 칭찬해주는 '칭찬게임'을 했고, 고객을 대할 때의 언어를 매뉴얼화해 나눠줬더니 그 친구의 말이 한결 부드러워졌다." 등 고객에게 서비스를 잘하기 위해 생긴 갈등, 그리고 그 갈등의 대책이 구체적으로 나와야 한다.

갈등의 원인이 '내'가 되어서는 안 된다

면접관이 갈등을 물어보는 것은 과연 이 구직자가 '문제 해결력'이 있는지에 대해 질문하는 것이다. 갈등은 누구에게나 일어날 수 있다. 하지만 현명하게 갈등을 해결하는 것은 참 어려운 일이다. 그럼 갈등 스토리텔링을 어떻게 해야 할까? 갈등 스토리텔링을 할 때의 주의사항은 크게 5가지다.

첫째, 갈등 에피소드를 떠올리자. 어떤 조직에서 있었던 갈등에 대해 구체적으로 말한다. 다시 말해 대학시절 축제를 준비했을 때의 갈등, 아르바이트를 했을 때 사람들 속에 일어났던 갈등을 소재로 삼는다.

둘째, 갈등의 원인이 '내'가 되어서는 안 된다. 내가 어떤 문제를 일으켜서 다른 조직원들이 힘들어했다는 내용은 안 된다는 것이다. 만약 "내가 군대에서 행군을 하다 발을 다쳐 다른 동료들이 힘들지만 나를 부축해 끝까지 행군을 잘 마칠 수 있었다."라는 내용처럼 내가 갈등과 어려움의 주인공이 되어서는 안 된다는 것이다.

다음 에피소드는 '저소득층 아이들에게 보조 교사 봉사활동을 한 적이 있었다. 아이들의 반응이 별로 없었고, 그러던 중에 한 아이가 무단으로 결석까지 했다.'이다. 이 에피소드를 가지고 스토리텔링을 해보자.

대학시절, 머릿속 지식과 따뜻한 심장을 함께 가진 인재가 되고 싶었습니다. 방학 기간 동안 저소득층 아이들에게 학교에서 급식을 전달해주는 '방학교실' 봉사활동에 지원했고, 수업을 진행하는 보조 교사로 참여하게 되었습니다. 프로그램에 필요한 소품을 만들고 준비하면서 아이들과 함께 즐겁게 수업을 진행할 생각으로 들떠 있었지만, 마음을 쉽게 열지 않고 따라주지 않는 아이들을 보면서 어려움을 겪었습니다. 아이들이 집중하지 않을수록 "안 돼, 하지 마."라는 말의 횟수가 늘어났고, 다그치거나 힘으로 통제하려고 하면 반항은 더욱 거세지는 악순환이 반복되었습니다. 그러던 중 한 아이가 무단으로 결석을 하는 사건이 발생했습니다. '친구들과 어울리느라 나오지 않았겠지.'라고 생각했던 결석의 이유는 뜻밖에도 '집안일'을 해야 한다는 것이었습니다. 이야기를 들으면서 아이들이 마음을 열지 않았던 이유는 환경과 사정을 이해하지 않고 제 의견만을 따라주길 바라는 저의 일방적인 태도 때문이었다는 것을 깨달았습니다. 함께하는 시간 동안 아이들에게 필요했던 것은 '수업'이 아니라 어려운 환경 속에서 겪는 외로움과 힘든 마음을 나눌 '친구'였던 것입니다. 그 후로 아이들과 대화를 주고받으며 진심으로 다가가고 싶은 마음을 전했습니다. 서울로 가는 길은 많이 있습니다. 하지만

최적의 갈림길에서 좋은 선택을 할 수 있게 도와주는 좋은 길 안내자가
있어야 한다고 생각합니다.

강하게 이겨냈음을 당당하게 말하라

"회복의 유일한 길은 다시 시작하는 것이다."라는 말이 있다. 어떤
조직 간, 사람 간에 어떤 갈등이 일어났을 때 해결할 수 있는 방법
은 포기하는 것이 아니라 다시 시작하는 것이다.

　조직생활은 생각보다 쉽지 않다. 아침에 일찍 일어나 매일같이
출근을 해야 하고, 항상 상사와 선배들의 레이더 안에서 생활해야
하고, 동료 간의 불화로 스트레스를 받을 수도 있고, 그 누군가의
뒷담화에 이리저리 흔들리고 쓰러질 때가 있다. 이를 못 견디고 퇴
사하는 친구들이 많기 때문에 어려운 일이 닥쳤을 때 역경지수가
강한 사람을 분류해내기 위해 '갈등'에 관한 질문을 던지는 것이다.

　삼성의 이건희 회장이 한 말이 있다. "한 사람의 인재가 1만 명
의 사람들을 먹여 살린다." 지금 기업은 1만 명을 먹여 살릴 수 있
는 그 한 사람을 찾고 있다. 그 한 사람이 나라면 지금껏 살아오면
서 겪은 갈등들로 인해 쓰러지기보다는 강하게 이겨냈다는 에피소
드를 당당하게 말해야 하지 않을까?

마지막 한마디 스토리텔링,
이렇게 하면 된다

면접관의 마음을 울릴 수 있는 마지막 한마디를 준비하자.
명언을 넣어서 말하면 훨씬 더 훈훈하게 마무리를 할 수 있다.

한탄하면 한심해지고, 감탄하면 감동이 찾아오는 법이다. "면접 전에 준비할 게 너무 많아요. 마지막 한마디 정도는 그냥 넘어가면 안될까요?"라고 말하는 구직자들이 많다. 결코 안 된다. 면접의 마지막 화룡점정이 바로 '마지막 한마디'이기 때문이다.

'마지막 한마디'까지 스토리텔링을 해야 한다고 한탄하지 말고 면접을 보러간 나도, 면접관도 감탄할 수 있는 스토리를 찾아보자. 마지막 한마디는 면접관에게 마지막으로 강하게 어필할 수 있는 마지막 기회다. 실제 면접장에서 "마지막으로 한마디 할 사람 없나요?"라는 질문에 적극적으로 나서는 구직자가 더 좋다는 면접관들이 많았다.

예전 한 구직자가 면접을 보고 와서 전해준 에피소드가 기억난다. "마지막 한마디를 해보라."는 말에 어떤 구직자가 엉엉 울었다고 한다. 그런데 이 구직자는 합격 소식을 들었다. 정말 알다가도 모르겠는 게 면접관의 마음이라지만 이 구직자가 갖는 진심의 마음이 통해서였기 때문이 아닐까? 마지막 한마디는 무조건 면접관을 감동시켜 마지막을 훈훈하게 마무리해야 한다.

스토리의 마지막 미션은 '감동'이다. 말 한마디에 천냥 빚을 갚을 수도 있고, 천냥 빚을 더 질 수도 있다. 이 마지막 한마디가 면접의 승패를 좌우할 수 있고, 만약 면접이 자신의 마음대로 잘 진행이 되지 않았을 때 마지막 역전할 수 있는 찬스라고 생각하면 된다. 면접관의 마음을 울릴 수 있는 마지막 한마디를 준비하자.

마지막 한마디에 명언을 넣어서 말하라

마지막 한마디에서 면접관을 감동시킬 수 있는 방법 중 하나는, 명언을 넣어서 말하는 것이다. 명언을 넣어서 말하면 훨씬 더 훈훈하게 마무리할 수 있다.

"인생은 42.195km의 마라톤이다."라고 말합니다. 마라톤에서는 초반에 너무 빨리 가면 지칠 수 있기 때문에 페이스 조절이 필요하지요. 하지만 이렇게 해서는 앞서가는 사람을 앞지를 수 없다고 생각합니다. 저는 42.195km를 꾸준히 100m 달리기를 하는 사람처럼 뛰겠습니다. 하지만 어느 샌가 전력질주를 하는 것이 몸에 배어서 더욱 가속도가 붙을 것입니다. 그동안 기다렸던 만큼 뛰지 못했던 것만큼 쉬지 않고 앞만 보며 달려가겠습니다.

저는 매일 아침 일어나 생각합니다. '오늘 뭐하고 놀지?' 여기서의 '놀기'는 단지 즐기는 enjoying이 아니고 in joying입니다. 저는 항상 마음이 즐겁고 행복한 것이 중요하다고 생각합니다. 저는 카메라를 만질 때 가슴 깊은 행복함을 느낍니다. "천재는 노력하는 사람을 이기지 못하고, 노력하는 사람은 즐기는 사람을 이기지 못한다."고 했습니다. 저는 항상 일을 사랑하고 즐기는 마음으로 해야 한다는 것을 알고 있습니다. 일을 즐길 수 있는 저 ○○○를 기억해주십시오.

명언을 말할 때 주의해야 하는 점은 '과연 이 명언 안에 내가 들어가 있는가?'이다. 즉 다시 말해 '내가 정말 마음으로 느낀 명언인가?' 하는 것이다. 필요하다고 억지로 넣은 명언은 티가 난다. 당연히 아무런 감흥도 줄 수 없다. 나의 마음을 진심으로 울릴 수 있는 명언을 넣자.

마지막 한마디에 진심 스토리를 넣어라

마지막 한마디에 명언만 넣어야 하는 것은 아니다. '진심 스토리'를 넣는 것도 좋은 방법 중에 하나다. 이 회사의 면접시험을 준비하고 또 시험을 보러오면서 느꼈던 감정에 대해 진심으로 말하면 이것만큼 또 면접관의 마음을 흔들 수 있는 것이 없다.

오늘 아침 어머니께서는 아들이 면접시험을 본다고 '어떻게 아침을 차려주나' 많은 고민을 하셨다고 합니다. 미역국은 미끄러져서 안 되고, 북어국은 혹시 목에 걸리면 안 되고, 그래서 오늘 제가 먹고 온 국은 계란국이었습니다. "면접시험을 잘 보는 것이 중요한 게 아니다. 네가 얼마나 그 회사에 대해 애정이 있는지를 마음껏 보여주는 것이 중요하다." 라고 하신 어머니의 말씀처럼 오늘 제가 면접을 잘 봤는지 스스로에게 물어봤습니다. 지금보다 한층 성장해나가는 제 모습을 보여드리겠습니다. 감사합니다.

내가 예전에 쇼핑호스트 시험을 봤을 때 마지막 한마디에 이런 말을 한 기억이 난다. "마지막으로 할 말이 있으면 해보세요."라는 면접관의 말에 나는 다음과 같이 대답했다. 이 대답을 하고 면접에 합격을 했으니 이 답변이 면접관의 마음을 흔들었던 것이 아니었을까?

저는 참 외롭습니다. 주변에 사람이 없어 외로운 것이 아닙니다. 이제 더이상 외로운 방송은 하기 싫습니다. 저는 매일같이 뉴스를 시청자에게 전달하지만 시청자들은 그 흔한 악플도 제게 달지 않습니다. 하지만 홈쇼핑은 다릅니다. 제가 말을 하면 시청자들은 매출로 그 답을 줄 것입니다. 이제는 서로 대화를 나누고 소통할 수 있는 방송을 하고 싶습니다.

마지막 한마디는 면접의 마지막 뒷심이다

한양대 유영만 교수는 『청춘 경영』이라는 책에서 이런 말을 했다. "초심을 잃지 않아야 뒷심이 발휘돼." 면접의 마지막 뒷심이 바로 마지막 한마디다. 이제 거의 다 왔다. 마음속을 울리는 멋진 명언 하나 또는 솔직한 스토리를 넣어 마지막 뒷심을 발휘해보자. 이렇게 마지막 한마디까지 스토리텔링했다면 이제 거의 다 온 것이다.

마지막 한마디까지 준비해 면접관에게 "감사합니다"라는 말을 하고 돌아서는 자신의 모습을 떠올려보자. 이때 뒷등이 부끄럽게 느껴질 것인지, 아니면 당차고 자신감 있게 느껴지게 할 것인지는 지금 나의 선택에 달려 있다.

면접의 뒷마무리를 잘하지 못해 다된 밥에 코 빠뜨리는 경우를 많이 봤다. 내 질문이 끝났다고 해서 방심하고 있으면 안 된다. 예전에 외환은행에 시험을 봤던 구직자는 자신에게 하는 질문이 끝나

방심하고 있다가 다시 "○ ○ ○ 씨는 이 문제에 대해 어떻게 생각해요?"라는 질문은 받고 "뭐라고 질문하셨는지 잘 못 들었습니다."라고 답변하는 바람에 면접관에게 좋지 않은 인상을 남겼다. 다른 지원자들에게 질문이 몰렸다가도 다시 내게 그 질문의 화살이 올 수 있다. 마지막 그 순간까지도 '뒷심'을 발휘해 집중해야 한다.

살아가는 동안 어려운 일이 생길 때면 항상 마음에 새기는 말이 있다. "이것 또한 지나가리라!" 어차피 어렵게 면접을 준비하는 시기는 지나가게 되어 있다. 다가오는 봄의 햇살을 행복함에 취해 맞이할지, 아니면 우울하게 맞이할지는 지금의 나에게 달려 있다는 것을 명심하자.

황당 질문 스토리텔링,
이렇게 하면 된다

면접관의 함정에 빠지지 않아야 합격이라는 목표를 이룬다.
당황하지 말고, 겸허하고 성숙하게 황당 질문에 대처하자.

"원장님 같은 분들이 계셔서 저희가 참 어려워졌습니다." 취업 박람회 면접 특강을 마친 후 대기업의 담당자가 웃으며 내게 인사를 걸어왔다. "전투적으로 면접을 준비한 친구들은 도통 그 속을 알 수가 없어요. 열정적인 인재라고 느껴서 뽑아놨더니 출근하는 날부터 지각입니다. 원장님 같은 분들 때문에 저희가 깜빡 속아 넘어가고 있어요."

요즘에는 무대포로 면접을 보러가는 친구들이 거의 없다. 대부분 면접관이 쳐놓은 함정에 빠지지 않기 위해 철저한 작전을 짜고 면접장에 간다. 그렇다 보니 면접관들도 일반적인 인성 면접으로는 그 사람을 파악할 수 없다는 생각에 다양한 면접 아이디어를 내놓는다. 면접이 진화하고 있다. 일반적인 인성 면접으로는 짧은 시간 안에 그 사람을 파악할 수 없다는 생각에 요리 면접, 동료 평가 면접, 합숙 면접, 노래방 면접 등 다양하게 변하고 있다. 그 중 하나가 바로 황당 질문이다.

구직자가 예상할 수 없는 질문을 해서 당황하게 한 다음, 구직자가 뱉은 말에 대해 귀를 쫑긋 세워 들어보는 것이다. 미리 준비할 수 없다보니 구직자들이 가장 무서워하는 질문이 바로 황당 질문이다. 그럼 어떻게 해야 면접관의 그물망에 걸리지 않고 무사하게 합격에 도달할 수 있을까?

퇴근 시간이 훨씬 지났는데 상사가 일을 시키면?

삼성그룹에서 실제로 면접장에서 던진 질문이다. 얼마나 일을 즐겁게 할 준비가 되어 있는지를 물어보는 질문이다. 일반 회사원들은 퇴근 시간만 되면 시계만 바라보고 있다. 땡 하면 달려가기 위해서다. 하지만 상사가 일찍 퇴근하지 않거나, 갑자기 일을 주면 울며 겨자먹기 식으로 야근을 해야 한다. 그러면서 "우리 회사는 왜 이렇게 일이 많아?" 하며 스트레스를 받는다.

이 질문에 대한 대답을 당연히 "즐겁게 일해야 합니다."라고 대답하면 당신은 스토리텔러가 아니다. 진심이라는 것은 진짜를 말하는 것이 아니라, '아 다르고 어 다르게' 표현하는 것임을 잊지 말자. 다음과 같이 진심을 담아 말해야 한다.

우리가 물건을 살 때 소비자 권장가격이라는 것이 있습니다. 판매자가 소비자에게 이런 가격을 받았으면 하는 가격을 말합니다. 하지만 때에 따라 이 권장가격보다 조금 더 비싸게, 혹은 조금 더 싸게 물건을 파는 경우가 있습니다. 저는 출퇴근 시간도 이렇게 탄력성 있는 소비자 권장가격과 비슷하다고 생각합니다. 회사에서 정해놓은 시간을 항상 지켜야 하기보다는 회사에 일이 많을 때 당연히 근무 시간을 늘려야 한다고 생각합니다. 그리고 제게 일이 많이 주어진다는 것은 그만큼 제 능력을 상사님께서 인정해주셨다는 말과 같다고 생각합니다. 근무 끝나고 만날 여자 친구도 아직 없습니다. 즐겁게 일에 임하겠습니다.

회사의 근무 시간을 소비자 권장가격에 비유한 것, 이건 내가 평소 갖고 있는 생각이다. 왜 꼭 출퇴근 시간을 지켜야 하는가? 물론 출근을 늦게 하고 퇴근을 빨리 하라는 것이 아니다. 일이 많으면 더 일찍 출근할 수도 있고, 더 늦게 퇴근할 수도 있는 것 아닌가? 이것을 '소비자 권장가격'과 비유하면 훨씬 더 재미있게 말할 수 있다.

그 밖의 답변 방법은 다음과 같다. 첫째, 경험 에피소드를 떠올린다. 예를 들어 "예전에 아르바이트 할 때 꼭 퇴근 시간이 다가올 때 일이 많아졌다." 식으로 말하는 것이다.

둘째, 명언을 넣어서 말한다. 다음과 같이 말해보자.

"몰입을 하게 되면 그 외에 있는 것들은 잘 보이지 않는다."는 말이 있습니다. 저는 일을 할 때 그 일을 얼마나 잘할 수 있을까에 몰입하는 것이 중요하다고 생각합니다. 이렇게 몰입을 하다보면 시간 가는 줄 모르게 되는 경우가 많았습니다. 상사님께서 왜 이렇게 일을 많이 시킬까 라고 생각하기보다는 그 일 자체에 몰입해 시간 가는 줄 모르고 일하겠습니다.

셋째, 비유를 이용한다. 퇴근시간을 소비자 권장가격 또는 술래잡기로 비유하는 것이다.

어렸을 적 술래잡기 놀이를 할 때 정말 싫었던 것이 술래였습니다. 하지만 한 번도 이 놀이를 하면서 술래가 되지 않았던 적은 없었습니다. 직장생활도 마찬가지라고 생각합니다. 직장생활을 하다보면 즐겁게 하고 싶은 일도 많겠지만 그렇지 않은 일도 해야 한다고 생각합니다. 퇴근시간이 지나도 일을 해야 하는 것은 꼭 술래잡기의 술래처럼 꼭 해야 하는 일이라고 생각합니다.

어떤가? '갑자기 웬 술래잡기?'라는 생각이 드는가? 지금 이 글을 쓰고 있는 내 책상 위에 '술래잡기'라고 적혀 있는 메모가 우연히 보여서 이것과 연관지어 스토리텔링을 한번 해보았다. 말이 안 된다고 생각한다면 과감히 버리면 된다. 하지만 이렇게 연습한 비유 스토리텔링은 면접 때 그 누구도 하지 못한 참신한 답변이 될 것이다.

무인도에 갈 때 꼭 가지고 싶은 한 가지는?

"무인도에 간다면 무엇을 가지고 가겠는가?"라는 질문은 평소 구직자가 어떤 생각을 하고 살고 있는지를 물어보는 질문이다. 한마디로 평소 생각을 깊게 하느냐, 그렇지 않느냐를 물어보는 것이다.

단순하게 인생을 사는 사람들은 무인도에 휴대전화나 TV를 가지고 가겠다고 한다. 또 어떤 사람은 불이나 먹을거리를 가지고 간다고 한다. 하지만 정말 인생을 깊이 있고 성숙하게 사는 구직자라면 단순한 사물보다는 무인도 생활을 기록하고, 또 무인도에서 살아남을 수 있게끔 하는 마음가짐을 가져갈 것이다.

저는 사람을 좋아합니다. 사람과 함께하는 것에서 큰 에너지를 얻습니다. 이런 제가 사람이 살지 않는 무인도에 간다는 것은 생각만으로도 아찔합니다. 하지만 무인도에 가야 한다면, 그리고 딱 한 가지만 가져가야 한다면 저는 '자신감'을 가지고 가겠습니다. 무인도에서도 살아남을 수 있다는 자신감, 혼자여도 외롭지 않을 것이란 자신감을 갖고 가겠습니다. 자신감 하나면 무엇이든 이겨낼 수 있으리라 생각합니다.

저는 무인도에 간다면 '메모지'를 가져가도록 하겠습니다. 저는 제 인생에 맞는 키워드를 항상 마음속에 품고 살아가고 있습니다. 20대의 키워드는 '경험'입니다. 경험을 많이 해 많이 배우는 것이 저의 목표입니다. 무인도에서 있었던 경험은 제게 큰 자산이 될 것입니다. 그래서 저는 메모지를 가지고 가서 무인도에서 제가 경험했던 것을 기록하겠습니다.

그 밖의 답변 방법은 다음과 같다. 첫째, 내 경험담에서 에피소드를 찾는다.

예전 중학교 때 새벽에 신문배달을 한 적이 있었습니다. 그때 아무도 없는 새벽에 나간다는 것은 두려움 그 자체였습니다. 그런데 차츰 일을 하면서 어두움과 고요함에 익숙해졌고 오히려 새벽이 편안하게 느껴졌습니다. 그때 제가 가졌던 생각이 바로 '자신감'이었습니다. 자신을 믿는 마음만 있다면 못해낼 일이 없다고 생각합니다. 그래서 저는 무인도에 갈 때 '자신감'을 가져가도록 하겠습니다.

둘째, 명언에서 찾는다.

제가 정말 존경하는 분이 있습니다. 일본의 경영의 신 마쓰시타 고노스케라는 분입니다. 그분은 "생각보다 어렵지 않습니다."라는 말을 하셨는데 저도 이 말을 가슴속에 품고 있습니다. '생각보다 어렵지 않다. 자신감을 갖고 도전하면 못해낼 일이 없다.'고 생각합니다. 저도 이런 자신감을 갖고 무인도에 들어가고 싶습니다.

셋째, 비유에서 찾는다.

무인도는 사람이 살지 않는 섬입니다. 사람들은 저마다의 마음속의 무인도가 있습니다. 저는 그 무인도에 '사랑'이라는 마음을 가지고 들어가고 싶습니다. 서로 먼저 손 내밀어주고 아껴주는 마음, 이 사랑이라는 마음을 가지고 가서 사람들의 마음을 따듯하게 해주고 싶습니다.

앞에 있는 볼펜을 지금 당장 팔아봐라!

영업직군의 경우 "앞에 있는 볼펜을 지금 당장 주위 사람들에게 팔아봐라!"라는 질문이 자주 나온다. 이럴 경우 머릿속이 하얘질 필요 없다. '너의 배짱과 끼를 보겠다'는 질문이므로 보여주면 된다.

1단계, 일단 퍼포먼스를 준비한다. 볼펜으로 지휘를 하는 시연, 뭔가 열심히 공부하는 퍼포먼스를 보여준다. 2단계, 이 상품의 매력 포인트 3가지(부드럽다, 오래간다, 저렴하다)를 정한다. 3단계, 홈쇼핑을 인용해 '매진 임박, 주문 폭주'를 적용한다. 4단계, 사람들에게 써볼 수 있는 기회를 준다. 한번 써보라면서 간단한 스킨십을 하면 된다. 5단계, 마지막으로 상품에 생명력을 불어넣어줘라. 마지막으로, 이 볼펜은 '행복을 가져다주는 볼펜'임을 강조한다.

(뭔가 열심히 볼펜으로 필기하면서 공부하는 흉내를 낸다. 그러다 놀란 듯 앞을 응시하며) 안녕하세요. 반갑습니다. ㅇㅇㅇ입니다. 제가 정말 열심히 공부에 집중했나 봅니다. 볼펜이 너무 잘 써져 술술 공부도 잘되는데요.

우리 구직자들, 자격증 시험 준비하랴, 학교 공부하랴, 너무 바쁘지 않습니까! 이럴 때 술술 문제가 풀리는 볼펜을 여러분께 소개해드리겠습니다. 일단 이 볼펜의 매력은 첫째, 부드럽습니다. 아주 매끄럽게 잘 써져요. 둘째, 오래 갑니다. 좋아하는 볼펜을 쓰다 보면 금방 닳아 없어져 다시 사게 되는 경우가 많잖아요. 하지만 이 볼펜은 걱정하지 마십시오. 하루 8시간을 썼을 때 1년 동안 쓰실 수 있는 잉크가 들어가 있습니다. 마지막으로, 아주 저렴합니다. 단돈 500원에 모시겠습니다. 자, 한번 써보실 수 있는 기회를 드리겠습니다. 아주 잘 써지죠! 더군다나 이 볼펜은 행복을 가져다주는 볼펜입니다. 여러분의 행복한 인생을 이 볼펜으로 그려보세요. 감사합니다.

이때 부끄럽다는 생각을 버려라. 면접에서 떨어지는 것이 더 부끄럽다. "지금 당장 이 물건을 팔아라."라는 질문이 나오면 그 상품의 매력 포인트 3가지를 먼저 떠올려라. 잘못해도 열심히 하는 그 열정에 대해 면접관들은 큰 점수를 준다. 그러니까 너무 못했다고 해서 주눅 들지 마라.

단, 흥분은 금물이다. 이런 퍼포먼스 면접을 하게 되면 흥분이 계속 이어져 뒤에 나오는 면접 질문에서 실수하는 경우가 많다. 사실 이런 질문을 면접관들이 하는 이유는 워낙에 좋은 구직자라 긴장을 풀어주고 싶어서인 경우가 많다. 그러니 진심 모드로 돌아가 한층 더 여유 있는 마음으로 면접을 보자.

동료들이 당신을 따돌린다면?

자신이 어떤 잘못을 했을 때 스스로 자기 모니터링을 통해 자신을 살펴볼 수 있는지, 그리고 어려운 난관에 처했을 때 극복할 수 있는 에너지가 있는지에 대한 것을 알아보는 질문이다. 쉽게 말해 내가 따돌림을 당하는 이유, 그리고 그것을 극복하는 해결책을 알고 있는지를 물어보는 것이다.

이 질문에 대한 대답으로 "저는 따돌림을 받아본 적이 없어 잘 모르겠습니다."라고 대답하면 안 된다. 면접관들도 그걸 몰라서 물어본 것이 아니다. 면접에서의 진심은 진짜를 말하는 것이 아니라, 진짜를 '아 다르고 어 다르게' 표현하는 것임을 기억하자. 새로운 이야기를 구상해내자.

사실 구직자들이 대답하기에 참 까다로운 질문이다. 하지만 생각해내야 한다. 따돌림의 원인은 크게 2가지가 있다. 남들과는 '다르게 생각하는 것'과 '다르게 행동하는 것'이다. 사람들은 자기와 다르면 이상한 사람이라고 생각한다. 따돌림의 원인을 파악한 다음, 그래도 조직생활이니 함께 어울리는 것 또한 중요하다고 말해야 한다.

아버지께서는 항상 저에게 "남자는 적을 두어야 한다."라고 말씀하셨습니다. 그 적은 조직이라고 생각합니다. 제가 몸담고 있는 조직에서 따돌림을 당하면 참 많은 상처를 받을 것 같습니다. 하지만 제가 따돌림을 당하게 된 원인이 무엇인지 먼저 살펴보겠습니다. 따돌림은 2가지 원인이 있다고 생각합니다. 그것은 '다르게 생각하는 것'과 '다르게 행동하는 것'입니다. 저는 회사의 발전을 위해 남과 다르게 생각하고 행동하는 것이 긍정적인 측면도 있다고 생각합니다. 하지만 조직의 화합 또한 중요하기 때문에 서두르지 않고 천천히 제 뜻을 펼쳐나가고 싶습니다.

이 답변에 만약 다음과 같은 압박 질문이 더 세게 들어온다면 어떻게 할 것인가? 예를 들어 다음처럼 질문해오는 것이다. "그럼 이 말은 따돌림을 당해도 계속 자신의 뜻을 굽히지 않겠다는 것인가요?" 이런 질문엔 다음과 같이 대답하면 된다.

오래 볼수록 진국과도 같은 사람이 있다고 생각합니다. 생김치보다는 묵은지 같은 사람이 더 오래 깊은 풍미를 낼 수 있다고 생각합니다. 저는 지금의 만남보다는 내일의 만남, 10년 후의 만남이 더 기대되는 사람이라고 생각합니다. 제가 생각하는 바가 옳다고 생각하고, 회사에 많은 이익을 가져다줄 수 있다는 확신이 있다면 저는 제 뜻을 꺾을 필요는 없다고 생각합니다.

겸허하고 성숙하게 황당 질문에 대처하자

면접관이 황당 질문을 계속 이어가는 것을 우리는 압박 질문이라고 부른다. 압박 질문은 구직자가 내뱉은 말에 꼬리에 꼬리를 물고 나오는 질문을 말한다. 예를 들어 "살면서 가장 어려웠던 일이 무엇이냐?"라는 질문에 구직자가 다음과 같이 대답했다.

네, 대학시절 교수님께서 3박 4일 영어프로젝트를 맡기신 적이 있었습니다. 분량이 많아 아무도 그 시간 안에 끝낼 수 없으니 포기하라고 주변사람들이 말렸지만, 저는 하루 2시간밖에 잠을 못자며 눈이 빨갛게 충혈되도록 프로젝트에 매달렸고, 그 결과 마감시한 안에 그 일을 해낼 수 있었습니다. 교수님께서 "아, 이 친구 정말 독하네!"라고 말씀해주셨는데 그 말이 제겐 지금 가장 큰 칭찬으로 남아 있습니다.

이 답변에 면접관이 다시 묻는다. "아니, 3박 4일 프로젝트가 인생에서 가장 힘들었다면 일주일 내내 프로젝트 하는 사람들은 다 뒤로 넘어갔겠네!" 이게 바로 압박 질문이다.

이런 압박 질문에 말리면 안 된다. 어떤 구직자들은 당황해 "그게 아닙니다. 제 말뜻은 그게 아니고요!"라고 말려드는 경우가 있다. 면접관의 압박 질문에 "그게 아니고요!"라는 말로 절대 받지 말자. 그냥 면접관이 하는 말을 인정하라. 다음처럼 대답하면 된다.

네, 면접관님의 말씀이 맞습니다. 하지만 그때 제가 하루에 2시간씩 잠을 자며 최선을 다해 노력했기에 이 말씀을 드렸던 것입니다. 아마 그때 일주일 동안 프로젝트를 했다면 지금의 기억보다 훨씬 더 깊게 자리매김하고 있을 것입니다.

실제로 면접장에 가보면 이렇게 꼬리에 꼬리를 물고 물어보는 면접관에게 화를 내는 경우도 있다. 겸허하고 성숙하게 황당 질문에 대처하자. 그렇게 하면 면접관의 늪에 빠지지 않고 살아남을 수 있을 것이다.

면접을 앞두고 있다면
지금 당장 해야 할 일이 있다.
바로 면접관의 마음을 유혹하는
스토리를 만드는 것이다.

면접의 4가지 ing를
반드시 기억하라

1. speaking

말해라. 속 시원히 말해라. 여기서 속 시원히 말하라는 것은 그냥 아무 말이나 하라는 뜻이 아니다. 면접관이 듣고 싶은 스토리를 말하라는 것이다. 면접관이 듣고 싶은 스토리는 바로 신입사원으로서의 열정, 어려웠지만 이를 극복한 스토리, 성숙한 인격, 똑똑한 비전 등이다. 만약 내가 열정보다는 두려움이 많았고, 현실을 극복하기보다는 현실에 안주했다면, 또한 매사에 가볍게 행동을 하고 현재보다 미래의 내가 더 기대되지 않은 사람이라면 면접에서 승리하기 어렵다.

지금부터라도 나를 바꿔라. 원래부터 그랬던 사람은 없다. 이 책을 보는 순간부터 또 다른 나를 만든다는 생각으로 지금 내가 처한 환경과 조건을 바꾸기 시작하라. change에서 g를 빼고 c를 넣으면 뭐가 되는지 아는가? 바로 chance가 된다. 변하지 않으면 기회를 잡을 수 없다.

변화를 하고 기회를 잡으려면 꼭 먼저 해야 하는 것이 있다. 바로 준비(ready)다. 준비하지 않으면 아무것도 할 수 없다. 지금 혹시 고민하고 있는가? 고민은 변하라는 신호다. 고민하지 않고 대충 넘어가면 변화할 수 없고, 기회를 잡을 수 없다. 면접을 사람이라고 생각해라. 일단 형태부터 그려야 하지 않을까? 그다음 눈을 그리고, 코를 그리고, 입술을 그리고, 좀더 디테일하게 사람이라는 그림을 그리듯 면접을 그려보자.

2. listening

들어라. 일단, 친구들의 말을 들어라. 친구들에게 당신의 매력 포인트(장점)가 무엇인지 들어라. 여기서 중요한 것은 대학시절에는 나의 장점이 그렇게 많이 돌출되지 않는다는 것이다. 너무 큰 욕심 갖지 말고 내가 남들보다 종이 한 장 차이로 더 잘하는 것이 무엇인지 가장 친한 친구에게 물어라.

지금에 와 생각해보니 난 대학시절 제1전공이 경제학이었고, 제2전공이 신문방송학이었다. 경제학은 아무리 열심히 공부해도 점수를 B학점 이상 받기 어려웠다. 경제학 수업은 대부분 수학이 많았는데 수학과 친구들이 경제학을 부전공하는 통에 그 친구들이 다 A를 휩쓸어갔던 것이다. 그런데 참 신기하게도 제2전공이었던 신문방송학은 별다른 노력을 하지 않는데도 항상 A를 맞았다. 지금 생각해보니 방송이 나의 적성에 맞았던 것 같다. 그래서 자연스럽게 아나운서와 쇼핑호스트 생활을 할 수 있었지 않았을까? 친구들은 내게 항상 말했다. "넌 참 말을 재미있게 해." "넌 참 에너자이저야." 친구들이 하는 말이 정답일 수 있다.

다음으로 어른의 말을 들어라. 부모님과 교수님 말 들어서 나쁜 것 하나도 없다. 특히 모의 면접을 할 때는 부모님이나 다른 어른들의 말을 참고하면 정말 좋다. 예전 대학생들끼리 하는 모의 면접에 참여해 코칭을 해준 적이 있다. 말도 안 되는 답변을 모두가 좋다고 박수치는 모습을 보며 '아, 이건 아닌데…' 하는 생각이 들었다. 면접은 어른인 면접관들이 본다. 부끄러운 생각이 들어도 부모님 앞에서, 특히 아버지 앞에서 면접을 해봐라. 오랜 직장생활을 하신 아버지께서는 꼼꼼히 나의 장단점을 분석해주실 수 있으리라.

3. playing

즐겨라. 놀아라. 면접을 준비하지 말고 놀라는 말이 아니다. 아는 사람은 좋아하는 사람만 못하고, 좋아하는 사람은 즐기는 사람만 못하다. 즐기는 사람을 이길 수 있는 사람은 없다. 성공한 CEO에게 '일'에 대해 물어보면 첫 마디가 대부분 "재미있다"이다. 자신의 일이 재미있어서 하는 것이지 큰 집에 살기 위해 큰 차를 몰기 위해

하는 것이 아니라는 말이다. 즐기는 사람이 성공할 가능성이 높다. 면접을 즐기자. 면접을 나를 시험하는 것이라고 생각하지 말고 나를 자랑하는 것이라고 생각하자. 면접관 앞에서 나를 홍보하는 것이 면접 아닌가.

면접시험을 앞두고 과하게 긴장하는 친구들이 많이 있다. 긴장은 면접 성공의 가장 큰 적이다. 그런데 한번 생각해봐라. 긴장은 면접관이 유발하는 것이 아니다. 내 마음속에서 나오는 것이다. 내가 만약 먼저 한군데에 합격했다면, 내가 만약 면접을 확실하게 준비해서 '나 아니면 누굴 뽑아! 난 이번에 간다!'라는 생각이 든다면, 또는 '이번 면접은 내 자신과 약속한 대로 진심을 다해 잘 준비했으니 자신감을 갖고 임해야지.'라고 생각한다면 훨씬 더 면접을 긴장과 두려움 없이 볼 수 있을 것이다.

"경험은 가장 큰 스승이다."라고 했다. 만약 내가 중요한 기업의 면접을 앞두고 있다면 작은 곳에서라도 면접을 한번 봐라. 면접을 많이 보면 볼수록 '수(방법)'가 생길 것이다. 이제 스트레스는 그만 받아라. 면접은 나를 시험하는 곳이 아니다. 내가 과연 그 회사에 맞는지 서로 궁합을 맞추는 곳이다. 나에게도 회사를 선택할 권리가 있다는 사실을 잊지 말자.

4. loving

사랑하라. 자신을 사랑하라. 자신이 어떤 가치가 있는 사람인지 느껴라. 자신을 사랑하지 않으면 다른 사람도 나를 사랑하지 않는다.

이 세상에 완벽한 사람이 있을까? 단점이 없는 사람이 과연 있을까? 우리가 그토록 열광하는 아이폰에는 단점이 없을까? 나를 아이폰이라고 생각해라. 자신의 단점이나 약점에 집착하기보다는 나의 강점에 몰입하라.

예전에 어떤 친구가 있었다. 이 친구는 스펙이 정말 대단했다. 미국과 영국에서 경영학을 공부했으며 AICPA, CFA 자격증도 획득했다. 게다가 영어, 중국어, 스페인어까지 능통했다. 하지만 정작 본인은 자신감이 없어 면접에 대한 두려움이 너무 큰 상태였다. 이 친구를 보며 내가 말했다. "나 같으면 네 스펙 정도면 뉴욕 증권시장으로 갔다." 하지만 정작 그 친구는 자기 자신이 얼마나 대단한 사람인지, 멋진 사람인지 알지 못했다. 자신이 갖고 있는 강점이 무엇인지 그것을 먼저 생각하라.

나를 사랑한 후에 타인을 사랑하라. 면접은 다른 사람에 관심이 많은 사람들이 잘 본다. 이 세상은 혼자 살아가는 것이 아니다. 함께 멀리 가는 것이다. 조직은 이런 점을 굉장히 중요하게 생각한다. 재주 있는 한 사람보다는 재주를 키우기 위해 노력하는 팀워크가 훨씬 더 큰 파워 에너지를 낸다는 것을 알기 때문이다. 요즘 들어 기업에서 구직자들의 봉사활동에 대해 자주 질문하는 데는 이유가 있다. 봉사활동을 뭘 했느냐가 중요한 것이 아니라 꾸준히 사회에 대한 생각, 다른 사람에 대한 생각을 했느냐를 보는 것이다. 조직생활은 서로의 배려 없이는 원활할 수 없다. 다른 사람을 사랑하라.

4가지 ing를 보면서 '아, 그렇구나.'라고 생각하는 것과 '이것을 면접과 연결시켜봐?'라고 생각하는 것은 완전히 다르다. 자기 자신에 대한 관심이 많고, 회사에 대한 관심이 많고, 다른 사람에게 관심이 많은 사람이 면접에서 성공한다.

임유정

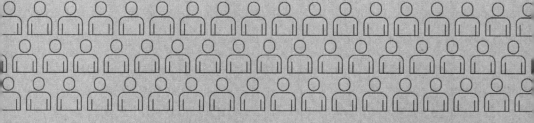

부록

신입사원 면접 평가표

면접일자	20 년 월 일	면접자		㉞	수험자성명	
수험번호		최종학력		남·여	출신학교	

외관인상(면접 도중에 인상을 적절히 체크한다)

		A	B	C	비 고
열정		에너지가 강함	에너지 보통	힘이 없음	
복장		격식에 맞음	보통	격식에 맞지 않음	
자세		단정함	보통	산만함	
긍정성		밝고 긍정적	보통	어두움	
인성		배려심 있음	보통	배려심 없음	
사교성		사교성 있음	보통	사교성 없음	
준비		준비 많이 함	보통	즉흥적 발언	
호감		호감	보통	비호감	

구분	체크	질문사항	회답	평 가 및 척 도					
					A	B	C	D	E
지원동기		오늘 면접보러 오면서 어떤 생각을 하셨습니까?		적극성					
		왜 우리 회사를 지원하셨습니까?		열정					
		우리 회사에 들어오기 위해 어떤 준비를 하셨습니까?		계획성					
		우리가 왜 당신을 뽑아야 한다고 생각합니까?		자신감					
		우리 회사에 대해 알고 있는 것을 모두 말해보세요.		관찰력					
면접태도		업무와 관련된 아르바이트를 한 경험이 있습니까?		경험					
		만약 불합격되면 어떻게 하시겠습니까?		적극성					
		회사가 야근을 많이 시키면 어떻게 하시겠습니까?		협조성					
		상사가 부당한 일을 시키면 어떻게 하시겠습니까?		사상					
		당신은 회사를 얼마 동안 다닐 생각입니까?		상식성					
		자신이 원하지 않는 부서로 발령을 낸다면?		사회성					
		1분을 드릴테니 자기 자신을 PR해보세요.		흥미성					
대인관계		친구를 사귐에 있어 가장 중요한 것은 무엇인가요?		사회성					
		멘토가 있습니까?		지식					
		지식을 주로 어디에서 얻는 편입니까?		관심					
		동아리 활동이나 여타 모임 활동을 주기적으로 했거나 하고 있는 것이 있습니까?		적극성					
		가족 분위기는 어떻습니까?		태도					
		리더의 역할을 해본 경험이 있습니까?		리더십					
		당신을 색깔에 비유할 때 어떤 색깔입니까?		표현력					
총평			부가사항						

나의 에피소드 찾기

1. 이름 :

2. 생년월일 :

3. 성별 :

4. 혈액형 :

5. 소속 :

6. 성격의 장점 3가지 :

7. 성격의 단점 2가지 :

8. 특기 :

9. 취미 :

10. 이름의 뜻 :

11. 본인의 매력 포인트 3가지 :

12. 남과 다른 나의 모습 2가지 :

13. 콤플렉스 :

14. 남들이 말하는 나 :

15. 내가 갖고 있는 편견 :

16. 다시 태어난다면 :

17. 현재 자신의 만족도(%) :

18. 나를 사물에 비유한다면 :

19. 나를 색깔에 비유한다면 :

20. 내가 좋아하는 사람 스타일 :

21. 내가 싫어하는 사람 스타일 :

22. 내가 좋아하는 색깔 :

23. 내가 싫어하는 색깔 :

24. 내가 좋아하는 날씨 :

25. 내가 싫어하는 날씨 :

26. 이런 사람이라면 사랑할 수 있다 :

27. 좋아하는 TV 프로그램 :

28. 좋아하는 책 3권 :

29. 내가 싫어하는 시간대 :

30. 여유 시간에 하는 일은 :

31. 내가 좋아하는 음식은 :

32. 다시 태어난다면 :

33. 이상형 :

34. 이성적으로 대하는 일은 :

35. 감성적으로 대하는 일은 :

36. 남몰래 꿈꿔본 꿈 :

37. 꿈 같은 로맨스 :

38. 내가 꿈꾸는 나라 :

39. 꿈꾸는 나라에 가지고 가고 싶은 것 :

40. 죽기 전에 꼭 하고 싶은 일 :

41. 비오는 날에 하는 일 :

42. 고쳐야 하는 버릇 :

43. 샤워는 얼마나 자주 하나? :

44. 샤워할 때 가장 먼저 씻는 곳은 :

45. 귀신을 본 적이 있는가? :

46. 약속이 없는 휴일에는 뭘 하는지 :

47. 즐겨 듣는 라디오 프로그램은 :

48. 가장 듣기 싫은 잔소리는 :

49. 사용하는 로션은 :

50. 좋아하는 향기는 :

51. 이 영화처럼 살고 싶다 :

52. 내심 듣고 싶은 말은 :

53. 살면서 힘들었던 일 :

54. 내가 생각해도 슈퍼맨 같았던 일 :

55. 최근에 꾼 꿈 :

56. 꿈에 자주 나타나는 장소 :

57. 내 몸매 중 가장 좋아하는 곳 :

58. 내 얼굴 중 가장 좋아하는 곳 :

59. 내가 한 최고의 거짓말 :

60. 내가 존경하는 사람 :

61. 가출했던 경험 :

62. 돈이 없어서 망신 당했던 적은 :

63. 아르바이트 경험 :

64. 나의 멘토 :

65. 마트에 가면 내가 가장 먼저 고르는 상품 :

66. 인터넷 사이트에 들어가서 가장 많이 보는 사이트 :

67. 인터넷 사이트에 들어가서 꼭 보는 사이트 :

68. 내가 보는 신문과 이유 :

69. 5년 후 나의 모습 :

70. 내가 정말 이기고 싶은 사람 :

면접 기본 질문_스토리텔링 ①

색깔	
자기소개	1. 퍼포먼스
	2. 핵심 에피소드
	3. 각오(resolution)
지원동기	1. 회사 사랑 레이저!
	2. 업무에 관한 사랑 레이저!(난 이 업무를 잘할 수밖에 없다!)
대학생활	1. 재미있게 들었던 수업(과목명, 사건 사고)
	2. 기억나는 에피소드(학교 축제, 발표 대회, 어학연수 경험 등)
나의 강점	1. (주장+근거)
	2. (주장+근거)
	3. (주장+근거)
비고	

컨셉	
성격의 장점	1. (주장+근거)
	2. (주장+근거)
	3. (주장+근거)
봉사활동	B(background)
	A(actor)
	A(accident)
	A(action)
	S(study)
사회경험	B
	A
	A
	A
	S
마지막 한마디	명언 or 진심 에피소드
	마지막 각오!
비고	

면접 스피치 평가표

구분	내용	아니다	보통이다	그렇다
서론 (관심)	관심을 끌 수 있는 퍼포먼스가 있는가?	1	2	3
	강력한 에피소드를 장착했는가?	1	2	3
	신입사원의 패기가 느껴졌는가?	1	2	3
	면접관에게 긍정적인 에너지를 쐈는가?	1	2	3
본론 (내용)	주장을 먼저 던지고 근거를 말했는가?	1	2	3
	다양한 에피소드를 준비했는가?	1	2	3
	에피소드 바스(BAAAS)법을 지켰는가?	1	2	3
결론 (감동)	감동적인 클로징을 했는가?	1	2	3
	마지막까지 뒷심을 발휘했는가?	1	2	3
언어적· 비언어적 측면	공명 목소리였는가? (진심과 열정을 담은)	1	2	3
	목소리의 속도와 크기는 적절했는가?	1	2	3
	발음은 정확했는가?	1	2	3
	자신의 목소리를 들으면서 이야기했는가?	1	2	3
	정확하고 올바른 어휘를 사용했는가?	1	2	3
	말이 간결했는가?	1	2	3
	제스처가 품위 있었는가?	1	2	3
	습관적인 몸의 움직임은 없었는가?	1	2	3
	표정이 밝고 자신감이 있었는가?	1	2	3
	눈빛은 살아 있었는가?	1	2	3
	아이 콘택트를 확실히 했는가?	1	2	3
	안정적인 자세를 취했는가?	1	2	3
전반적인 면	본인이 선택될 것이라 확신하는가?	1	2	3
총점	총 22개의 문항 (66점 만점)			

• 60~66점 : 완벽   • 59~50점 : 양호   • 49~40점 : 보통
• 39~30점 : 준비 부족   • 29~20점 : 준비 부족 심각   • 19점 아래 : 다시 처음부터 시작

1. 꼭 면접관에게 말하고 싶은 에피소드 우선순위 1순위
B
A
A
A
S
2. 에피소드 2순위
B
A
A
A
S
3. 에피소드 3순위
B
A
A
A
S
4. 에피소드 4순위
B
A
A
A
S

에피소드 BAAAS

1. 꼭 면접관에게 말하고 싶은 에피소드 우선순위 1순위
B
A
A
A
S
2. 아르바이트를 포함한 실무 경력
B
A
A
A
S
3. 글로벌 역량을 키우기 위한 경험 또는 봉사활동
B
A
A
A
S
4. 대학시절 동아리, 여타 사회 경험
B
A
A
A
S

에피소드 포트폴리오

* 이곳에 신문, 잡지 등에서 오려낸 사진 또는 그림을 붙여주세요.

  그리고 그것을 거울 앞에 서서 발표해봅니다.

  한 그림에 한 에피소드가 들어가야 한다는 것을 잊지 마세요.

취업 태도 지수 평가

1. 당신은 언제 어디서나 할 수 있는 자기소개 멘트가 있습니까? YES/NO
2. 당신은 지원동기에 어떤 멘트가 들어가야 하는지 확실히 알고 있습니까? YES/NO
3. 당신은 성격의 장단점에 어떤 멘트가 들어가야 하는지 확실히 알고 있습니까? YES/NO
4. 당신은 '이 회사에서 당신을 뽑아야 하는 이유'를 3가지 이상 댈 수 있습니까? YES/NO
5. 당신은 특이한 경험을 갖고 있습니까? YES/NO
6. 당신은 나한테만 물어볼 수 있는 개인 질문에 대해 따로 준비하셨습니까? YES/NO
7. 당신은 당신의 답변과 앞으로 하게 될 업무의 연관성에 대해 항상 고민합니까? YES/NO
8. 당신은 앞으로의 계획에 대해 자신 있게 이야기할 수 있습니까? YES/NO
9. 당신은 감동적인 마지막 한마디를 따로 준비하셨습니까? YES/NO
10. 당신은 당신에 대해 잘 알고 있다고 생각하십니까? YES/NO
[회사]
1. 당신은 지원하는 회사를 방문해보신 적이 있습니까? YES/NO
2. 회사 담당자 또는 다른 부서의 직원들과 미팅해보신 적이 있습니까? YES/NO
3. 인터넷과 신문, CEO의 책을 통해 회사에 대해 공부하셨습니까? YES/NO
4. 구체적으로 내가 할 업무가 어떤 것인지 알고 있습니까? YES/NO
5. 당신은 그 회사의 현재 분위기를 알고 있습니까? YES/NO
6. 그 회사에 대한 추억이 있으십니까? YES/NO
7. 당신이 지원하는 회사의 앞으로 계획에 대해 알고 있으십니까? YES/NO
8. 진실로 당신은 그 회사에 필요한 인재입니까? YES/NO
9. 당신은 정말 그 회사에 가고 싶으십니까? YES/NO
10. 당신의 젊음을 바칠 준비가 되어 있으십니까? YES/NO
총 20개 문항 (18~20개 : 완벽, 15~17개 : 상, 10~14개 : 중, 0~9개 : 하)

회사 에피소드 찾기_지원 회사 분석표 ①

1. 지원 회사의 히스토리는 어떻습니까?

2. 지원 회사의 인재상은 무엇입니까?

3. 지원 회사의 인재상과 내 에피소드 중 연결되는 부분이 있습니까?

4. 지원 회사를 방문해본 느낌은 어떠신가요? (회사 선배와의 만남 등)

5. 지원 회사의 과거 실적이나 앞으로 비전에 대해 알고 있는 것을 써보시오.

6. 내가 지원하는 업무의 전문가가 한 인터뷰 중 기억에 남는 말은 무엇입니까?

7. 내가 지원하는 업무를 잘하기 위해서는 어떤 역량이 필요하다고 생각합니까? (3가지 이상)

8. 위 역량과 연결되는 나의 에피소드는 무엇입니까?

9. 앞으로 어떤 각오로 일을 하실 것입니까?

10. 회사를 향해 당신의 진심을 표현할 수 있는 에피소드를 써보시오.

회사 에피소드 찾기_지원 회사 분석표 ②

1. 지원 회사의 히스토리는 어떻습니까?

2. 지원 회사의 인재상은 무엇입니까?

3. 지원 회사의 인재상과 내 에피소드 중 연결되는 부분이 있습니까?

4. 지원 회사를 방문해본 느낌은 어떠신가요? (회사 선배와의 만남 등)

5. 지원 회사의 과거 실적이나 앞으로 비전에 대해 알고 있는 것을 써보시오.

6. 내가 지원하는 업무의 전문가가 한 인터뷰 중 기억에 남는 말은 무엇입니까?

7. 내가 지원하는 업무를 잘하기 위해서는 어떤 역량이 필요하다고 생각합니까? (3가지 이상)

8. 위 역량과 연결되는 나의 에피소드는 무엇입니까?

9. 앞으로 어떤 각오로 일을 하실 것입니까?

10. 회사를 향한 당신의 마음은 정말 진심입니까?

11. 당신은 지금 면접 보는 초심을 입사 후에도 잊지 않으실 겁니까?

평범함도 합격시키는 면접 스토리텔링

초판 1쇄 발행 2016년 2월 26일
개정 1판 1쇄 발행 2019년 4월 3일
지은이 임유정
펴낸곳 원앤원북스
펴낸이 오운영
경영총괄 박종명
편집 최윤정 · 김효주 · 채지혜 · 이광민
마케팅 안대현
등록번호 제2018-000058호(2018년 1월 23일)
주소 04091 서울시 마포구 토정로 222 한국출판콘텐츠센터 306호(신수동)
전화 (02)719-7735 | **팩스** (02)719-7736
이메일 onobooks2018@naver.com | **블로그** blog.naver.com/onobooks2018
값 15,000원
ISBN 979-11-89344-65-8 03320

이 도서의 국립중앙도서관 출판예정도서목록(CIP)은 서지정보유통지원시스템 홈페이지(http://seoji.nl.go.kr)와
국가자료공동목록시스템(http://www.nl.go.kr/kolisnet)에서 이용하실 수 있습니다.(CIP제어번호: CIP2019008989)